비트겐슈타인의 『논리철학론』
이렇게 읽어야 한다

비트겐슈타인의 『논리철학론』
이렇게 읽어야 한다

R. M. 화이트 지음 | 곽강제 옮김

서광사

이 책은 Roger M. White의 *Wittgenstein's Tractatus Logico–Philosophicus* (The Continuum International Publishing Group, 2006)를 완역한 것이다.

비트겐슈타인의 『논리철학론』 이렇게 읽어야 한다

R. M. 화이트 지음
곽강제 옮김

펴낸이 | 김신혁, 이숙
펴낸곳 | 도서출판 서광사
출판등록일 | 1977. 6. 30.
출판등록번호 | 제 406-2006-000010호

(10881) 경기도 파주시 회동길 77-12 (문발동)
Tel: (031) 955-4331 | Fax: (031) 955-4336
E-mail: phil6161@chol.com
http://www.seokwangsa.co.kr | http://www.seokwangsa.kr

제1판 제1쇄 펴낸날 · 2011년 12월 30일
제1판 제2쇄 펴낸날 · 2019년 9월 10일

ISBN 978-89-306-1920-2 93160

옮긴이의 말

이 책은 비트겐슈타인의 『논리철학론』(Tractatus Logico-Philosophicus)을 안내하고 있다. 『논리철학론』은 매우 새로운 생각을 독특한 방식으로 주장하였기 때문에 지금도 일반 독자는 물론 전문 철학자도 읽기 어려운 책이다. 『논리철학론』의 편집 체제상의 특이한 점들을 어떻게 이해해야 하는가에 대해서는 화이트 교수가 3장 서두에서 자세히 설명하고 있다. 문제는 비트겐슈타인의 철학적 주장을 이해하는 일이다. 비트겐슈타인은 『논리철학론』을 비엔나에서 출판하려고 했었지만 워낙 내용이 독창적이고 난해했기 때문에 뜻을 이루지 못하고, 결국 내용의 진가를 알아본 러셀의 후원으로 1922년에 영국에서 독어-영어 대역본으로 출판되었다. 당시의 사정은 다른 무엇보다도 비트겐슈타인의 스승인 러셀이 『논리철학론』의 내용을 독자가 알기 쉽게 해설하는 "러셀의 머리말"을 함께 실어야 한다는 출판 조건이 상징적으로 알려준다. 하지만 "러셀의 머리말"도 누구나 쉽게 이해할 수 있는 이야기는 아니었다!

이제 되돌아보면 『논리철학론』이 20세기 초에 "분석 철학 운동"을 본격적으로 폭발시켰다는 것은 분명하다. "분석 철학"의 시작은 프레게까지 거슬러 올라간다. 원래 프레게의 학문적 목표는 "논리주의 프로그램"의 완벽한 실현이었다. "논리주의"는 모든 수학의 근본인 산술학을 논리학으로부터 연역하는 것이었다. 이 연구 과정에서 프레게는 분석 철학의 기초가 되는 많은 원리와 이론과 방법을 창안하였다. 그 가운데 가장 중요한 업적은 "아리스토텔레스 논리학"의 결함과 한계를 뛰어넘 는 "현대 연역 논리학"(modern deductive logic)의 기초를 확립한 일과 "수 학에 관한 철학"(philosophy of mathematics)에서 시작되어 철학 전체로 확 장된 "철학적 물음의 설정 방식과 탐구 방식의 전환" 즉 "언어적 전회" ('linguistic turn' in philosophy)를 이룬 일이었다. 프레게의 이 업적은 러셀 을 거쳐 비트겐슈타인에게 전해져 『논리철학론』에서 핵심 역할을 하고 있다. 따라서 『논리철학론』의 역사적 배경과 가치를 이해하기 위해서는 "아리스토텔레스 논리학"이 "전통 철학"에서 해온 역할을 살펴볼 필요 가 있다.

논리학이 철학의 본질이라는 사실은 철학의 역사가 보여준다. 탈레스 가 물이라는 하나의 원소에서 시작하여 자연을 일관성있게 설명하려고 시도한 것, 파르메니데스가 동일률·모순율·배중률을 사고의 기초 원 리로 삼은 것, 제논이 피타고라스 철학에 숨어 있던 역설을 비판한 것, 소크라테스가 플라톤의 『대화편』에서 "귀류 논법"을 반복해서 사용한 것 등등 무수한 실례가 "모순을 허용하지 않겠다는 결심" 즉 "논리적 사 고를 존중하겠다는 결심"을 명백하게 보여주고 있다. 동양에서는 한비 자와 명가 사상가들이 "모순을 허용하지 않겠다는 결심"을 보여주었지 만 일상생활에 매몰된 후세 사람들은 이 결심의 가치를 깨닫지 못하였 다. 서양에서는 이 결심이 한편으로는 피타고라스 학파의 연구를 이어 받아 "유클리드 기하학"을 만들어내었고, 다른 한편으로는 아리스토텔 레스의 "정언 논리학"(定言 論理學, syllogism)을 만들어내기에 이르렀다.

아리스토텔레스의 "정언 논리학"은 그 이후 프레게 이전까지 2천 년 이상 "전통 철학"의 "만세 반석"이자 "프로크루스테스의 침대" 역할을 하였다. 이른바 "아리스토텔레스 전통"이 철학을 지배한 것이다. 논리학이 철학의 본질이라는 사실은 아리스토텔레스 철학의 경우에도 마찬가지다. "아리스토텔레스 논리학"은 "Organon"(연구법, 사고법)으로서 아리스토텔레스의 철학에서도 핵심 역할을 하고 있다. 아리스토텔레스 철학의 기본 골격은 다음과 같다. (1) 논리학(명제의 유일한 형식은 주어-술어 형식이다.)→(2) 인식론(인식의 유일한 형태는 주어-술어 판단이다.)→(3) 형이상학(실체-속성 형이상학[실재-현상 형이상학]. 주어는 실체를 지칭하고 술어는 속성을 서술하므로 세계는 "속성을 소유한 실체들" 즉 "사물들"로 이루어져 있다.) 아리스토텔레스 이후 철학의 주된 흐름은 이 틀을 벗어나지 못하였다. 예컨대 칸트의 유명한 "지성의 12가지 순수한 사고 기능, 즉 인식의 12범주"는 그가 완성된 학문이라고 찬탄한 "아리스토텔레스 논리학"에서 임의로 골라낸 "12개의 논리적 형식"을 둔갑시킨 것이며, 헤겔의 소위 "변증법"이라는 것은 아리스토텔레스의 "주어-술어 판단"에다 "주어 개념과 술어 개념의 진화 방식"이란 장치를 억지로 묶어놓은 것에 불과하다. 이른바 "동양 철학"의 "체(體)와 용(用)"이란 것도 아리스토텔레스의 "실체-속성 형이상학"에 암암리에 부합한다는 느낌에 편승하고 있는 습관적 용어일 뿐이다. 이런 철학사의 배경을 마음에 간직하고 『논리철학론』을 읽는 독자는 명제 1의 "세계는 사실들 전체다."라는 주장이 "아리스토텔레스 전통의 세계 이해 방식"을 "새로운 세계 이해 방식"으로 바꾸려는 비트겐슈타인의 포부를 드러낸 말처럼 느껴져 흥미진진해질 것이다.

그러므로 프레게가 "현대 연역 논리학"을 발명한 사실은 "전통 철학" 전체에 충격을 주는 사건이었다. 아리스토텔레스 철학은 물론이고 전통 철학 전체의 출발점과 토대를 허물어버릴 가능성을 가진 사건이면서, 동시에 새로운 철학의 출발점과 토대를 마련할 수 있는 사건이기 때문이다. 그러나 프레게의 새로운 논리학은 러셀과 화이트헤드 이외의 다른 철학자들의 관심을 끌지는 못하였다. 화이트헤드와 러셀은 1903년부터 "논리주의"를 연구하여 마침내 『수학 원리』(Principia Mathematica, 1910)를 완성하였다. 이 책은 "논리주의"를 완성하는 데에는 실패했지만, 프레게의 비효율적인 "논리적 표기법"을 획기적으로 개선하여 "현대 연역 논리학"의 기초를 완성하였다. 오늘날 대학에서 가르치는 논리학은 바로 이 『수학 원리』의 논리학이다. 이 논리학은 "명제 논리학"(命題 論理學, propositional logic) 속에 "술어 논리학"(predicate logic, 정언 논리학, 집합 논리학, 관계 논리학)을 통합함으로써 이루어졌다. 이로써 "철학의 혁명"을 위한 준비가 갖추어졌지만, 러셀은 새로운 논리학이 암시하는 철학적 의미를 아직 간파하지 못하고 있었다.

비트겐슈타인은 『수학 원리』 1권이 출판되고 2권과 3권이 인쇄 중이던 1911년 가을에 러셀을 찾아와 1914년 여름에 오스트리아 육군에 자원 입대할 때까지 함께 연구하였다. 비트겐슈타인은 『수학 원리』 자체에도 관심을 가졌지만, 그보다는 『수학 원리』의 "명제 논리학"을 넘어서 이 새로운 논리학이 함축하고 있는 철학적 의미를 탐구하는 데 몰두하였다. 이때부터 비트겐슈타인은 새로운 논리학에 의해서 종래의 철학적 문제들을 새로운 방식으로 해결할 수 있다는 생각을 러셀에게 가끔 이야기하였다. 러셀은 그 이야기를 때로는 흥미롭게 때로는 충격적으로 듣다가 마침내 비트겐슈타인에게 글로 쓰기를 권하였다. 『논리철학론』의 집필은 이렇게 시작되었다.

　　여기서 『논리철학론』의 문장들을 해설할 필요는 없다. 화이트 교수가
이 책의 대부분의 지면에 걸쳐 그 일을 철저히 하고 있기 때문이다. 나
는 비트겐슈타인이 실제로 『논리철학론』을 구상해나간 사고 과정에 흥
미를 느낀다. 『논리철학론』의 경우도 "발견의 시간적 순서"와 "설명의
논리적 순서"가 거꾸로 바뀌어 있기 때문이다. 우리는 태어나자마자 감
각 경험으로 자연 현상을 발견하기 시작하지만, 과학을 배운 다음에는
맨 나중에 발견된 원자, 소립자, 쿼크로 자연 현상을 설명한다. 비트겐
슈타인은 『논리철학론』의 첫 문장인 명제 1에서 세계에 관한 이야기부
터 시작한다. 하지만 세계에 관해서 그렇게 말할 수 있다고 생각하게 만
든 출발점은 대체 무엇일까? 다행히도 우리는 비트겐슈타인 자신의 증
언을 들을 수 있다. 그 증언은 비트겐슈타인이 "내 근본 사상"이라고 말
한 생각, 즉 "논리 상항(논리적 낱말)은 (세계 속의) 어떤 것도 대표하지
않는다."는 생각이다(4.0312).[1] 이 말은 비트겐슈타인이 "논리적 진리"
는 "항진 명제"(恒眞 命題, tautology)라는 확신에 도달했다는 것을 알려준
다.

　　이 사실은 왜 중요한가? 철학사를 보면 "논리적 진리"에 대해서 아리
스토텔레스 이후 계속 "존재의 법칙"이자 "사고의 법칙"이라고 생각하
다가, 16세기에 라무스(Petrus Ramus, 1515-1572)가 주도한 "포트 로얄 논
리학" 이후 19세기 중엽까지 "사고의 법칙"(칸트와 헤겔의 논리학 개념)으
로 간주하였는데, 프레게는 논리적 진리가 단지 "언어의 규칙"일 뿐이

---

1) 4.0312　The possibility of propositions is based on the principle that
　　　　　objects have signs as their representatives.
　　　　　　　My fundamental idea is that the ʻlogical constantsʼ are not rep-
　　　　　resentatives; that there can be no representatives of the *logic* of
　　　　　facts.

라는 사실을 밝혀냈다. 비트겐슈타인은 논리적 진리가 이 세계의 사실들과 전혀 관계없이 반드시 옳다는 프레게의 생각을 받아들였다. 그러나 프레게는 논리적 진리의 "필연성"(necessity)과 "선천성"(apriority)을 직관적으로 이해했던 반면에, 비트겐슈타인은 자신의 다른 생각들과 조화를 이루기 위해 "항진성"(tautologibility)으로 설명하였다. 이 통찰은 지금도 빛나고 있다.

"논리적 진리의 본성"에 대한 비트겐슈타인의 이 깨달음은 그 이후의 철학적 사고에 맹렬한 추진력으로 작용하였다. 그렇다면 "수학적 진리"는 어떻게 생각해야 하는가? 그렇다면 이 세계에 관한 "경험적 진리"는 어떻게 생각해야 하는가? 그렇다면 "과학적 설명"은 어떻게 생각해야 하는가? 그렇다면 "윤리적 진술"은 어떻게 생각해야 하는가? ⋯ 그렇다면 우리의 언어는 세계와 어떤 관계를 유지해야 하는가? (더 나아가 그렇다면 우리는 인생의 신비로운 것들은 어떻게 대해야 하는가?) 나는 "논리적 진리의 본성"에 대한 비트겐슈타인의 통찰이 잇달아 일으킨 이 모든 물음에 대한 그 당시 비트겐슈타인의 답이 『논리철학론』이라고 생각한다. 이 사고 과정은 다시 한 번 논리학이 철학의 본질이라는 사실을 보여준다. 그럴 수밖에 없는 까닭은 지성의 "합리적 사고"는 "논리적 사고"일 수밖에 없기 때문이다. 러셀은 이미 90여 년 전에 이렇게 말했다. "낡은 논리학(아리스토텔레스 논리학)은 사고에 족쇄를 채우는 반면에 현대 논리학은 사고에 날개를 달아준다. ⋯ 따라서 새로운 논리학은 해결될 수 있는 철학적 문제에 대해서는 언제나 단지 어떤 철학자가 지닌 감정, 기질, 버릇 등의 개인적 특징을 투영한 것에 지나지 않는 결과가 아니라, 그 철학적 문제에 제대로 의견을 세울 능력을 가진 사람이라면 누구에게나 당연히 승인을 요구할 수 있는 성과를 만들어내는 **방법**을 마련해줄 것이다." 비트겐슈타인은 『논리철학론』에서 이 지침을 실천

한 셈이었다.[2]

물론 분석 철학에 의한 "철학의 혁명"은 비트겐슈타인 혼자만의 일도 아니고 혼자만의 공적도 아니다. 프레게, 러셀, 무어 등 여러 철학자들의 업적이 기여하고 있다. 그렇지만 『논리철학론』 출판 당시까지 이들이 철학의 혁명에 기여한 업적은 부분적인 것이었다. 비트겐슈타인의 『논리철학론』의 가장 탁월한 업적은 그 모든 선배 학자들의 성과들을 통합해서 "아리스토텔레스 전통"에 대하여 "근본적이고 전면적이면서 종합적인 도전"을 시도했다는 데 있다.

비트겐슈타인은 『논리철학론』에서 이 책이 프레게와 러셀을 상대로 한 "토론"(討論, discussion)의 기록이라는 인상을 줄 정도로 두 사람의 생각에 관해 자주 이야기하고 있다. 이 점은 비트겐슈타인이 프레게와 러셀의 영향을 얼마나 많이 받았는지 보여주지만, 두 천재 철학자의 생각을 수정해서 올바른 답을 마련하려는 비트겐슈타인의 지적 열정을 생생하게 느끼게 한다. 따라서 『논리철학론』을 해설하는 이 책은 세 천재 철학자의 토론을 재현하여 독자로 하여금 옆에서 구경하는 듯한 현장감을 느끼게 한다. 이런 해설이 참으로 중요한 이유는 "분석 철학자들"이 철학을 실제로 어떻게 하는지 실감나게 보여준다는 점이다. 러셀은 이미 『논리철학론』에 실은 자신의 "머리말"에서 비트겐슈타인과 토론을 벌이고 있다.

---

2) B. Russell, "Logic as the Essence of Philosophy" in *Our Knowledge of the External World*, (Norton & Company Inc., 1929, p. 63.) 이 논문은 러셀이 1914년에 하버드대학에서 했던 강의를 정리한 것이다. 따라서 비트겐슈타인은 새로운 논리학에 관한 러셀의 이런 생각을 잘 알고 있었다.

철학적 토론에는 "토론 규칙"이 있다. 철학자는 자신의 주장을 그에 대한 증거를 제시하는 "논증"으로 제시해야 한다. 밑도 끝도 없는 선언은 권위를 앞세우는 독단일 뿐이다. 독단적 주장에 대해 우리가 할 수 있는 일은 승인 아니면 거부뿐이다. 논증으로 제시된 주장은 그에 대한 증거를 검토할 수 있으므로 "합리적 평가"가 가능하다. 상대방의 논증에 대해 "합리적 평가"를 주고받는 대화가 토론이다. 논증을 평가하는 표준은 "논리적 진리"다. 논리적 진리에 맞는 논증은 존중되고 맞지 않는 논증은 일단 제외된다.

"분석 철학"이 지닌 최고의 미덕은 분석 철학자들이 토론을 한다는 것이다. 토론은 분석 철학자들의 실험실이다. 이 사실은 분석 철학자들의 "지적 정직성"을 단적으로 보여준다. 분석 철학에는 과학의 "그른 가설"(false hypothesis)처럼 잠시 "그른 진술"(false statement)이 등장할 수는 있지만 증거 없는 "거짓말"(lie)은 결코 발붙일 수 없다. 이 점에서 분석 철학은 참으로 "도덕적인 철학"이다. 더 나아가 이 사실은 분석 철학이 왜 "자유주의 사회"에서만 번창하는가를 알려준다. "민주주의 사회"는 구성원들이 "자유주의자"일 경우에만 이루어질 수 있다. 이 사실은 되짚어 올라가면 민주주의 사회는 토론을 할 수 있는 사람들, 다시 더 올라가면 논리적 진리와 논리학을 알고 존중하는 사람들만이 만들 수 있다는 것을 깨닫게 해주며, 더 나아가 현재 우리 세대가 "한국 철학"을 어떻게 해나가야 하는가도 깨닫게 해준다.

이 책은 1장에서 비트겐슈타인이 『논리철학론』을 쓰게 된 역사적 배경과 동기를 소개하고, 2장에서는 『논리철학론』의 주요한 주제들의 전개 과정의 큰 줄거리를 간명하게 설명한다. 3장은 『논리철학론』의 체제에 따라 명제 1에서 명제 7까지의 모든 주제들에 대한 논증을 자세히 해설하면서 모든 주제들의 연관 관계와 논증들의 연관 관계를 설명하고 있다. 4장은『논리철학론』이 20세기 철학에 어떻게 수용되고 어떤 영향을 미쳤는가를 설명하고, 마지막 5장은『논리철학론』을 연구하기 위해 더 읽어야 할 최근의 문헌들을 소개하고 있다.

특히 3장 "『논리철학론』은 이렇게 읽어야 한다"는 이 책의 3분의 2 이상을 차지할 정도로 가장 중요한 부분이다. 3장은『논리철학론』의 주장들을 직접 해설하고 있지만,『논리철학론』의 문장을 하나하나 축조 심의하듯 설명하지 않고, 명제 1에서 명제 7까지에 등장하는 주제들에 대한 비트겐슈타인의 입장을 명료하게 이해시키려고 노력하고 있다. 저자는 비트겐슈타인의 참신하고 미묘한 주장들을 항상 단순한 실례와 모형을 이용하여 해설하고 있으므로, 독자는『논리철학론』에 대한 화이트 교수의 특강을 듣고 있다는 느낌을 받으면서, 그 어렵다는 비트겐슈타인의 생각이 이렇게 쉬운가 하고 명쾌한 해설에 감탄하리라 믿는다.

화이트 교수의 원서는『논리철학론』의 원문을 대부분의 경우에 1.2, 2.02~2.0212, 3.24, 6.54와 같은 번호만 언급하면서 설명하였다. 그래서 그때마다 독자가 비트겐슈타인의 주장을 확인하려면『논리철학론』에서 그 번호를 찾아서 읽어야 하므로 불편하였다. 옮긴이는 본문에서 번호만 언급한『논리철학론』의 원문을 독자가 곧바로 확인할 수 있도록 피어스와 맥기니스의 영어 번역을 각주로 실었다.

또한 비트겐슈타인의 중요한 주제들과 그에 대한 주장들은『논리철학론』전체에 흩어져 있고, 이 점은 화이트 교수의 책도 마찬가지다. 따라서 독자가 주제들과 주장들의 연관 관계를 전체적으로 파악하기가 쉽지 않다. 이 점을 돕기 위해 옮긴이는 중요한 주제들과 주장들의 연관 관계 전체를 한눈에 조감할 수 있도록 "『논리철학론』의 구조"를 정리하여 도표로 만들었다. 이 도표가 『논리철학론』의 모든 것을 보여줄 수는 없지만, 그래도 『논리철학론』의 "기본 골격"을 간명하게 기억하는 데에는 상당한 도움을 줄 것이다. 『논리철학론』은 "쓰여진 부분"과 "쓰여지지 않은 부분"으로 이루어졌다는 비트겐슈타인의 말을 마음에 새기고 감상하기 바란다.

마지막으로 『Tractatus Logico-Philosophicus』를 『논리철학론』으로 옮긴 것에 대해 설명해야 할 것 같다. 이 책은 그 동안 우리 사회에 『논리철학 논고』와 『논리-철학 논고』라는 이름으로 두 번 번역되었다. "논고"(論考)는 "Tractatus"의 번역어다. 그런데 『우리말 큰 사전』(한글학회)은 "논고"(論考)를 "고증하여 밝힘"이라 풀이하고, 『새 우리말 큰 사전』(신기철, 신용철)은 "여러 문헌을 고증하여 사리를 논술하여 밝힘"이라고 풀이하고 있다. 둘 다 비트겐슈타인의 책 내용에는 전혀 맞지 않는 풀이다. 한편 이미 스피노자의 『Tractatus Logico-Philosophicus』는 『신학정치론』(神學政治論)과 『신정론』(神政論)으로 번역한 선례가 있다. 또 "Tractatus"에 해당하는 영어 낱말은 "Treatise"인데, 흄의 『A Treatise of Human Nature』는 『인성론』(人性論)으로 번역하고 있다. 게다가 O.E.D.는 "Treatise"에 대해서 "A book or writing which treats of some particular subject; commonly one containing a formal or methodical discussion or exposition of the principles of the subject"라고 설명하고 있다. 이는 어떤 주제에 관한 원리와 방법을 체계적으로 서술한 책이라는 뜻인데, 이 말은 비트겐슈타인의 『Tractatus Logico-Philosophicus』의 내용과 정확하게 일치한다. 이런 몇 가지 이유로 『Tractatus Logico-Philosophicus』의 이름으로 『논리철학론』이 더 낫다고 판단하였다.

이 책을 우리말로 옮기면서 느낀 바가 많았다. 50년 전에 비트겐슈타인의 『논리철학론』의 중요성을 강조하셨던 송현주 교수님께 새삼 감사드린다. 특히 『논리철학론』을 철 지난 옷 바라보듯 하는 우리 철학계와 달리 출간된 지 90년이 지난 지금도 치열하게 연구하는 서양 철학자들의 "구도 정신"에는 큰 감동을 느끼지 않을 수 없었다.

번역하는 동안 가끔 『논리철학론』에 관해 즐겁게 대화를 나눈 신솔문, 최용호 두 철학도에게 고마움을 전한다. 올 여름 피서도 못가고 원고를 읽어주고 조언해준 아내에게 깊이 감사드린다. 이 책의 번역을 결정한 서광사 김신혁 사장님과 편집부 여러분께 감사드린다.

2011년 9월
〈인봉 철학 사랑〉에서
곽강제

『논리철학론』의 구조

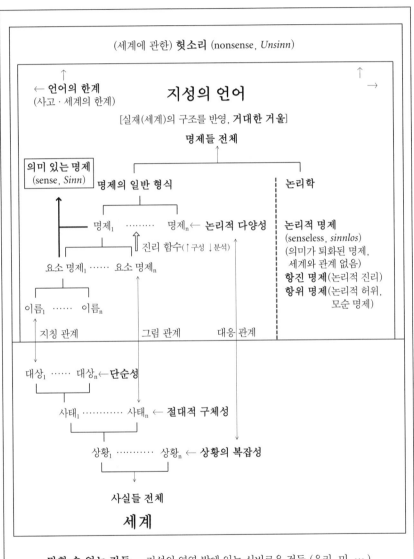

(세계에 관한) **헛소리** (nonsense, *Unsinn*)

← **언어의 한계**
(사고 · 세계의 한계)

지성의 언어

[실재(세계)의 구조를 반영, **거대한 거울**]

명제들 전체

의미 있는 명제
(sense, *Sinn*)

명제의 일반 형식

논리학

명제₁ ········ 명제ₙ ← **논리적 다양성**

진리 함수(↑구성 ↓분석)

요소 명제₁ ····· 요소 명제ₙ

논리적 명제
(senseless, *sinnlos*)
(의미가 퇴화된 명제,
세계와 관계 없음)
항진 명제(논리적 진리)
항위 명제(논리적 허위,
모순 명제)

이름₁ ····· 이름ₙ

지칭 관계   그림 관계   대응 관계

대상₁ ····· 대상ₙ←**단순성**

사태₁ ·········· 사태ₙ ← **절대적 구체성**

상황₁ ········ 상황ₙ ← **상황의 복잡성**

사실들 전체

세계

말할 수 없는 것들—지성의 영역 밖에 있는 신비로운 것들 (윤리, 미, …)
(언어가 대신할 수 없는 것들)— 이 책에 쓰이지 않은 부분

인간의 실존적 삶

머리말

　이 책은 제목이 알려주는 바와 같이 비트겐슈타인의『논리철학론』을 이해하려고 노력하는 사람들을 안내하려고 한다. 이 말의 속뜻은—실제로 이 책은『논리철학론』을 나란히 펴놓고 함께 읽을 필요 없이 따로 읽어도 충분한 책이긴 하지만—『논리철학론』을 연구하는 사람이『논리철학론』을 읽다가 필요하면 이 책을 지침으로 참고할 수도 있고, 반대로 이 책을 읽다가『논리철학론』을 참고할 수도 있기를 바란다는 것이다.

　『논리철학론』은 어려운 책이다. 그 때문에 특정한 문단에 대한 정밀한 해석뿐만 아니라 아예 그 책이 해결하려는 문제 자체에 대한 정확한 해석에 대해서까지도 상당히 많은 논쟁이 벌어지고 있다.『논리철학론』을 해설한 책치고 이런저런 논점에 관해 의견의 불일치를 불러일으키지 않는 책은 없다. 나도 어쩔 수 없이 이 안내서에서 개인적 견해를 이야기할 수밖에 없는데, 다른 철학자들이 주장한 다양한 견해를 소개하면서도 결국은 내 자신이 파악한『논리철학론』전체 구조의 모습과 핵심 문단들에 관한 해석을 이야기하지 않을 수 없다. 이런 사정을 감안하면 독자는『논리철학론』에 관해서 어떤 저자가 주장하는 말이든 결코 순진하게 승인하지 말아야 하며, 또『논리철학론』의 원문에 어긋난 주장인지 아닌지 항상 조사해보아야 한다. 이 말이 『논리철학론』에 관한 다른 모든 저작과 똑같이 이 책에도 적용된다는 것은 분명하다.

　이 점은—약간 덜 분명하긴 하지만—비트겐슈타인 자신이 『철학적 탐구』(*Philosophical Investigations*, 1953)에서 『논리철학론』에 대해 한 말에도 적용된다. 지금은 많은 독자가 비트겐슈타인의 "후기 철학"을 먼저 접한 후에 『논리철학론』을 만나고 있다. 『논리철학론』에 관해서 최근에 벌어지는 논쟁의 쟁점들 가운데 하나는 비트겐슈타인의 철학적 사고 과정에서 "전기 철학"이 "후기 철학"에 얼마만큼 연속되고 있는가라는 문제다. 내 생각은 연속성과 불연속성 둘 다 과소평가되고 있다는 것이다. "전기 철학"과 "후기 철학"의 연속성은 비트겐슈타인이 "전기 철학"에서 언급했던 것과 정확하게 똑같은 근본적 문제들을 『철학적 탐구』의 많은 지면에 걸쳐 이야기하고 있고, 또 후기의 저작이 『논리철학론』의 문제들과 연관시켜 살필 경우에만 정확하게 이해될 수 있다는 점에서 과소평가되고 있다. 한편 "전기 철학"과 "후기 철학"의 불연속성은 비트겐슈타인이 근본적 문제들을 해결하기 위해 "전기 철학"에서 채택했던 방법을 철저히 거부했다는 점에서 과소평가되고 있다. 비트겐슈타인의 후기의 생각이 전기의 생각보다 항상 더 훌륭한 것이 아니라는 것은 두말할 것도 없다. 내 자신의 견해는 만일 독자가 『철학적 탐구』가 언제나 비트겐슈타인의 전기 저작을 폐기한다는 입장에 사로잡힌다면 『논리철학론』에 담겨 있는 최고의 통찰들 가운데 많은 것을 잃어버릴 위험에 빠진다는 것이다. 어쨌든 독자는 『논리철학론』을 우선 "전기 철학"의 방식으로 판단해야 하며, 그런 다음에만 비트겐슈타인이 후기에 『논리철학론』에 관해서 언급한 말을 평가하려고 해야 한다. 『논리철학론』은 먼저 그것이 처했던 본래의 역사적 배경 상황, 즉 프레게의 촉발에 의해 시작되어 러셀에까지 이어진 논쟁의 맥락 속에서 해석되어야 한다. 『논리철학론』은 『철학적 탐구』가 진행된 철학적 맥락에 속해 있는 반면에 『철학적 탐구』는 『논리철학론』의 철학적 맥락에 전혀 속해 있지 않다.

『논리철학론』에 관해서 또 하나 강조해야 할 점은 비트겐슈타인이 순전히 직관적 사상가라서 자신의 주요한 입장을 논증 없이 주장했다고 흔히들 추정하는 사실이다. 내가 보기에 진실은 이와 반대인 것 같다. 비트겐슈타인은 논증의 전제들을 생략 없이 전부 진술하는 대신에 간결하게 암시했다는 것이 진실이라 하겠다. 나는 이 안내서에서 비트겐슈타인이 말하는 내용을 정확하게 밝히는 일뿐만 아니라 독특한 경구식 표현을 밑받침하는 논증들을 밝히는 일에도 특별한 노력을 기울였다.

그동안 『논리철학론』에 관해서 함께 토론해주고 이 책을 만드는 데 도움을 준 많은 분들께 감사드린다. 먼저 스티그 한센(Stig Hansen), 조나단 핫지(Jonathan Hodge), 저스틴 아이언스(Justin Ions), 에우제니오 롬바르도(Eugenio Lombardo), 앤드류 맥고니걸(Andrew Mcgonigal), 피터 시몬스(Peter Simons)에게 감사드리며, 특히 이 책의 집필 기간 내내 헤아릴 수 없는 도움을 준 아내 가브리엘(Gabrielle)에게 감사드린다. 또한 스털링대학(Stirling University)에서 최근 수년 동안 진행된 『논리철학론』에 관한 공동 연구 모임에서 큰 도움을 받았으며, 특히 피터 설리반(Peter Sullivan)과의 토론에서 큰 도움을 받은 데 대해 감사드린다. 끝으로 이 책을 만드는 동안 끊임없이 도와준 컨티뉴엄(Continuum) 출판사의 〈리더스 가이드(Reader's Guides) 시리즈〉를 담당한 편집부 여러분에게 감사드린다.

1장
『논리철학론』의 배경

『논리철학론』까지의 비트겐슈타인

　루트비히 비트겐슈타인(Ludwig Josef Johann Wittgenstein, 1889-1951)은 1889년에 비엔나에서 태어났다. 루트비히는 칼 비트겐슈타인과 레오폴디네 비트겐슈타인의 여덟 자녀 가운데 막내였다. 아버지 칼은 부유한 철강왕이었다. 칼은 자주 방문하는 브람스 같은 음악가들과 함께 자신의 집을 비엔나 음악 생활의 중심으로 만들기도 하였다. 칼은 브람스가 수익을 얻도록 자신의 집에 브람스 오중주단을 불러 자비로 연주회를 열기도 하였다.

　루트비히 비트겐슈타인은 베를린의 고등학교에서 공학을 공부하였고, 맨체스터대학에 가서는 항공공학을 연구하였다. 맨체스터대학 재학 중에 비트겐슈타인은 수학의 기초에 흥미를 갖게 되었는데, 이 변화는 버트런드 러셀(Bertrand Russell, 1872-1970)이 1903년에 출판한 『수학의 원리』(*Principles of Mathematics*)를 읽고 커다란 감명을 받아 일어났던 것 같다. 이를 계기로 비트겐슈타인은 수학의 기초를 연구하기로 결심했는데, 가장 믿을 만한 자료에 따르면 비트겐슈타인은 앞으로의 연구를 어떻게 진행하는 것이 좋은가에 대해 조언을 들으러 고틀로프 프레게

(Gottlob Frege, 1848-1925)를 찾아갔다고 한다. 프레게는 캠브리지대학에 가서 러셀의 가르침을 받아 연구하라고 조언하였다. 1911년에 캠브리지대학으로 옮긴 비트겐슈타인은 러셀과 함께 논리적 탐구를 시작해서 다섯 학기 동안 연구했는데, 이 연구는 최종적으로 이 책이 해설하는 『논리철학론』으로 모습을 드러내게 되었다. 1912년에 비트겐슈타인은 노르웨이에 가서 홀로 외로이 연구를 계속하였다. 그 후 1차 세계 대전이 일어났다. 비트겐슈타인은 오스트리아 육군에 입대했지만, 군대 복무 중에도 자신의 논리적 탐구는 계속하였다. 『논리철학론』은 1차 세계대전이 끝나갈 무렵에 휴가를 얻어 삼촌과 함께 지낼 때 완성되었다. 비트겐슈타인은 다시 전선에 복귀하였고, 얼마 후에 『논리철학론』 원고가 들어 있는 배낭을 멘 채 포로로 잡히게 되었다.

　비트겐슈타인은 『논리철학론』 원고의 사본을 프레게와 러셀에게 보냈다. 하지만 비트겐슈타인에게 되돌아온 것은 쓰라린 실망이었다. 프레게는 『논리철학론』에 반대하는 반응을 보였는데, 주로 『논리철학론』의 설명 방식에 반대하였다. 그러나 비트겐슈타인과 주고받은 프레게의 편지들은 그가 『논리철학론』의 내용을 제대로 이해하지 못했음을 보여주고 있다. 프레게는 애초에 『논리철학론』의 서술 방식 때문에 흥미를 잃어버려 『논리철학론』의 내용을 깊이 이해하려는 노력을 거의 하지 않은 것으로 보인다. 하지만 러셀은 크게 감명을 받았고, 그래서 영국에서 출판된 독어-영어 대역판 『논리철학론』의 서두에 실린 "머리말"을 썼다. 그렇지만 비트겐슈타인은 이 "머리말"을 맹렬하게 반대하였다.

　　"머리말"의 독일어 번역을 읽고 나서 나는 아무리 생각해봐도 이 글을 내 책에 싣게 할 마음이 나지 않습니다. 왜냐하면 당신의 유려한 영어 문체는―그 당연한 결과로서―완전히 내 생각의 요

점을 잃어버렸으며, 그래서 그 글에 있는 것이라곤 수박 겉핥기식 이야기와 오해뿐이기 때문입니다.[1]

[비트겐슈타인에게 특별히 중요했던 요점들 가운데 약간을 러셀이 잘못 전달하거나 핵심을 파악하지 못했기 때문에 비트겐슈타인의 반대를 이해할 수는 있지만, 러셀의 "머리말"이 유익한 견해를 많이 제시하고 있는 것도 사실이다.] 그 당시 『논리철학론』의 출판 계약에는 러셀의 "머리말"을 실어야 한다는 조건이 있었기 때문에 결국 비트겐슈타인은 자존심을 접을 수밖에 없었고, 『논리철학론』은 러셀의 "머리말"과 함께 1922년에 루트리지 출판사에 의해 출판되었다. 이 독어-영어 대역본의 공식적인 번역자는 오그던(Charles Kay Ogden, 1889-1957)으로 되어 있지만, 사실은 램지(Frank Ramsey, 1903-1930)가 주요한 부분을 번역하였다.

비트겐슈타인에게 지적 영향을 준 사람들

비트겐슈타인은 1931년에 작성한 비망록에 자신의 생각에 영향을 끼친 사람들의 이름을 적어놓았다. 그 목록에는 "볼츠만(Ludwig Boltzmann, 1844-1906), 헤르츠(Heinrich Hertz, 1857-1894), 쇼펜하우어(Arthur Schopenhauer, 1788-1860), 프레게, 러셀, 크라우스(Karl Kraus, 1874-1936), 루스(Adolph Loos, 1870-1933), 바이닝거(Otto Weininger, 1880-1903), 슈펭글러(Oswald Spengler, 1880-1936), 스라파(Piero Sraffa, 1898-1983)"가 적혀 있다. 비트겐슈타인이

---

1) Letter to Russell, 6 May 1920 (*Notebooks 1914-1916* [ed., G. H. von Wright and G. E. M. Anscombe; 2nd edn; Blackwell: Oxford, 1979], p. 132).

『논리철학론』을 쓰고 있을 때에 가장 깊이 영향을 받은 두 철학자 프레게와 러셀의 사상의 얼개를 설명하기 전에 방금 언급된 다른 몇 사람에 관한 이야기를 먼저 하고 나아가는 것이 좋겠다.

비트겐슈타인은 사춘기 시절에 쇼펜하우어에 열광적으로 몰두한 적이 있었다. 프레게와 러셀을 제외한다면 쇼펜하우어는 위 목록 속의 사람들 가운데 유일한 철학자다. 쇼펜하우어의 영향으로 비트겐슈타인은 청년기에 어떤 형태의 관념주의 철학을 신봉하였다. 쇼펜하우어의 유령은 『논리철학론』의 몇 곳에서 발견될 수 있지만, 그 무렵에는 대체로 이미 퇴치된 유령으로 드러나고 있다.

이보다 이른 사춘기 초에 비트겐슈타인은 볼츠만 밑에서 물리학을 공부하고 싶어 했다. 볼츠만과 헤르츠는 둘 다 비트겐슈타인이 존경을 표했던 물리학자다. 과학 이론을 모형(模型, model)으로 간주했던 이들의 견해는 명제에 관한 비트겐슈타인의 "그림 이론"에 영감을 준 근원들 가운데 하나라고 할 수 있다.[2] (『논리철학론』 4.04를 보라.)[3]

비트겐슈타인이 크라우스의 영향을 받았다면 그건 매우 다른 종류의 영향이다. 크라우스는 자신이 비엔나에서 간행한 『횃불』(Die Fackel)의 편집인이자 필자였는데, 어느 글에서 "내가 하는 일은 이 나라 먹물들이 공용 창녀로 타락시킨 내 모국어를 처녀로 되돌리는 일이다."라고 선언한 적이 있다. 크라우스의 주된 관심사는 과장된 표현과 에두른 표현을

---

2) Susan Sterrett는 *Wittgenstein Flies a Kite* (Pi Press: New York, 2006)에서 이 영향 가능성을 살피고 있다.

3) 4.04 In a proposition there must be exactly as many distinguishable parts as in the situation that it represents.

The two must possess the same logical (mathematical) multiplicity. (Compare Hertz's *Mechanics* on dynamical models.)

횡설수설 남발하며 언어를 오용하는 비엔나 식자층의 폐단을 공격적으로 비판하는 것이었다. 한 예로 크라우스는 1차 세계 대전 중에 전장의 상황을 사실대로 알리지 않고 어물쩍 얼버무린 군당국의 공식 발표에 맞서서 싸운 적이 있다. 나는 『논리철학론』의 전체 의미는 대체로 이렇게 요약할 수 있다. 어쨌든 우리가 말로 표현할 수 있는 것은 무엇이건 명료하게 말할 수 있으니까, 말로 표현할 수 없는 것에 관해서는 말하려 하지 말아야 한다(『논리철학론』 저자의 머리말, p. 27).”는 비트겐슈타인의 선언이나, 어떤 명제든 명제는 이 세계를 구성하는 단순하고 구체적인 사태에 해당하는 것이라고 바꾸어 말할 수 있어야 하며, 그렇지 않으면 헛소리로 간주해서 거부해야 한다는 비트겐슈타인의 “(명제의) 의미의 확정성에 대한 요구”(3.23)의[4] 배후에 크라우스의 영향이 숨어 있다고 보는 생각이 공상만은 아니라고 믿는다.

하지만 비트겐슈타인에게 가장 중요한 지적 영향을 미친 사람들은 프레게와 러셀이며, 우리는 이 두 철학자의 영향을 이 책 전체에 걸쳐 살펴보게 될 것이다. 여기서는 이들의 저술에서 『논리철학론』을 이해하는 데 관련이 있는 내용만 간략하게 소개하고자 한다.

프레게

프레게는 “논리주의”(論理主義, logism)로 알려져 있는 연구 계획을 완성하려고 평생 동안 몰두하였다. 논리주의는 “산술학”(算術學, arithmetic)의 진리와 “수론”(數論, number theory)은 제대로 알고 보면 실은 논리학의

---

4) 3.23 The requirement that simple signs be possible is the requirement that sense be determinate.

진리라는 주장을 증명하려는 입장이다. 논리주의는 옛날부터 명확하게 수학적 개념으로 인정받던 "수" "더하기" 등등의 산술학의 개념을 "순수 논리학"(純粹 論理學, pure logic)에 속하는 공리로부터 연역되는 개념으로 대치할 수 있다는 것을 증명하려는 목표를 추구하였다.

우리는 프레게가 이 연구 작업을 세 단계로 나누어 진행하려고 했던 것을 알 수 있는데, 그 세 단계는 그가 펴낸 세 권의 책 『개념 표기법』(Begriffsschrift, 1879) 『산술학의 기초』(The Foundations of Arithmetic, 1884) 『산술학의 기본 법칙』(The Basic Laws of Arithmetic, vol. I, 1893, vol. II, 1903)을 통해 알 수 있다.

그 연구의 첫 번째 부분은 연구 목표를 충분히 달성할 수 있을 만큼 강력한 논리학(論理學, logic)을 개발하는 것이었다. 프레게는 산술학 전체가 "아리스토텔레스 논리학"(Aristotelian logic) 안에서 깔끔하게 연역될 수 있다고 도저히 생각할 수 없었다. 왜냐하면 아리스토텔레스가 찾아낸 논리적 형식들은 아주 좁은 영역의 명제에만 적용될 수 있는 것일 뿐만 아니라, 아리스토텔레스 이후 이십여 세기 동안 아리스토텔레스의 연구를 능가하는 가치있는 진보가 거의 없었으므로, 논리학은 전혀 발전이 없는 불모의 학문으로 전락해 있었기 때문이다. 프레게가 일으킨 논리학의 혁명은 『개념 표기법』에 최초로 윤곽을 드러냈다. 여기서 이해해야 할 중요한 사실은 그가 "양화 논리학"(量化 論理學, quantification theory)을 만들었다는 것인데, 양화 논리학은 "일반성 문제"(一般性 問題, problem of generality) 즉 "모든"(all) "개개의"(each) "개개의 모두"(every) "약간의"(some) 등등의 개념을 포함하는 명제를 논리적으로 다루는 문제를 완전히 새로운 방법으로 해결하였다. 아리스토텔레스 논리학은 "모든 사람은 죽는다." "약간의 사람은 죽는다."와 같은 명제를 중심으로 만들어졌기 때문에 이보다 더 복잡한 일반성을 가진 명제들, 특히 "개개의 모두"(every)나 "모든"(all) 같은 낱말이 지닌 **보편 일반성**(普遍 一般性, universal generality)을 나타내는 기호와 "약간의"(some) 같은 낱말이 지닌 특수 일반성(特殊 一般性, particular (existential) generality)을 나타내는 기호를 둘 다 포함해서 복잡하게 "혼합된 일반성"을 가진 명제들은 전혀 다룰 수 없었다. 아리스토텔레스 논리학은 "개개의 사람 모두가 누군가를 사랑한다."(Everyone loves someone.)와 같은 명제를 포함하는 추리를 설명하지 못하는 것은 말할 것도 없고, "개개의 사람 모두가 누군가를 사랑한다." 와 같은 명제의 논리적 형식을 올바르게 표현할 방법조차 갖고 있지 않았다.

프레게는 일반성 문제를 아리스토텔레스와 다른 방법으로 처리해야 한다는 것을 깨달았다. 우리는 "개개의 사람 모두가 누군가를 사랑한다."와 같은 명제를 두 단계의 과정을 거쳐 만들어지는 명제라고 생각할 수 있다. 우리는 먼저 "존은 매리를 사랑한다."(John loves Mary.)와 같은 명제로부터 그리스 문자를 이용하여 "ξ는 η를 사랑한다."라는 관계 표현(關係 表現, relational expression)을 추출함으로써 시작할 수 있다. 이 그리스 문자는 우리가 명제를 만들고 싶을 때에 사람 이름을 집어넣는 괄호라고 생각할 수 있다. 첫 번째 단계에서 우리는 이 관계 표현 속의 둘째 변항 "η"에 "누군가"를 넣어 속박함으로써 "ξ는 누군가를 사랑한다."는 관계 서술 문장을 만든다. 이 관계 서술 문장은 "$(\exists y)(\xi$는 y를 사랑한다.)"(ξ는 누군가(y)를 사랑한다.)는 형태로 쓸 수 있다. (나는 지금 프레게의 표기법이 아니라 독자가 『논리철학론』에서 보게 될 러셀의 표기법을 사용하고 있다.) 그다음 두 번째 단계로 우리는 변항 "ξ"를 "x"로 속박하여 "어떤 사람이 x이건 $(\exists y)(x$는 y를 사랑한다.)"라는 명제를 만들 수 있고, 이 명제는 $(x)(\exists y)(x$는 y를 사랑한다.)(개개의 x 모두가 누군가(y)를 사랑한다.)는 형태로 쓸 수 있다. 만일 우리가 이 과정에서 위의 두 단계를 거꾸로 진행하면 전혀 다른 의미를 갖는 "(∃y)(x)(x는 y를 사랑한다.)"는 명제가 만들어지게 되는데, 이 명제의 의미는 "개개의 사람 모두의 사랑을 받는 누군가가 있다."는 것이다.

　이런 두 단계를 거쳐 명제를 만드는 과정은 일반성이 얼마나 복잡하게 얽혀 있는가에 상관없이 어떤 명제에나 적용될 수 있기 때문에 아리스토텔레스 논리학으로 다룰 수 있는 모든 명제는 물론이고 그보다 훨씬 더 많은 명제들의 논리적 형식을 창안할 수 있었다. 프레게가 혼자 힘으로 논리학을 이전의 별로 쓸모없던 아리스토텔레스 논리학에서 오늘날 우리가 사용하는 강력한 도구로 발전시킬 수 있었던 것은 바로 이 진보 덕분이다.

　그다음 프레게는 논리학의 진리들을 엄격하게 증명할 수 있는 연역 체계를 구성하기 위해 자신의 논리학을 위한 일련의 공리를 설정하였다. 프레게가 구상했던 이 연역 체계의 핵심 내용이 지금은 "일차 질서 술어 논리학"(一次 秩序 述語 論理學, first order predicate calculus)이라 부르는 논리학을 프레게가 "완전한 공리 체계"로 세우려고 집필하다가 미완성으로 그친 유고에 남아 있는데, 프레게의 이 연구 성과는 그 이후의 논리학 발전의 토대가 되었다.

　『산술학의 기초』는 프레게의 철학을 보여주는 가장 훌륭한 저술이다. 프레게는 이 책에서 산술학의 기초 개념들을 치밀하게 분석하고 있는데, 다른 무엇보다도 "수(數, number)란 무엇인가?"라는 물음의 답을 제시하려고 노력하였다. 우리의 목적을 위해서는 이 책에 관해서 두 가지 점을 주목할 필요가 있다. 첫째는 프레게가 지금은 "맥락 원리"(脈絡 原理, Context Principle)라고 부르는 원리를 자신의 철학의 기초 원리들 가운데 하나로 도입한 것이 바로 이 책이라는 사실인데, 이 맥락 원리는 『논리철학론』에서 중심 역할을 하고 있으므로 3장 3절에서 자세히 살펴보겠다. 둘째는 프레게가 산술학을 논리학에 환원시키려는 계획을 더 진전시키기 위해서 수를 특별한 종류의 집합―그의 용어로는 "개념의 외연"―과 동일시했다는 사실이다. 그 결과 프레게는 그다음 저서에서 자신의 논리학에 집합론을 통합할 수 있도록 고안한 공리를 도입하지 않을 수 없었다. 하지만 프레게가 시도한 이 방식은 나중에 러셀이 지적하게 되는 난관에 부딪히게 되었다.

프레게는 『산술학의 기본 법칙』에서 자신의 연구 계획의 최종적 완성을 시도하였다. 프레게는 몇 개의 단순한 공리와 단 하나의 추리 규칙(modus ponens, 전건 긍정 논법)을 가지고 출발해서 산술학의 모든 진리를 자신의 연역 논리 체계의 정리(定理, theorem)로 연역할 작정이었다. 이 공리들은 논리학의 기본적 진리라고 제시되었지만, 프레게는 그 공리들이 정말 논리학의 기본적 진리라는 것은 누구나 직관(直觀, intuition)에 의해 알 수 있다는 정도로 넘어갔었다. 대부분의 공리는―예컨대 "만일 p라면, [만일 q라면 p다].(p⊃(q⊃p))"처럼―누구도 논리적 진리의 자격을 의심하지 않을 만큼 자명한 것이었다. 그렇지만 프레게는 연구 계획을 완성하기 위해서는 자신의 논리학에 집합론을 통합시키는 공리를 추가할 필요가 있다는 것을 알게 되었다. 대재앙이 터진 것은 이 대목이었다. 『산술학의 기본 법칙』의 공리 Vb가 모순을 일으킨다는 것이 증명되었던 것이다. 이 공리는 개개의 개념 모두가 외연을 갖는다, 달리 말하면 어떤 속성을 가정하든 그 속성을 갖는 모든 사물만 원소로 하는 집합이 있다는 것이었다. 러셀이 발견한 것은 이 공리가 논리적 역설(論理的 逆說, logical paradox)을 일으키게 되는 방식인데, 그 방식은 "제 자신을 원소로 하지 않는 집합을 만들어내는 속성"을 예시하는 것이다. 따라서 이제 우리는 러셀을 살펴보아야 한다.

러셀

먼저 프레게의 공리들에 통합된 "직관적 집합 개념" 즉 어떤 개념이 주어지면 그 개념에 포섭되는 사물들만 원소로 하는 집합이 있다는 것을 승인한다고 가정해보자. 그런데 어떤 집합은 제 자신의 원소가 될 수 있고, 어떤 집합은 제 자신의 원소가 될 수 없다. 예컨대 열 개 이상의 원소를 가진 모든 집합들의 집합은 열 개 이상의 원소를 갖기 때문에 제 자신의 원소일 수 있지만, 열 개 미만의 원소를 가진 모든 집합들의 집합은 열 개 미만의 원소를 갖지 않기 때문에 제 자신의 원소일 수 없다.

그러므로 우리는 "제 자신의 원소일 수 없는 집합"을 만들어내는 개념을 검토해야 한다. 프레게의 공리는 "'제 자신의 원소일 수 없는 집합' 이란 개념에 포섭되는 모든 집합들을 원소로 하는 집합"이 실제로 있다고 보장한다. 이제 이 집합을 A라고 하자. 우리는 A에 대해서 A는 제 자신의 원소일 수 있는 집합인가, 아니면 제 자신의 원소일 수 없는 집합인가를 물을 수 있다. A가 제 자신의 원소일 수 있는 집합이라고 가정하자. 그렇다면 A는 A의 원소일 수 있다는 조건을 만족시키는 집합이어야 한다. 하지만 (집합 A의 정의에 따르면) A는 제 자신의 원소일 수 없는 집합일 수밖에 없다. 이는 가정과 모순된다. 그러므로 A는 제 자신의 원소일 수 없는 집합이다. 따라서 A는 제 자신의 원소일 수 있는 집합이라는 조건을 만족시키지 못한다. 다시 말하면 A는 제 자신의 원소일 수 없는 집합이 아니다. 이는 다시 한 번 모순이다.

그러므로 우리는 프레게의 공리 Vb를 거부하고, 어떤 속성을 상정하든 그 속성을 갖는 사물들의 집합에 관해서 **자동적으로 언급하게 되는** 처지에 빠지지 않는 집합론을 개발하지 않으면 안 된다. 따라서 러셀은 집합론을 수정함으로써 프레게의 체계를 개선하는 일에 노력을 기울였다. 러셀의 방책은 프레게의 공리들을 그로부터 산술학의 진리들이 충분히 연역될 수 있을 정도로 강하게 유지하면서도 모순을 충분히 피할 수 있을 정도로 약화시키는 일반적 방법을 발견하는 것이었다.

프레게의 공리들을 약화시키는 작업은 러셀의 "유형 이론"(類型 理論, Theory of Types)에 의해 이루어졌는데, 유형 이론은 이 책의 2장 "『논리철학론』 주제의 전체 모습"의 서두에서 더 자세히 살펴보게 될 것이다. 프레게의 "제약을 받지 않은 집합론"은 "계층화된 집합론"으로 대치될 수 있었다. 계층화된 집합론은 개체들을 가지고 시작해서, 어떤 집합도 자신과 동일한 유형의 원소나 자신보다 상위 유형의 원소를 포함할 수 없다는 규칙에 따라, 처음에 원소가 개체들인 집합(첫째 유형의 집합), 그다음에 원소가 개체들이거나 개체들의 집합들인 집합(둘째 유형의 집합) 등등으로 계층을 올라가면서 집합을 만든다. 그런 까닭에 어떤 집합도 제자신의 원소일 수 없고, 또 "제 자신의 원소일 수 없는 집합들의 집합"도 만들어질 수 없다. 따라서 "러셀의 역설"은 생길 수 없다.

이렇게 만들어진 공리 체계에서는 집합들의 계층이 유지되는 한 러셀이 발견했던 모순은 더 이상 생기지 않는다. 그렇지만 이렇게 약화된 공리 체계는 산술학에 반드시 필요한 모든 정리를 증명할 만큼 강하지 못했다. 그래서 러셀은 그 공리 체계가 모순을 일으키지 않으면서 그 공리 체계에 필요한 힘을 회복하기 위해서는 세 개의 새로운 공리를 추가할 필요가 있다는 것을 깨달았다.

러셀의 업적에 대한 비트겐슈타인의 반응

여기가 우리의 이야기에 비트겐슈타인을 끌어들이기에 적절한 대목인 것 같다. 비트겐슈타인은 두 가지 문제점에 관한 러셀의 연구 성과를 불만족스럽게 생각하였다. 그 가운데 하나인 "유형 이론"에 대한 비트겐슈타인의 불만은 다음 장에서 살펴보겠다. 다른 불만은 러셀이 도입할 수밖에 없었던 세 가지 추가 공리, 즉 "환원 가능성 공리"(還元 可能性 公理, Axiom of Reducibility), "무한성 공리"(無限性 公理, Axiom of Infinity), "곱셈 공리"(乘法 公理, Multiplicative Axiom)에 관한 불만이었다. 이 세 공리는 러셀이 원했던 것을 가져다주었지만, 다음과 같은 문제가 남아 있었다. "이 세 공리의 자격은 무엇인가?" 이 세 공리는 옳은가? 그리고 이 세 공리가 옳다면 그것들은 논리학의 진리인가? 마지막 물음은 더 심오한 문제를 제기한다. "어떤 진술을 논리학의 진리이거나 논리학의 진리가 아니라고 주장할 수 있게 해주는 것은 무엇인가?"

  프레게는 "공리들을 논리학의 진리로 만드는 것이 무엇인가?"라는 물음을 직관의 수준에 남겨두었지만, 프레게의 공리들은 적어도 논리학의 진리로 보일 만큼 자명했었다. 하지만 러셀은 이 물음에 전적으로 부적절한 답을 제시하였고(『논리철학론』 6.1 이하의 논의 참조), 또 위의 세 공리를 순전히 자신의 체계를 구출하기 위해서 도입했기 때문에, 그 세 공리가 오직 논리적 근거에 의해서 옳다는 러셀의 주장은 지극히 의심스러운 상태에 있었다. 만일 이 세 공리가 논리학의 진리가 아니라면 화이트헤드(Alfred North Whitehead, 1861~1947)와 러셀이 논리주의의 정당성을 입증하려고 했던 『수학 원리』(Principia Mathematica, 1910)의 주장은 당연히 근거를 잃어버리게 된다.

  우리는 이러한 철학적 배경 상황 속에서 비트겐슈타인이 앞서의 두 가지 물음, 즉 "유형 이론은 어떻게 평가되어야 하는가?", 그리고 "논리학의 진리는 어떻게 설명할 수 있는가?"라는 물음을 화두로 삼아 마침내 『논리철학론』에 도달하게 되는 탐구를 시작했다는 것을 알 수 있다.

두 번째 물음에 대한 『논리철학론』의 답은 논리학의 진리가 지닌 독특한 자격을 이해할 수 있게 해주었는데, 논리학의 진리는 필연적 진리(必然的 眞理, necessary truth)이자 경험과 상관없이 알 수 있는 선천적 진리(先天的 眞理, *a priori* truth)라는 것이었다. 우리가 다음 장에서 살펴볼 것은 두 물음 가운데 첫 번째 물음이다.

2장

『논리철학론』 주제의 전체 모습

그런 까닭에 이 책의 목표는 사고에 한계를 설정하는 것, 더 정확히 말하면 사고가 아니라 사고의 (언어적) 표현에 한계를 설정하는 것이다. 왜냐하면 우리가 사고에 한계를 설정하려고 하면 그 한계의 양쪽을 모두 생각할 수 있어야 (따라서 우리가 생각할 수 없는 것을 생각할 수 있어야) 하기 때문이다.

그러므로 우리는 그 한계를 언어에 설정할 수밖에 없으며, 그 한계의 바깥에 있는 것은 그저 헛소리일 것이다.[1]

『논리철학론』을 정독하기 전에 내용의 전체 모습을 파악할 수 있는 가장 좋은 방법은 "저자의 머리말"과 특히 방금 인용한 두 문단을 주의 깊게 음미하는 것이라 생각된다. 우리는 곧바로 두 가지 물음을 떠올리지 않을 수 없다. 그건 "여기서 말한 '한계'(경계[boundary, *Grenze*])는 무엇을 뜻하는가?"라는 물음과 "왜 그러한 한계를 설정할 필요가 있는가?"라는 물음이다.

---

1) L. Wittgenstein, *Tractatus Logico-Philosophicus* (trans. C. K. Ogden; Routledge: London, 1922; trans. D. F. Pears and B. F. McGuinness; Routledge: London, 1961), Author's Preface, p. 3.

이 두 물음의 답을 찾으려면, 우리는 비트겐슈타인이 『논리철학론』을 집필하던 당시의 상황, 특히 러셀의 저술에 대한 반작용으로 『논리철학론』을 집필하지 않을 수 없었던 당시의 상황에서 시작해야 한다. 러셀은 프레게의 『산술학의 기본 법칙』의 공리들에서 "모순" 즉 "러셀의 역설"을 찾아내는 방법을 발견했는데, 앞 장에서 소개했던 "러셀의 역설"은 "'제 자신의 원소일 수 없는 모든 집합들의 집합'은 제 자신의 원소일 수 없는 경우에만 제 자신의 원소일 수 있다."고 간명하게 표현할 수 있다. 이러한 논리적 역설들에 대해서 철학자들은 그것들이 흥미로운 퍼즐이라는 정도를 넘어서 진지한 관심을 가졌다. 논리적 역설들은 우리가 가장 근본적인 기초 개념들 가운데 어떤 것에 대해서 심각한 오해에 빠져 있다는 징후였기 때문이다. 그러한 기초 개념들에 대한 직관적 이해에 따르는 일이 우리를 모순에 빠뜨린다면 그 직관적 이해는 근본적으로 수정되어야 한다. 러셀이 『수학 원리』(1910)에서 해결하려고 노력한 핵심 과제는 프레게의 논리학을 교정하는 일, 다시 말하면 프레게의 논리학에서 자신이 발견한 역설에 대한 일반적 해결책을 찾는 일이었다. 그 목표는 — 집합 개념에 관한 직관적 이해에 의해서 창조되는 상당히 그럴듯한 성과에도 불구하고 — 말썽을 일으키는 문제의 문장 즉 "제 자신의 원소일 수 없는 모든 집합들의 집합은 제 자신의 원소일 수 있다."는 문장이 실은 "무의미한 문장"이라는 것을 밝히는 것이었다. 원래 러셀은 이 작업을 집합 개념에 대한 직관적 이해, 즉 어떤 속성이 주어지든 그 속성을 가진 사물들만 원소일 수 있는 집합이 있다는 생각을 "집합에 대한 계층적 개념" 즉 "유형 이론"으로 대치시키면서 시작하였다. 러셀의 집합에 대한 계층적 개념은 "술어(述語, predicate)에 대한 계층적 개념"과 잘 어울렸다. 어떤 술어도 술어 유형의 계층 순서를 어기면 대상에 올바르게 적용될 수 없다. 우리를 당혹스런 혼란에 빠뜨리

는 역설적 문장과 같은 무의미한 문장은 우리가 어떤 술어를 술어 유형
의 계층 순서를 어긴 대상에 잘못 적용함으로써 "유형 제한 조건"을 어
긴 채 문장을 만들 경우에 만들어진다.

마지막에 『논리철학론』으로 나타났던 비트겐슈타인의 탐구를 출발시
킨 요인들 가운데 하나는 역설에 관한 러셀의 해결책에 대한 불만, 더
정확히 말하면 러셀이 역설에 관한 해결책을 만든 방식에 대한 불만이
었다.

> 3.331　　러셀의 잘못은 자신의 기호들에 규칙을 부여하면서 그
> 기호들의 의미에 관하여 언급하지 않을 수 없었다는 사
> 실에 의해서 밝혀진다.[2]

비트겐슈타인은 무엇을 불만스러워하는 걸까? 왜 기호들의 의미와
기호들의 무의미를 구별하면서 그 기호들의 의미에 관하여 말해서는
안 되는 걸까? 비트겐슈타인은 나중에 『논리철학론』에서 했던 것보다
더 명료한 설명을 제시하였다.

> 문법 약정은 그 약정이 요약 정리하는 언어 현상들을 서술함으
> 로써 정당화될 수 없다. 그러한 서술은 어떤 것이든 이미 문법 규
> 칙을 전제하고 있다. 더 정확히 말하면 정당화될 수 있는 문법에서
> 무의미한 것으로 간주되는 것은 무엇이건 적어도 그 문법을 정당
> 화하는 명제들의 문법에서는 의미있는 것으로 간주될 수 없다.[3]

---

2)　3.331　From this observation we turn to Russell's 'theory of types'. It
can be seen that Russell must be wrong, because he had to men-
tion the meaning of signs when establishing the rules for them.

러셀은 만일 *fx*가 어떤 유형의 상항(常項, argument)에만 적용되는 술어 인데, *a*가 그 유형보다 더 높은 유형의 대상이라면, *fa*는 무의미한 표현 이라고 주장하고 싶었다. 하지만 이 말은 곧바로 우리를 이상스러운 종 류의 난처한 진퇴양난에 빠뜨린다. 이제 우리가 "'개체들의 집합은 개 체다.'라는 진술은 무의미한 문장이다."("The set of individuals is an individual" is nonsense.)라고 말한 다음에, 그 이유를 "*x*는 개체다."(*x* is an individual.)라는 술어는 오직 개체들에만 적용될 수 있는 술어인데, 개체들의 집합은 개체가 아니기 때문이라고 설명한다고 해보자. 이 설명의 마지 막 문장(The set of individuals is not an individual.)은 그 자체가 무의미한 문장 으로 판명된다. 왜냐하면 우리는 "유형 제한"을 주장하는 바로 그 진술 행위에서 우리가 설정하려는 "유형 제한"을 어겼기 때문이다. 유형 이 론을 러셀의 방식으로 진술하는 시도는 언제나 그 이론 자체에 의해서 무의미하다고 판정되는 문장을 만들어내는 결과에 도달하는 것은 분명 한 것 같다. 그 상황은 러셀이 언어와 세계의 밖으로 나와서 언어와 세 계의 위에 자리를 잡고 언어가 세계에 맞는지 안 맞는지 바라보면서 유 의미한 문장과 무의미한 문장을 가르는 경계선을 결정하려고 시도하는 것처럼 보인다. 비트겐슈타인은 누구나 단언코 언어 속에 머물러야 하 며, 그래서 유형 이론 같은 것은 성립할 수 없다고 단정하였다. 유형 이 론이 말하려고 하는 것은 언어로 결코 서술될 수 없고, "언어가 작동하 는 방식"이 보여주는 어떤 것이다. 따라서 역설적 문장들이 어떻게 언어 에서 제거되는가를 알기 위해서 우리는 러셀과 완전히 다른 방식으로 시작해야 한다. 비트겐슈타인이 『논리철학론』 3.33에서[4] 간략하게 말한

---

3) L. Wittgenstein, *Philosophical Remarks* (ed. R. Rhees; trans. R. Hargreaves and R. M. White; Blackwell: Oxford, 1975), p. 55.

바와 같이, 그 일은 논리적 통사론(論理的 統辭論, logical syntax)에 관한 설명을 새로 마련하는 것인데, 그것은 기호들의 집합을 ― 러셀이 그 기호들의 의미에 취했던 어떠한 조치와도 전혀 관계없이 ― 그 언어의 명제로 만드는 방식에 대한 설명이다. 만일 이 설명이 제대로 완성된다면 우리는 러셀이 유형 이론으로 달성하고자 했던 결과에 도달할 텐데, 그러나 그 결과는 러셀이 유지하고자 했던 "유형 제한 조건을 어긴 명제가 전혀 만들어질 수 없는 언어"의 명제들을 만들어내는 문법을 제시함으로써 얻게 될 것이다. 언어에 관해 이렇게 만들어진 설명은 러셀이 말했던 것을 말하지 않고, 그 언어의 구조가 러셀이 실제로 있다고 말하고 싶어 했던 구조를 보여줄 것이다. 요컨대 그 언어의 구조는 실재의 구조를 보여줄 것이다.

나의 연구 과제는 논리학의 기초에서 세계의 본질로 확장되었다.[5]

지금까지의 이야기가 독자에게는 논리적 역설들을 해결하는 정확한 방법에 관한 단지 기술적 문제를 다루고 있는 것처럼 들리겠지만, 비트겐슈타인은 이제까지 개략적으로 설명한 사고의 맥락으로부터 결국에는 모든 형이상학에 확장해서 적용될 수 있는 일반적 교훈을 끌어내었다. 비트겐슈타인의 기본 발상은 러셀의 역설이 "언어가 작동하는 방식"을 오해했기 때문에 발생한 것이므로, 만일 우리가 "언어가 작동하는 방

---

4) 3.33 In logical syntax the meaning of a sign should never play a rôle. It must be possible to establish logical syntax without mentioning the *meaning* of a sign: *only* the description of expressions may be presupposed.

5) L. Wittgenstein, *Notebooks*, p. 79.

식"을 제대로 이해한다면 — 만일 논리적 통사론(論理的 統辭論, logical syntax)에 관한 올바른 설명이 새로 만들어진다면 — 논리적 통사론에 관한 완벽한 설명은 제멋대로 언어의 한계를 주장하지 않고 실제로 언어의 한계를 만들어내기 때문에 논리적 역설이 해결된다는 것이었다. 다시 말하면 완벽한 논리적 통사론을 갖춘 언어에서는 말썽부리는 문장이 전혀 만들어질 수 없기 때문에 논리적 역설은 결코 생길 수 없을 것이고, 그래서 논리적 역설 문제는 완전히 해소된다는 것이었다.

그러므로 비트겐슈타인은 다음과 같은 야심찬 프로그램을 완벽하게 실현하려고 노력하였다. 그는 "명제의 일반 형식"(general form of propositions) 즉 "모든 가능한 명제를 값으로 취하는 명제 변항(命題 變項, propositional variable)의 일반 형식"을 확립하려고 하였다. 명제의 일반 형식은 모든 가능한 명제가 만들어지는 체계적 방식을 확립할 것이고, 또 그 방식으로 만들어질 수 없는 것은 그것에 의해서 무의미한 것으로 밝혀질 것이기 때문에, 명제의 일반 형식은 언어의 한계를 보여줄 수 있을 것이다. 비트겐슈타인은 이 프로그램이 세 단계로 나뉘어 진행될 수 있다고 생각하였다. 첫째 단계이자 가장 중요한 과제는 "명제의 본성"을 발견하는 것이고, 둘째 단계는 그 본성을 지닌 명제들 전체의 모습 즉 "명제의 일반 형식"이 어떠해야 하는가를 밝히는 것이며, 셋째 단계는 "명제의 일반 형식을 구체화하는 기술적 작업"을 완수하는 것이었다.

명 제

비트겐슈타인은 세 가지 기본 원리를 가지고 시작하였다.

1. "어떤 명제를 이해하는 것은 그 명제가 옳다면 세계에 어떠한 사실이 성립하는지 안다는 뜻이다."(4.024)[6]
2. "논리적 용어는 (세계 속의) 어떤 것도 대표하지 않는다."(4.0312)[7]
3. "(명제의) 의미는 확정되어 있어야 한다."(3.23)[8]

1. 어떤 명제를 이해하는 것은 그 명제가 옳다면 세계에 어떠한 사실이 성립하는지 안다는 뜻이다

이것은 모든 원리 가운데 가장 단순한 원리다. 명제는 옳거나 그를 수 있는 것, 또는 맞거나 틀릴 수 있는 것이다. 그러므로 명제는 이름과 전혀 다르다. 우리는 어떤 이름을 세계에 실제로 있는 어떤 사물과 관련시킴으로써 이름의 의미(지칭 기능, 언급 기능)를 확립할 수 있기 때문이다. 하지만 명제가 옳거나 그를 수 있다면 우리는 어떤 명제가 옳은지 그른지 모르더라도 그 명제를 이해할 수 있어야 한다. 따라서 우리는 그른 명제가 세계의 어떤 실제적 특징과 관련되어 있다는 것을 깨달음으로써가 아니라, 그른 명제가 그것이 옳은 명제로 바뀔 수 있는 상황(狀況, situation, *Sachlage*)을 그 상황의 실존 여부와 관계없이 구체화한다는 것을 깨달음으로써 그른 명제를 이해할 수 있어야 한다. 바꿔 말하면 그른 명제가 옳은 명제로 바뀔 수 있는 상황을 그 명제 자체로부터 구성할 수 있

---

6)   4.024   To understand a proposition means to know what is the case if it is true.
7)   4.0312   My fundamental idea is that the 'logical constants' are not representatives; that there can be no representatives of the *logic* of facts.
8)   3.23   The requirement that simple signs be possible is the requirement that sense be determinate.

어야 한다. 그러나 이 일은 명제를 오직 그 명제가 옳은 명제로 바뀔 수 있는 상황을 대표하는 그림(picture)이나 모형(model)으로 간주할 경우에만 가능하다(4.01).[9] 다시 말하면 그림(명제)은 어떤 상황을 그려 보임으로써 실재(實在, reality)를 묘사하며, 또한 그 상황이 실제로 있느냐 없느냐에 따라서 실재를 정확하거나 부정확하게 즉 옳거나 그르게 묘사한다. 그림이 어떤 상황을 묘사하기 위해서는 그 상황과 논리적 형식(論理的 形式, logical form)을 공유해야 하며, 그 상황과 똑같은 논리적 다양성(論理的 多樣性, logical multiplicity)을 가져야 한다(2.16,[10] 4.04[11]). 그렇지만 명제는 그 상황이 그 형식을 갖고 있다고 말하지 않는다. 명제는 그 상황의 형식을 (거울처럼) 반영할 뿐이며, 그러한 방식으로 실재의 논리적 형식을 보여준다.

2. 논리적 용어는 (세계 속의) 어떤 것도 대표하지 않는다

명제를 그림이나 모형으로 보는 생각은 논리적으로 단순한 명제들에는 비교적 간단히 적용된다고 할 수 있다. 예컨대 "존은 매리를 사랑한다."(John loves Mary.)와 같은 단순한 관계 명제(關係 命題, relational proposition)를 살펴보자. 이 경우 우리는 "존"이란 이름은 존이란 남자를 대표

---

9) 4.01 A proposition is a picture of reality.

A proposition is a model of reality as we imagine it.

10) 2.16 If a fact is to be a picture, it must have something in common with what it depicts.

11) 4.04 In a proposition there must be exactly as many distinguishable parts as in the situation that it represents.

The two must possess the same logical (mathematical) multiplicity. (Compare Hertz's *Mechanics* on dynamical models.)

하고 "매리"라는 이름은 매리라는 여자를 대표한다고 보고, 두 이름이 (영어의 경우에 'loves'의 양쪽에 놓이는) 일정한 방식으로 관계를 맺고 있는 사실은 그와 똑같은 방식으로 존이 매리와 관계를 맺고 있는 상황을 나타낸다고 생각할 수 있다. 우리는 명제 기호(命題 記號, propositional sign) 즉 문장(文章, sentence)을 복잡한 대상(對象, object)으로 간주하는 것이 아니라 문장 속의 기호들이 일정한 방식으로 관계를 맺고 있는 사실(事實, fact)로 생각해야 한다.

하지만 이 견해는 "미국에서는 4년마다 대통령 선거를 한다."와 같이 흔히 접하는 논리적으로 복잡한 명제를 검토하게 되면 갑자기 비틀거리게 된다. 누구나 이 명제가 이 명제를 옳게 만드는 상황을 어떤 방식으로 그리는지 말하기 어려울 것이다. 이 때문에 명제에 관한 비트겐슈타인의 설명에 두 번째 기본 원리 즉 "논리적 용어(論理的 用語, logical constant)는 (세계 속의) 어떤 것도 대표하지 않는다."는 원리가 도입된다. 언어 속의 논리적 용어 — "그리고" "아니" "모든" "약간의" 같은 낱말 — 는 이름과 전혀 다른 방식의 기능을 수행한다. 우리는 논리적으로 단순한 명제인 "존은 매리를 사랑한다."를 논리적으로 복잡한 명제인 "존은 매리를 사랑하거나 케이트를 사랑한다."(John loves Mary or Kate.)와 직관적으로 대비시킬 수 있다. 우리는 첫 번째 명제가 어떤 사태(事態, state of affairs)의 모형 역할을 하며, 만일 그 사태가 실제로 있다면 — 다시 말해서 만일 존이 매리를 사랑하는 사실이 있다면 — 옳게 되는 명제라고 생각할 수 있다. 그러나 "존은 매리를 사랑하거나 케이트를 사랑한다."는 명제는 존이 매리를 사랑하는 사실이 실제로 있음으로써 옳게 되거나 존이 케이트를 사랑하는 사실이 실제로 있음으로써 옳게 된다. 이 명제는 존이 매리를 사랑하거나 케이트를 사랑하는 "선언 사실"(選言 事實, disjunctive fact)이 실제로 있음으로써 옳게 되는 명제가 아니다. 우리는 "존"과 "매리"가 존이 매리를 사랑하는 사태의 특징을 대표하는 방식으로 "거나"(또는, or)라는 낱말이 그 사실의 특징을 실제로 대표하는 경우에만 "선언 사실"에 관해서 이야기할 수 있다. 그러므로 우리는 논리적 용어가 언어 속의 다른 요소와는 완전히 다른 역할을 수행한다고 생각할 수밖에 없다. 논리적 용어의 기능은 논리적으로 단순한 명제 즉 요소 명제(要素 命題, elementary proposition)를 결합시켜 논리적으로 복잡한 명제를 만들어내는 것이며, 논리적으로 복잡한 명제는—논리적 장치가 그 논리적으로 복잡한 명제에 그 명제가 대표하는 논리적으로 복잡한 상황과 똑같은 논리적 다양성을 부여한다는 사실 덕분에—논리적으로 복잡한 상황을 그릴 수 있게 된다. 논리적 장치는 우리가 논리적으로 복잡한 상황이 지녔다고 말하는 논리적 다양성을 "단순한 사태들의 어느 조합"이 소유해야 하는지 정확하게 식별하는 능력을 논리적으로 복잡한 명제에 부여해야 한다. 요소 명제를 가지고 논리적으로 복잡한 명제를 만드는 방법은 "진리 함수 방법"(眞理 函數 方法, truth-functional method)이다. 더 정확히 말하면 우리는 복잡한 명제의 의미를 "요소 명제들의 진리치(眞理値, truth-values, 진리성과 허위성, 옳음과 그름)의 어떤 조합"이 그 복잡한 명제를 옳게 만들거나 그르게 만드는가를 말함으로써 명확하게 밝힐 수 있다. 그러므로 핵심 주장은 "모든 명제는 요소 명제들의 진리 함수다."라는 것이다.[12]

---

12) 5　　A proposition is a truth-function of elementary propositions.
　　　　(An elementary proposition is a truth-function of itself.)

3. (명제의) 의미는 확정되어 있어야 한다

지금까지 우리는 요소 명제를 살펴보았는데, 요소 명제는 논리적 용어를 전혀 사용하지 않고 표현될 수 있고, 그래서 "단순한 사태"의 그림으로 간주될 수 있는 명제이며, 요소 명제 아닌 다른 명제의 의미는 그러한 요소 명제들의 진리 함수라고 설명할 수 있었다. 그런데 어떤 명제의 겉보기 논리적 형식(apparent logical form)이 그 명제의 진짜 논리적 형식(real logical form)일 수 없는 경우가 있기 때문에 예상치 못한 곤란한 사정이 발생한다(4.0031).[13] 즉 우리는 어떤 명제의 표층 문법 형식(surface-grammatical form)을 근거로 하여 그 명제의 진짜 논리적 형식이 무엇인지 말할 수 없는 경우가 있다. 그래서 우리는 무엇이 요소 명제이고 무엇이 요소 명제 아닌가를 결정할 수 있는 기준(基準, criterion)을 필요로 한다. "(명제의) 의미의 확정성"을 도입할 필요가 있는 것은 바로 이 때문이다(3.23).[14] 우리가 일상에서 만나는 명제들은 모두 어느 정도 구체적이지만, 세계는 절대적으로 구체적이다. 다시 말하면 명제는 항상 우리가 실제로 만나는 "완전히 특수하고 구체적인 상황"(utterly specific concrete situation)에 의해서 옳거나 그르게 된다. 그러므로 명제의 의미에 관한 정확한 설명은 어떻게 명제가 세계의 엄연한 진실에 의해서 옳게 되는가를 밝혀야 한다. 다시 말하면 "구체적이지 못한 명제"는 어떻게 세계가 우리에게 제공하는 구체적 상황과 관련되는가를 밝혀야 한다. 따라서 우리는 "구체적이지 못한 명제"를 "완전히 구체적인 명제들"—그

---

13) 4.0031 It was Russell who performed the service of showing that the apparent logical form of a proposition need not be its real one.
14) 3.23 The requirement that simple signs be possible is the requirement that sense be determinate.

하나하나가 단순하면서 완전히 구체적인 사태를 골라낼 수 있고 또 실
제로 존재하는 사태에 의해서 옳게 되는 명제들 — 의 진리 함수로 분석
해야 한다. 그렇다면 어떤 명제가 요소 명제인가 아닌가를 결정하는 기
준은 "완전한 구체성"(complete specificity) 즉 그 명제가 하나의 "단순한 사
태"를 정확하게 가려낸다는 것이다. 그래서 사태는 "대상들의 결합"으
로 간주되고(2.01),[15] 오직 대상들이 적절하게 결합될 경우에만 존재할
수 있다. 왜냐하면 사태 속의 대상은 우리가 상상할 수 있는 모든 세계
에 공통해야 하므로 단순한 것이고, "이 세계의 실체를 형성한다
(2.021)."[16]고 주장되었기 때문이다. (여기서 무엇이 그처럼 단순한 대상
의 실례인가라는 물음에 대하여 성급히 판정을 내리지 않는 것이 중요
하다. 우리가 최초에 대상에 대해 할 수 있는 최대한의 말은 대상들은
이름으로 지칭할 수 있는 "실재의 특징들"이라는 것뿐이다.) 우리는 세
계를 어느 사태가 실제로 존재하고 어느 사태가 실제로 존재하지 않는
가에 의해서 결정되는 "사실들 전체"(the totality of facts)라고 생각할 수 있
다.[17] 명제는 세계와 일치하거나 불일치한다고 우리가 판정할 수 있을
경우에만 옳거나 그르다. 더 정확히 말하면 만일 그 명제가 옳을 수 있
다면 반드시 실제로 성립해야 할 사태들의 조합을 그 명제가 정확하게
가려내는 경우에만 옳거나 그르다.

---

15) 2.01   A state of affairs (a state of things) is a combination of objects
           (things).
16) 2.021   Objects make up the substance of the world. That is why they
           cannot be composite.
17) 1.1   The world is the totality of facts, not of things.

명제의 일반 형식

"명제의 일반 형식"의 가능성 문제는 이 책의 논의 과정에서 결정적
으로 중요한 단계인데도 비트겐슈타인은 『논리철학론』 4.5에서 매우 압
축된 형태로 명제의 일반 형식이 있다고 주장하였다.[18] 그 주장의 핵심
은 어떤 명제를 이해하는 일이 세계 속의 사실을 아는 일과 관계없이 가
능하다면, 그 명제는 자신의 의미를 언어 체계(言語 體系, system of language)
속의 제 위치로부터 획득해야 한다는 것이다. 따라서 언어 체계가 있어
야 한다. 그리고 그 언어 체계는 그 언어에 속하는 모든 의미있는 명제
를 재귀적으로(recursively) 만들어내는 체계이어야 한다.

명제의 일반 형식에 대한 설명

『논리철학론』의 5절에서 비트겐슈타인은 개개의 명제 모두가 요소
명제들의 진리 함수라는 생각에서 출발하여 "명제의 일반 형식"을 구성
하였다. 이 작업은 두 단계로 진행되었다. 첫째로 비트겐슈타인은 요소
명제들의 진리 함수 모두를 동일한 방식으로 만들어낼 수 있는 장치 하
나를 고안해야 하였고, 둘째로 그는 이 장치가 당시에 표준으로 인정받
고 있던 프레게의 논리학 전체를 다룰 수 있다는 것을 증명해야 하였다.
첫 번째 과제는 "N-연산자"(N-operator)를 도입하여 해결하였다. 이 연

---

18) 4.5   The existence of a general propositional form is proved by the fact
that there cannot be a proposition whose form could not have
been foreseen (i.e. constructed). The general form of a proposi-
tion is: This is how things stand.

산자는 어떤 영역의 명제들에 적용되면 그 영역의 모든 명제가 그를 경우에만 옳게 되는 명제를 만들어내는 연산자다(5.502).[19] 쉐퍼(Henry Maurice Sheffer, 1882-1964)는 이미 1913년에 "…도 …도 아니다"(neither … nor …)가 기초 (명제) 논리학 전체를 다루기에 충분할 만큼 강력한 논리적 연결사라는 것을 증명하였다. 비트겐슈타인의 N-연산자는 쉐퍼의 논리적 연결사와 아주 비슷하지만, 우리가 "무한히 많은 명제들의 진리 함수를 구성하고 싶어 하는 경우"를 다룰 수 있게 하였다. 그런 다음 비트겐슈타인은 이 연산자를 일반 명제(一般 命題, general proposition, 5.52[20])와 동일성 명제(同一性 命題, identity proposition, 5.532[21])를 설명하기 위해 어떻게 사용할 수 있는지 밝힘으로써 자기가 프레게의 논리학을 어떻게 다루고자 하는지 설명하였다. 비트겐슈타인은 그것에 의해서 (1) 프레게의 논리학 전체가 오직 진리 함수적 장치만 사용하여 표현될 수 있다는 것과 (2) 모든 명제들을 요소 명제들에 N-연산자를 연속해서 적용한 결과로 표현함으로써 "명제의 일반 형식"이 표현될 수 있다는 것을 증명하였다.

---

19) 5.502   N($\bar{\xi}$) is the negation of all the values of the propositional variable $\bar{\xi}$.

20) 5.52   If ξ has as its values all the values of a function fx for all values of x, then N($\bar{\xi}$) $= \sim (\exists x).fx$.

21) 5.532   And analogously I do not write $'(\exists x,y).f(x,y).x=y'$, but $'(\exists x).f(x,x)'$; and not $'(\exists x,y).f(x,y). \sim x=y'$, but $'(\exists x.y).f(x,y)'$.
(So Russell's $'(\exists x,y).fxy'$ becomes

$'(\exists x.y).f(x,y). \vee .(\exists x). f(x,x)'$.)

논리학의 진리

비트겐슈타인이 러셀의 업적에 대해 불만을 느끼게 된 두 번째 주요
원인은 논리적 진리(論理的 眞理, logical truth)에 관한 러셀의 설명이었다.
러셀은 논리학의 진리를 "완전히 일반적인 옳은 명제"(completely general
true proposition), 바꾸어 말하면 "특정한 내용을 전혀 갖지 않은 공허한
명제"라고 설명하였다. 비트겐슈타인은 이 설명이 논리학의 진리에 대
해 누구나 인정하고 있는 가장 근본적인 특징 즉 필연성(必然性, necessity)
을 밝히는 데 완전히 실패했다고 생각하였다. 비트겐슈타인은 논리학
의 진리가 항진 명제(恒眞 命題, tautology)이고(6.1),[22] 그래서 세계에 관해
서 아무 것도 말하지 않는 명제라고 역설하였다. 만일 논리학의 명제가
세계가 존재하는 방식과 무관하게 옳다면 논리학의 명제는 우리에게
세계에 관해서 아무 것도 알려주지 않는다. 우리는 논리학의 명제의 진
리치(眞理値, truth value)를 결정하기 위해 이 세계를 참조할 필요가 없기
때문에, 논리학의 명제 자체가 자신의 진리성을 결정하는 데 필요한 모
든 정보를 갖고 있어야 하며, 또 적절한 표기법으로 표현되면 우리가 간
단한 조사에 의해서 어떤 명제가 논리학의 진리라는 것을 확인할 수 있
어야 할 것이다. 논리학의 진리의 필연성을 확보하는 대가가 논리학의
진리의 완전한 공허성인 셈이다. 비트겐슈타인은 이 사실을 논리학의 진
리가 요소 명제들의 진리 함수의 특별한 경우를 만들어내는 명제, 즉 우
리가 고려 중인 요소 명제들의 진리치를 어떻게 조합하더라도 "항상 옳
은 명제"라는 것을 밝힘으로써 설명하였다. 하지만 논리학의 진리들은
여전히 언어의 한 부분이다. 그러므로 논리학의 진리들은 (세계에 관한)

---

22) 6.1   The propositions of logic are tautologies.

의미는 갖고 있지 않지만(senseless, *sinnlos*) 헛소리(nonsense, *Unsinn*)는 아니
다(4.461, 4.4611).[23)]

언어의 한계

명제의 일반 형식은 "모든 가능하고 의미있는 명제"를 포함하기 때문
에 언어의 한계를 설정한다. 그 한계의 바깥에 있는 것은 그저 헛소리일
것이다. 그와 동시에 언어의 구조는 세계의 **구조**를 반영하고 또한 "세계
의 본질"(5.4711)[24)]을 보여주는 "거대한 거울"(5.511)[25)]이 될 것이다. 그
거울에 비친 것에 관하여 말하려는 시도의 결과는 모조리 헛소리일 것

---

23) 4.461　Propositions show what they say: tautologies and contradictions
show that they say nothing.

A tautology has no truth-conditions, since it is unconditional-
ly true: and a contradiction is true on no condition.

Tautologies and contradictions lack sense.

(Like a point from which two arrows go out in opposite direc-
tions to one another.)

(For example, I know nothing about the weather when I know
that it is either raining or not raining.)

4.4611　Tautologies and contradictions are not, however, nonsensical.
They are part of the symbolism, much as '0' is part of the sym-
bolism of arithmetic.

24) 5.4711　To give the essence of a proposition means to give the essence of
all description, and thus the essence of the world.

25) 5.511　How can logic—all-embracing logic, which mirrors the world—
use such peculiar crotchets and contrivances? Only because they
are all connected with one another in an infinitely fine network,
the great mirror.

이다. (특히 형이상학은 그 거울이 보여주는 것을 이 세계에 관한 이론으로 둔갑시키려는 시도이다.) 매우 역설적이게도 비트겐슈타인은 『논리철학론』 6.54에서[26] 자기[비트겐슈타인]를 이해하는 사람은 누구나 『논리철학론』의 명제들 역시 (세계에 관해서는) 헛소리라는 것을 깨달을 것이라고 주장하고 나서 『논리철학론』을 마무리 지었다.

---

26) 6.54   My propositions serve as elucidations in the following way: anyone who understands me eventually recognizes them as nonsensical, when he has used them — as steps — to climb up beyond them. (He must, so to speak, throw away the ladder after he has climbed up it.)

He must transcend these propositions, and then he will see the world aright.

3장

『논리철학론』은 이렇게 읽어야 한다

『논리철학론』을 읽으려고 시도하는 대부분의 독자는 처음에 완전히 어리둥절한 상태에 빠진다. 이 책이 난해하게 보이는 첫 번째 이유는 다른 중요한 철학 책들과 비교해보더라도 매우 예외적인 모습으로 만들어졌기 때문이다. 『논리철학론』을 처음 펴든 대부분의 독자가 받는 인상은 일련의 경구가 나열되어 있고, 그 가운데 많은 경구가 전혀 이해되지 않는다는 것이다. 주장된 내용이 언뜻 보기에 충분히 명료한 문장들조차도 왜 비트겐슈타인이 그런 주장을 하고 있는지 분명하지 못한 경우가 흔하다. 그런 견해들은 흔히 아무런 정당화 논증도 없이 주장되는 것으로 보이며, 주장의 요점도 명확하게 파악되지 않는다. 그래서 아예 『논리철학론』이 주장하려는 것이 도대체 무엇인지조차 분간이 잘 되지 않기도 한다. 하지만 『논리철학론』이 어려운 책이긴 해도 첫 인상이 지레짐작하게 하는 정도로 이해하기 어려운 책은 아니다. 이 책의 핵심을 이루는 것은 언어와 세계의 관계에 관한 상당히 단순한 설명이며, 어쨌든 그 핵심 주장은 그에 대한 비트겐슈타인의 논증의 도움을 받아 쉽게 이해될 수 있다. 이 책이 지닌 난해성과 복잡성은 모두 비트겐슈타인이 그 단순한 핵심 주장으로부터 거기에 함축되어 있다고 끌어내는 여러 갈래의 주장에서 발생하고 있다. 그러나 『논리철학론』이 결코 읽기 쉬

운 책은 아닐지라도 이 책을 처음 대했을 때 느끼는 대부분의 어려움은
지금부터 설명하는 사항들을 마음에 새긴다면 해소될 수 있다.

- 첫째로 가장 중요한 점은 이 책의 편집 체제를 이해하는 것, 그러니
까 번호 체계가 내용의 전개 과정에서 어떤 의미를 갖는지 이해하는
것이다. 이 점에 대해서는 비트겐슈타인 자신이 첫 번째 명제에 붙인
각주에서 간략하게 설명하고 있다. 하지만 "번호 부여 방식"을 자세
히 이해할 필요가 있고, 또 저자가 바랐던 "읽는 방식"이 왜 중요한지
음미해볼 필요가 있다. 『논리철학론』은 문단들이 일련 번호에 따라
정렬되어 있기 때문에, 우리가 일상적으로 접하는 책과 같은 방식으
로 서술되지 않았고, 그러므로 통상적인 방식으로 읽을 수 있으리라
고 생각해서는 안 된다. 그 대신 1, 2, 3, 4, 5, 6, 7의[1] 번호를 가진 주
요한 명제를 최초의 출발점으로 해서 나무의 일곱 가지처럼 뻗어나가
는 구조로 배열되어 있다고 생각해보면 내용의 편성 방식을 이해할
수 있을 것이다. 이 7개의 명제를 연속해서 읽으면 『논리철학론』의 논
증이 전개되는 과정 전체의 가장 큰 얼개를 파악할 수 있다. 그다음 이
얼개 전체의 내부는 이제부터 설명하는 방식으로 자세한 내용이 채워

---

[1] 1   The world is all that is the case.

2   What is the case — a fact — is the existence of states of affairs.

3   A logical picture of facts is a thought.

4   A thought is a proposition with a sense.

5   A proposition is a truth-function of elementary propositions.
        (An elementary proposition is a truth-function of itself.)

6   The general form of a truth-function is $[\bar{p}, \bar{\xi}, N(\bar{\xi})]$.
        This is the general form of a proposition.

7   What we cannot speak about we must pass over in silence.

진다. 먼저 1에서 6까지의 명제는 아래쪽으로 첫 가지를 뻗는데, 그건 소수점 이하 한 자리 수, 즉 1.1, 1.2, 2.1, 2.2, 3.1 … 등의 번호가 부여된 문단이다. 예컨대 1.1과 1.2의 번호를 가진 문단은 명제 1에서 나온 가지이면서 명제 1에 관하여 주요한 논평을 하는 역할을 한다. 명제 2, 명제 3, … 명제 6의 경우도 똑같은 방식으로 진행된다. 이 일은 1, 2, 3, 4, 5, 6의 번호를 가진 주요한 기본 주장을 옹호하는 논증을 제시하거나, 기본 주장에 대하여 설명을 하거나, 기본 주장으로부터 결론을 끌어냄으로써 1, 2, 3, 4, 5, 6, 7의 명제를 연속해서 읽어 파악했던 큰 얼개의 논증보다 훨씬 더 자세한 내용으로 채워진 두 번째 버전의 논증을 제공한다. 이런 과정은 비트겐슈타인이 세부 사항에 관한 논의를 완전히 끝낼 때까지 반복된다. 이 과정을 보여주는 한 가지 방식은 『논리철학론』을 하이퍼텍스트로 새로 만드는 것이라 하겠는데, 실제로 웹상의 〈http://www.kfs.org/~jonathan/witt〉에는 『논리철학론』의 하이퍼텍스트 버전이 있다.

독자가 4.016과 4.02를 살펴보면 이 이례적인 편집 체제가 지닌 중요한 의미를 깨달을 수 있을 것이다. 만일 『논리철학론』의 이 부분을 겉보기 번호 순서대로 읽는다면, "상형 문자"(象形 文字)와 "알파벳으로 쓴 정상적인 서술 문장" 사이에 본질적 차이가 없으며,[2] 이 사실을 우리가 전혀 설명을 들은 적이 없는 명제 기호(서술 문장)의 의미를 이해할 수 있다는 사실로부터 깨달을 수 있다고 주장하는 것으로 보일

---

2)   4.016 In order to understand the essential nature of a proposition, we should consider hieroglyphic script, which depicts the facts that it describes.

And alphabetic script developed out of it without losing what was essential to depiction.

것이다.[3] 이렇게 읽는 사람은 누구나 이 대목에서 비트겐슈타인의 사고 흐름이 어떻게 진행되고 있는지 혼란에 빠질 것이다. 그렇지만 『논리철학론』의 번호 체계가 지시하는 순서에서 4.02는 4.016의 바로 다음에 이어지는 명제가 아니라 4.01[4]의 바로 다음에 이어지는 명제다. 다시 말하면 4.011부터 4.016까지의 명제는 실제로는 4.01에 관한 주석이며, 단지 4.01과 4.02 사이에 삽입되어 있을 뿐이다. 이 사실은 4.02의 "우리는 …라는 사실로부터 이것(this)을 알 수 있다." 속의 "이것"이 한 페이지 이상 앞에 나왔던 문장을 언급한다는 것을 의미한다. 그래서 우리가 전혀 설명을 들은 적이 없는 명제의 의미를 이해할 수 있다는 사실로부터 명제는 (상형 문자처럼) 실재의 그림이라는 것을 알 수 있다고 비트겐슈타인이 주장하고 있다는 것을 깨달을 수 있다. 이 견해는 비트겐슈타인이 4.02 이하의 문단에서 자세히 설명하려는 생각이다.

이런 방식으로 독자는 『논리철학론』의 문장들을 그저 지면에 나타나 있는 순서대로 읽는 것이 아니라 번호 체계가 가리키는 길을 찾아 읽어가면서 비트겐슈타인의 사고 흐름을 확인해야 한다. 그러나 번호 체계가 잘못된 곳이 전혀 없는 것은 아니다. 상당수의 견해는 번호 체계를 벗어나 『논리철학론』의 전체 구조 속에서 단지 최선이라고 할 만한 곳에 삽입되어 있는데, 그렇게 된 까닭은 그곳이 그 견해가 놓여야 하는 정확한 자리이기 때문이 아니라, 비트겐슈타인이 『논리철학론』에서 언급하고 싶었지만 정확한 자리가 마땅치 않아 최선의 곳이

---

3) 4.02 We can see this from the fact that we understand the sense of a propositional sign without its having been explained to us.

4) 4.01 A proposition is a picture of reality.
    A proposition is a model of reality as we imagine it.

라고 생각되는 자리에 그 견해를 배치했기 때문이다. 그렇지만 번호 체계가 잘못된 곳이 전혀 없는 것은 아니더라도, 독자가 일단 번호 체계에 따라 읽는 데 익숙해지면, 비트겐슈타인의 생각을 추적하는 올바른 길을 전반적으로 안내받는 도움을 얻을 것이며, 또한 왜 이 문단이 이곳에 놓여 있는가라고 자문하면서 읽으면 항상 도움을 받을 수 있을 것이다.

• 『논리철학론』은 일련의 경구를 나열한 책, 게다가 그 경구들을 밑받침하는 튼튼한 논증을 전혀 제시하지 않고 "승인하느냐 안 하느냐 양자택일밖에 없는 책"이라고 생각하는 사람들이 더러 있다. 하지만 사실은 정반대다. 『논리철학론』에는 비트겐슈타인이 주장하는 입장을 밑받침하는 수많은 논증이 제시되어 있지만, 주장 내용을 엄청나게 압축하여 서술하고 있어서 저자는 논증이 진행되는 노선만 제시하고 나머지 자세한 과정은 독자가 채우도록 남겨두는 특징을 지니고 있다. 한 예로 4.021의 서두 문장을 살펴보자.[5]

> 명제는 실재의 그림이다. 왜냐하면 내가 그 명제를 이해한
> 다면 나는 그 명제가 묘사하는 상황을 알기 때문이다.

이 문단의 경우 비트겐슈타인의 마음속에 논증이 있었다는 것과 이 주장에 관한 논증이 『논리철학론』의 전개 과정 전체에 결정적으로 중요하다는 것은 분명하다. 또한 우리가 자세한 내용을 빠짐없이 진

---

5)   4.021   A proposition is a picture of reality: for if I understand a proposition, I know the situation that it represents.

술한 논증을 대부분의 철학 책에 기대한다는 것도 분명하다. 하지만 이상하게도 『논리철학론』은 몇몇 논증의 가장 결정적인 단계, 예컨대 2.02~2.0212, 3.23~3.24, 5.62~5.64의 경우에는 특히 압축되어 있어서 요지를 파악하기 어렵게 되어 있다. 러셀과 램지는 비트겐슈타인에게 그 논증들을 최대한 자세히 서술하도록 재촉했지만 비트겐슈타인은 두 사람의 충고에 완강히 저항하였다. 거기에는 여러 가지 이유가 있었지만 그중에는 미적 이유도 있었다. 하지만 그 미적 이유에는 철학적 의도도 섞여 있다. 비트겐슈타인은 자신의 책이 세밀한 논증들로 혼란스러워지면 "사고 체계 전체"의 소통이 어렵게 될 것이라고 걱정했던 것이다. 그가 내세우는 주장 대부분은 그 주장이 진술되는 바로 그 자리에 제시될 수 있는 특정한 개별 논증에 의해서가 아니라 오히려 비트겐슈타인의 이야기 전체 속에서 그 주장이 차지하는 위치에 의해 정당화된다는 것 또한 사실이다. 비트겐슈타인의 어떤 주장은 순전히 직관에 의해 만들어졌기 때문에 그 자신도 그 주장의 채택을 옹호하는 논증을 자세히 진술하는 일이 어렵거나 불가능하기조차 한 경우가 몇 군데 있다는 것도 인정해야 한다.

하지만 특히 비트겐슈타인은 『논리철학론』에 능동적으로 참여하려고 하는 독자, 자기가 그런 주장을 하는 이유를 스스로 깨달음으로써 자기와 탐구 정신을 공유하는 독자, 밑받침하는 논증을 자세히 말하지 않아도 스스로 그 논증을 만들어내는 독자를 바라고 원했다. 이 말은 만일 독자가 『논리철학론』을 읽고 이익을 얻을 수 있다면 스스로 비트겐슈타인이 제시하는 입장에 서서 자발적으로 생각하지 않고서는 그런 이익을 얻을 수 없다는 뜻이다. 다른 어떤 철학 책을 읽더라도 그 내용을 이해하기 위해서는 독자가 스스로 열심히 철학적 사색을 해야 한다. 다시 말하면 독자가 다루고 있는 문제가 해결될 때까지 스스로 열심히 생각하지 않으면 안 된다.

나는 앞으로 전개되는 논의 과정에서 『논리철학론』 전체를 위해 결정적으로 중요한 논증인데도 비트겐슈타인이 지나치게 압축해서 진술한 논증들에 특히 주의를 기울이고자 한다.

• 독자가 『논리철학론』을 이해하기 어렵게 만드는 또 한 측면이 있는데, 이 점은 『논리철학론』에서 『철학적 탐구』에 이르기까지 비트겐슈타인의 일생 전체에 걸쳐 나타나는 특징이다. 비트겐슈타인이 자기 생각의 고향(기원)에 관한 이야기를 독자에게 하지 않는 것은 그의 모든 저작의 특징이다. 비트겐슈타인은 항상 자신의 저작이 논의하는 주제나 복잡한 문제에 관해서 — 그것들이 대부분의 철학자가 관심을 가져온 대부분의 주제나 문제와 아주 다른 경우에조차도 — 이미 독자도 관심을 갖고 있다고 인정하는 태도로 글을 썼다. 이 말은 특히 『논리철학론』의 경우에 옳은 말인데, 비트겐슈타인이 『논리철학론』을 쓰던 당시에는 아직 프레게가 철학계에 알려져 있지 않았는데도 비트겐슈타인은 『논리철학론』에서 프레게와 러셀의 저작에 대한 독자의 관심과 지식을 미리 전제하고 있다. 그 결과 논의의 맥락상에서 비트겐슈타인의 『논리철학론』이 차지하는 적절한 위치를 찾기 위해서는 먼저 독자가 프레게와 러셀이 다루고 있었던 문제들의 윤곽을 전체적으로 파악하는 것이 『논리철학론』을 이해할 수 있는 준비를 갖추는 데 중요하다. 『논리철학론』 속의 대부분의 논평이 프레게와 러셀 두 사람 가운데 한 사람이 주장했던 입장에 대한 보증이거나 해설이거나 비판이다. 이 안내서의 진행 과정에서 우리는 비트겐슈타인이 반발했던 프레게와 러셀의 독특한 생각들 가운데 약간을 살펴보게 될 것이다. 그러나 독자는 처음부터 프레게와 러셀이 연구했던 일반적

문제들을 명확히 파악해두어야 한다. 아래에 프레게와 러셀의 저작에 의해 비트겐슈타인에게 제기되었고, 적어도 비트겐슈타인의 탐구의 출발점이 되었다고 여겨지는 몇 가지 물음을 알기 쉽게 나열하겠다. "논리학(논리)이란 무엇인가?" "어떤 명제를 논리학의 진리로 만드는 것은 무엇인가?" "'그리고'(and), '또는'(or), '아니'(not), '약간의'(some), '모든'(all) 같은 논리적 용어 즉 논리 상항(論理 常項, logical constant)으로 이루어지는 논리적 장치(論理的 裝置, apparatus of logic)를 어떻게 설명해야 하는가?" "명제란 무엇인가?" "명제를 옳게 만드는 것은 무엇인가?" "명제는 실재와 어떤 관계인가?" "명제를 표현하는 문장의 복잡성의 본성은 무엇인가?" "어떤 명제의 의미는 그 명제를 구성하는 낱말들의 의미와 어떤 관계인가?" "'러셀의 역설' 같은 논리적 역설이 생기지 않는 방식으로 작동하는 '언어의 작동 방식'은 어떻게 설명할 수 있는가?" 우리는 비트겐슈타인의 연구 과업의 주요 부분을 이러한 물음에 대한 러셀의 답을 비트겐슈타인이 그보다 더 훌륭한 답으로 대치하려는 시도로 간주하고 『논리철학론』을 이해하는 긴 여정을 출발할 수 있다.

• 『논리철학론』을 이해하기 위해 의지하는 한 가지 중요한 자료는 폰 브리크트(Georg Henrik von Wright, 1916-2003)와 앤스콤(Gertrude Elizabeth Margaret Anscombe, 1919-2001)이 편집한 『루트비히 비트겐슈타인, 비망록 1914-1916』(Ludwig Wittgenstein, Notebooks 1914-1916, 1961)과 같은 책에 실려 있는 다양한 글이다. 그러나 이런 글은 신중하게 취급되어야 한다. 『비망록』에서 어떤 견해를 찾아내서 그 견해를 비트겐슈타인이 최종적으로 완성한 『논리철학론』에서도 계속 주장하고 있다고 추정하는 것은 결코 믿을 만한 주장일 수 없다. 왜냐하면 비트겐슈타인이

『논리철학론』을 완성했던 때까지는 『비망록』에 적혀 있는 많은 견해가 버려지고 바뀌었으므로, 이 초기의 메모를 작성하는 동안에도 그의 사고에 중요한 발전이 있었을 뿐만 아니라, 대부분의 견해가 비트겐슈타인이 자신의 착상을 검토하는 과정에서 잠깐 동안 떠올린 시험적인 생각이었기 때문이다. 『논리철학론』 이전의 이런 저작들은 탐구가 계속 진행 중인 초고로 간주해야 하며, 혹시 최종적으로 완성된 『논리철학론』을 이해하는 데 유익한 도움을 줄 수 있다 할지라도, 그 저작이 마지막에 『논리철학론』이 어떻게 완성될 것인가를 알려주는 조금도 틀림이 없는 지침서 역할은 전혀 할 수 없다.

『논리철학론』을 이해하는 안내서로 『비망록』을 사용하는 올바른 방식을 이해하기 위해서는 비트겐슈타인이 책을 쓰는 방식을 살펴보면 도움을 받을 수 있다. 비트겐슈타인의 저술 방식은 평생 동안 이른바 "메모 편집 방식"(Zettelschrift)이었다. 비트겐슈타인은 어떤 생각이 떠오르면 그때마다 그 생각을 짤막한 문단으로 적어놓곤 하였다. 그런 뒤에 최종적으로 완성될 책에 싣고 싶은 문단을 골라서 자기가 만족할 수 있는 상태에 이를 때까지 퇴고하곤 하였다. 그는 이렇게 다듬은 문단들을 완성된 책으로 만들기 위해 일관성을 유지하도록 배열하였다. 『논리철학론』의 경우에는 비트겐슈타인이 1에서 7까지의 자연수 번호를 가진 주요한 명제를 세우고 출발한 다음, 나머지 대부분의 문단은 이미 준비되어 있던 자료에서 선택한 문단을 그 골격 구조에 맞게 배열한 것으로 보인다. 하지만 지금 우리의 관심 사항은 이 저술 방식 때문에 『논리철학론』의 상당수 문단이 『비망록』에 그대로 실려 있거나, 그보다 더 이른 시기에 작성된 초기 메모에 적혀 있다는 사실이다.

이 때문에 『논리철학론』의 많은 명제가 『논리철학론』에서 등장하는 문맥과는 다른 문맥 속에 최초로 나타나 있다. 그런 견해를 최초의 문맥 속에서 파악하는 일은 종종 그 견해를 올바르게 해석하는 방식을 알려줄 수 있긴 하지만, 때로는 비트겐슈타인이 최종적으로 『논리철학론』을 완성할 때에는 채택하지 않은 견해가 그 문맥 주변에 있을 수 있고, 그 결과 『논리철학론』에 최종적으로 보존된 어떤 명제는 비트겐슈타인이 맨 처음 쓸 때의 취지와 약간 다른 취지를 갖고 있을 수 있다는 것을 명심해야 한다.

독자가 비트겐슈타인이 남긴 매우 산만한 메모들을 이것저것 읽어본다면 비트겐슈타인이 부딪쳐 해결하고자 했던 많은 문제에 관해서 예비적인 통찰을 얻을 수 있다. 특히 『비망록』의 첫 번째 부록은 통독할 가치가 있으며, "논리학에 관한 메모, 1913"은 『논리철학론』에 도달할 때까지 진행된 비트겐슈타인의 탐구심을 불러일으킨 관심사가 무엇인지 이해할 수 있게 해준다. 『비망록』이 『논리철학론』의 이해를 도와줄 수 있는 방식을 보여주는 훌륭한 실례를 찾는다면 독자가 『비망록』의 59쪽에서 71쪽까지 실려 있는 토론을 살펴보는 것일 것이다. 『논리철학론』 3.24의 초기 버전이 이 토론의 69쪽에 등장한다. 명제 3.24는 엄청나게 압축되어 있는 데다가, 비트겐슈타인의 "(명제의) 의미의 확정성"이란 말이 무엇을 뜻하는지, 아니 도대체 왜 그가 "(명제의) 의미의 확정성"을 요구하고 있는지 매우 불명확하다. 독자가 이 초기의 토론을 읽어본다면—비트겐슈타인이 이 메모 속에서 말하고 있는 자세한 내용을 비트겐슈타인 자신이 승인할 것이라고 고집하는 일과 상관없이—명제 3.24로 곧바로 통하는 결정적 통로를 발견할 수 있을 것이다.

하지만 『비망록』을 이용하는 가장 좋은 방침은 『비망록』에서 읽은 어떤 견해를 직접적으로나 간접적으로 확증하는 증거가 『논리철학론』 본문에서 발견되지 않는다면 『비망록』의 견해를 비트겐슈타인의 견해라고 생각하지 마라."는 것이다.

- 『논리철학론』에 사용된 "논리적 기호 표기법"은 『수학 원리』(1910)의 표기법이다. 그 기호 대부분은 지금도 여전히 사용되고 있다. 예컨대 '∨' = '또는' (or), '∼' = '…은 사실이 아니다' (It is not the case that), '⊃' = '만일 …라면 …이다' (If … then), '(∃x)…' = '…한 x가 있다' (There is an x such that…), '(x)…' = '모든 x에 대하여…' (For all x…) 등이 그런 기호다. 그러나 『수학 원리』(1910)의 표기법에는 낯설기도 하고 혼란도 일으키는 기호가 하나 있다. 그것은 괄호('(' , ')')로도 사용되고 '그리고' (and)의 기호로도 사용되는 '마침표' (period, '.') 기호다. 이 책에서는 비트겐슈타인을 직접 인용하지 않을 경우에는 훨씬 더 익숙한 '&' 를 '그리고' 의 기호로 사용하였고, 괄호가 필요한 곳에는 통상 쓰는 괄호('(' , ')')를 사용하였다.

1절 "세계는 사실들 전체다"

『논리철학론』으로 안내하는 간결한 머리말 구실을 하고 있는 1절(1~1.21의 일곱 개 문단)에서 가장 먼저 살펴야 할 물음은 다음과 같다. "논리학과 언어의 본성에 관한 문제에 전념하고 또 '사고에 한계를 설정하는 것'을 핵심 목표로 삼고 있는 『논리철학론』에서 비트겐슈타인은 왜 세계의 특징을 묘사하는 일부터 시작하는가?" 이 일곱 개의 문단은 어떤 방식으로 그다음에 이어지는 주장들을 위한 무대를 마련하는가? 세계는 사실들 전체라고 선언하는데, 여기서 말하는 "사실"이란 무얼 뜻하는가? 이 선언은 "사실에 관한 형이상학"인가? 이 선언은 절대적 일반성과 절대적 전체성을 철저히 강조하는데, 그러한 전체에 관한 진술은 이치에 닿는 말인가? 세계가 사실들로 "나뉜다"는 말은 무슨 뜻인가?

『논리철학론』은 짤막한 첫 절에서 세계의 특징을 최고로 추상적으로 묘사하면서 시작한다. 그런 다음 이야기는 사태(事態, state of affairs)에 관해 더 자세히 논의하는 2절(『논리철학론』 2~2.225)의 첫 부분으로 이어지는데, 2절에서는 1절에서 언급된 "실제로 존재하는 사태들"과 "실제로는 존재하지 않는 사태들"이 세계를 구성한다고 주장한다. 『논리철학론』의 이 부분—1에서 2.063까지—은 그다음에 이어지는 주장들을 위한 무대를 마련하고 있는 것이 분명하므로, 이 부분에서 주장되고 있는 견해들을 자세히 음미하기 전에 검토할 필요가 있는 첫 번째 물음은 다음과 같다. "논리학과 명제의 본성을 주제로 삼고 있고, 또 '언어의 한계를 설정하는 것'을 목적으로 내세운 책에서, 왜 비트겐슈타인은 주제에 관한 이야기가 아니라 분명히 주제와 전혀 다른 것에 관한 이야기로 시작해서, 듣자마자 형이상학적 세계관으로 간주할 수밖에 없는 이야기를 하는가?"

이 물음을 명료하게 하려면 비트겐슈타인의 세 가지 생각을 살펴보아야 한다. 그래서 『논리철학론』이 전개되면서 우리가 만나게 될 몇 가지 생각을 미리 언급할 필요가 있다. 그 가운데 어떤 생각은 나중에 더 명료해질 테지만, 그래도 이 대목에서 독자가 『논리철학론』의 서두 문단들에 접근하기 쉽게 미리 준비를 갖추도록 그 세 가지 생각을 끌어들이고자 한다. 그 목표는 이 문단들의 특징과 이 문단들이 『논리철학론』에서 실제로 하고 있는 일을 설명하기 위해서 이 문단들의 역할을 밝히는 것이다.

비트겐슈타인의 탐구 전체를 이끄는 기초 개념은 진리성(眞理性, truth) 개념, 더 정확하게 말하면 "옳음"(being true)과 "그름"(being false)이라는 개념이다. 이 점은 비트겐슈타인이 명제의 본성을 논의할 때든 논리학의 본성을 논의할 때든 언어의 가치있는 사용과 헛소리를 구별할 때든 항상 마찬가지다. 명제는 본질적으로 옳거나 그른 것이고, 논리학의 진리는 사실의 세계가 어떠하든 항상 옳은 명제이며, 언뜻 듣기에 명제 비슷한 주장은 만일 그 주장을 한 사람이 그 명제가 옳거나 그를 수 있는 조건을 일관성있게 설명하지 못한다면 헛소리다.

이렇게 해서 다음과 같은 핵심적인 물음이 설정된다. "어떤 명제에 대해 옳거나 그르다, 또는 맞거나 틀리다고 말할 수 있게 해주는 것은 무엇인가?" 그렇지만 옳거나 그르다는 말, 또는 맞거나 틀리다는 말은 정확성과 부정확성의 표준(標準, standard)이 되는 어떤 것에 비추어 할 수 있는 말이다. 이 때문에 세계(世界, world)가 도입되는데, 여기서 말하는 세계는 단순히 우리 언어의 명제들에 대한 정확성과 부정확성의 표준이 되는 것들 전체이다. 따라서 『논리철학론』의 다음 임무는 "우리 언어의 명제들이 방금 설명했던 그런 세계의 존재 방식에 따라 옳거나 그르기 위해서는 그 세계와 실제로 어떤 관계를 유지해야 하는가?"라는 물음의 답을 마련하는 것이다. 이 물음의 답이 마련되면, 만일 어떤 사람이 언뜻 듣기에 명제 비슷한 주장을 했는데, 그 주장이 방금 설명한 세계와 적절한 관계를 유지하는 방식을 그 사람이 일관성있게 설명하지 못한다는 것이 밝혀질 수 있다면, 그 사람은 "언어의 한계"를 넘었기 때문에 그 언뜻 듣기에 명제 비슷한 주장에 아무런 의미도 부여하지 못한다는 점에서 그 답은 암암리에 "언어의 한계"를 설정하게 된다.

이 점을 이해했다면 이제 『논리철학론』의 서두 도입 문단들에 관련된 아래의 논점들을 이해할 수 있는 준비가 갖추어진 셈이다.

1. 우리의 사고 · 언어와 일치하는 것으로서의 세계

사물들이 아니라 사실들로 이루어지는 세계

만일 세계가 우리의 모든 생각 그리고 우리의 모든 말과 일치하는 것처럼 보일 수 있어야 한다면, 그 세계는 단지 그 속에 있는 사물들의 목록이 아니라 사실들로 이루어지는 세계이어야 한다. 만일 "존은 행복하다."는 진술이 옳다면, 이 진술은 단순히 존에 의해서 옳게 되는 것이 아니라 존의 상태 즉 존이 행복하다는 사실에 의해서 옳게 된다. 우리는 적어도 처음에는 『논리철학론』을 "명제는 사실과 대응할 경우에만 옳다."는 직관적 생각에서 출발하여 체계적으로 정리된 설명을 제시하려는 시도로 볼 수도 있다. 그렇지만 "진리성에 관한 대응 이론"을 말할 때에 철학자들은 마음속으로 "옳은 명제는 모두 그 명제를 옳게 만드는 단 하나의 사실과 대응한다."고 생각하는 경우가 흔하다. 그러한 진리성 이론의 아킬레스건은 항상 아주 좁은 영역의 지극히 특수한 명제를 제

외한 나머지 모든 명제에 제각기 단 하나의 사실을 대응시키는 방식을 구체적으로 제시하는 일이 불가능하다는 것이다. 이와 달리 비트겐슈타인은 복수 명사 "사실들"을 계속 사용하면서, 임의의 명제가 세계를 구성하는 일련의 방대한 사실들과 일치할 수 있는 방도를 보여줄 수 있다는 것을 밝히려 하고 있다.

일반성

이 서두 문단들은 "사실들 전체", "모든 사실들"이라는 표현으로 절대적 일반성(絕對的 一般性, absolute generality)을 강조한다. 이 강조는 몇 가지 점에서 중요하다. 첫째는 비트겐슈타인이 추구하는 것은 명제의 주제가 무엇인가에 관계없이 어떤 명제에나 적용될 수 있는 "명제에 관한 완전히 일반적인 설명"과 "진리성과 허위성에 관한 완전히 일반적인 설명"이라는 점이다. 조금 바꿔 말하면 이 말의 속뜻은 세계에 관한 설명이 어떠한 형이상학적 쟁점에 대해서도 미리 판단하지 않으려는 것이다. 그래서 세계는 모든 종류의 사실들 전체, 달리 말하면 우리의 사고와 담화가 다루는 모든 것이다. 이렇게 읽으면 사실들 전체에 관한 강조는 세계가 관념주의 용어로 표현되어야 하는가 실재주의 용어로 표현되어야 하는가와 같은 문제는 미결정의 상태로 남겨두려는 의도를 갖고 있다는 것을 알 수 있다. 우리가 언급하는 사실이 무언가 있고, 그 사실이 우리가 하는 말을 옳거나 그르게 만든다면, 그러한 사실은 모두 세계에 포함될 수 있다. 세계의 이러한 특징은 어떠한 표준적인 형이상학 논쟁에 참여하는 입장이건 모든 입장이 승인할 수 있는 것이다.

사실들 전체에 대한 강조가 중요성을 띠는 다른 주요한 논점은 "언어의 한계" 즉 "우리가 말로 표현할 수 있는 것의 한계"를 설정할 수 있는 것이 이런 식으로 생각되는 세계라는 것이다. (여기서는 "한계"라는 말의 의미를 불명료한 채로 남겨두고 나아가겠다.) 비트겐슈타인이 "논리학(논리적 사고)은 세계를 가득 채운다. 그래서 세계의 한계가 논리학(논리적 사고)의 한계이기도 하다(5.61)."[1]라고 말할 수 있는 것은 세계가 사실들 전체이기 때문이다. 만일 언뜻 듣기에 명제 비슷한 주장이 (이런 식으로 생각된) 세계와 일치한다는 것이 밝혀질 수 없다면, 우리는 그 언뜻 듣기에 명제 비슷한 주장이 옳거나 그를 수 있다는 일관성있는 설명을 제시할 수 없고, 그것으로 그 언뜻 듣기에 명제 비슷한 주장은 결코 진정한 명제가 아니라 그저 헛소리라고 밝혀질 것이다.

최소주의(最小主義, Minimalism)

세계의 특징에 관한 설명은 『논리철학론』 한 페이지의 절반도 채우지 못하고 있지만, 그에 관해서 상세히 설명하는 2~2.063까지의 문단들은 네 쪽 이상을 차지하고 있다. 이 부분의 모든 문단은 지극히 개략적인 서술로 이루어져 있는데, 여기서 비트겐슈타인은 "사실"(事實, fact), "사태"(事態, state of affairs), "대상"(對象, object)에 관해 이야기할 때에 그것들이 실제로 어떠한 것인지를 알려줄 실례를 전혀 제시하지 않고 있다. 우리는 대상이 뉴턴 식의 점질량과 같은 어떤 종류의 물질적 원자라든가 감각 자료와 같은 경험의 직접 대상이라는 식의 "대상의 실례"에 관해서는 아무런 이야기도 들을 수 없다. 또한 우리는 "대상"이란 용어가 오직 개별자만 가리키는지, 또는 보편자나 속성이나 관계에도 적용되는지, 심지어는 대상이 개별자나 보편자의 특징을 지닐 수 있는지에 대해서조차 아무런 이야기를 들을 수 없다. 우리가 들을 수 있는 이야기는

---

1)   5.61   Logic pervades the world: the limits of the world are also its limits.

대상이 만족시켜야 하는 형식적 필요 조건이 전부다. 대상들은 단순해야
하고, 우리가 상상할 수 있는 어느 세계도 공유해야 하며, 서로 결합하
여 사태를 형성해야 한다. 이 형식적 필요 조건은 수많은 해설가로 하여
금 비트겐슈타인이 심중에 어떤 실례를 가졌었는가에 관하여 추측하게
만들었다. 하지만 비트겐슈타인이 『논리철학론』 5.557~5.5571에서[2]
한 말을 살펴보면 그러한 추측이 모두 오해라는 것이 밝혀진다. 비트겐
슈타인이 제시하고 있는 설명을 보면, "단순한 대상"과 "사태"가 반드
시 있어야 하지만, 그 단순한 대상과 사태가 무엇인가는 자신이 수행하
고 있는 그런 종류의 논리적 탐구에 의해서는 결정될 수 없다고 단언하
고 있다. 단순한 대상과 사태를 발견하기 위해서는 그러한 논리적 탐구
를 넘어서 비트겐슈타인이 5.557에서 말한 "논리학의 응용"(論理學의 應
用, application of logic)을 살펴보아야 한다. "논리학의 응용"이란 우리의
언어가 실제로 작동하는 방식에 관한 일종의 경험적 탐구일 텐데, 이 경
험적 탐구의 가장 그럴듯한 후보는 『논리철학론』 속에 예견되어 있는
분석 프로그램을 실제로 완성해보려는 시도일 것이다. 우리가 분명하
게 할 수 있는 말은 만일 비트겐슈타인이 자신의 대상에 설정한 형식적
필요 조건을 고려한다면 그 대상은 누구나 "단순한 대상"이란 말을 처
음 들었을 때에 떠올리는 매우 작은 입자와는 전혀 다른 것이어야 한다

---

2) 5.557 The *application* of logic decides what elementary propositions
there are.

What belongs to its application, logic cannot anticipate.
It is clear that logic must not clash with its application.
But logic has to be in contact with its application.
Therefore logic and its application must not overlap.

5.5571 If I cannot say a priori what elementary propositions there are,
then the attempt to do so must lead to obvious nonsense.

는 것이다. 만일 『논리철학론』이 어떤 형태의 원자주의(原子主義, ato-mism)를 옹호하는 것으로 간주할 수 있다면, 그 원자주의를 "논리 원자주의"(論理 原子主義, logical atomism)라고 부를 수는 있어도 결코 어떤 형태의 물리적 원자 이론일 수는 없다. 이 책의 다음 절에서 어떤 종류의 대안이 더 적절한 후보인지 살펴볼 예정이므로, 여기서는 지금까지 "단순한 대상"의 후보로 주장되었던 몇몇 후보는 (한 예로 "경험의 직접 대상" 같은 후보는) 비트겐슈타인이 자신의 대상을 규정한 조건을 만족시키기 매우 어렵다는 점만 언급해두고 넘어가겠다.

그러나 만일 세계에 관한 비트겐슈타인의 설명이 세계에 관한 많은 "전통적 형이상학 물음"을 미결정 상태로 남겨두고 있다면, 그 사실은 또한 비트겐슈타인이 『논리철학론』의 서두 문단들에서 자기 자신의 형이상학을 도입하려는 목적을 갖고 있지 않다는 것을 의미한다. 이 점에서 그가 얼마나 성공했는가는 논쟁거리일 수 있다. 비트겐슈타인이 형이상학적 원자주의를 옹호하고 있는 것처럼 보이는 것은 확실하며, 거기에 등장하는 상당수 주장은 실질적인 형이상학적 주장으로 보인다. 우리는 아주 명백한 두 개의 실례를 언급할 수 있다. 하나는 우리가 상상할 수 있는 모든 세계가 공유하는 일련의 단순한 대상들이 있다는 주장이고, 다른 하나는 세계가 일련의 독립적인 사실들로 나뉠 수 있다는 주장이다. 그렇지만 우리가 대상에 관해 비트겐슈타인으로부터 들은 이야기가 거의 없다는 것을 기억하는 것이 중요하며, 따라서 독자는 이 두 주장의 의미에 대한 해석이 결정되기 전에는 이 두 주장이 지닌 진정한 "형이상학적 언질"이 무엇인가에 대해 판단을 보류해야 할 것이다. 어쨌든 비트겐슈타인 자신은 『논리철학론』의 서두 첫 절에서 형이상학을 전개하려고 하지 않았으므로, 서두의 문단들은 가능한 한 형이상학적 의미를 배제하는 방식으로 읽어야 할 것이다. 이것이 우리가 세계의 상

세한 본성에 관한 부당한 가정에 전혀 사로잡히지 않고 세계에 관하여
말할 수 있는 것 전부다.

2. 실재주의 아니면 관념주의?

이 쟁점의 전체적인 영향력은 『논리철학론』이 전개되는 과정에서 명
료해질 수 있을 뿐이지만, 서두 문단들에서 전개되는 주장을 적절하게
평가하려면 이 쟁점이 『논리철학론』의 전개 과정에서 명료해진다는 점
을 이 단계에서도 명심해야 한다. 『논리철학론』은 어떻게 언어의 명제
가 세계의 존재 방식에 따라서 옳거나 그르게 되는지 밝히고, 또 의미있
는 언어는 세계와 일치한다는 것을 밝히는 방식으로 언어에 관한 설명
을 전개해나간다. 『논리철학론』의 핵심 주제들 가운데 하나는 어떤 상
황을 대표하는 명제가 그것이 대표하는 바로 그 상황을 묘사할 수 있기
위해서는 그 상황과 어떤 것 — "형식"이나 "논리적 다양성" — 을 공유
해야 한다는 생각이다(2.16, 4.04, 4.12).[3] 더 나아가 비트겐슈타인은 개
개의 명제가 그것이 대표하는 상황과 어떤 것을 공유해야 할 뿐만 아니
라, 언어의 구조 전체가 세계의 구조를 반영해야 한다고 주장하는데, 그

---

3) 2.16   If a fact is to be a picture, it must have something in common
with what it depicts.

4.04   In a proposition there must be exactly as many distinguishable
parts as in the situation that it represents.

The two must possess the same logical (mathematical) multi-
plicity. (Compare Hertz's *Mechanics* on dynamical models.)

4.12   Propositions can represent the whole of reality, but they cannot
represent what they must have in common with reality in order
to be able to represent it — logical form.

때문에 5.511에서[4] 논리학을 "거대한 거울"(6.13)이라고 말하고,[5] 5.4711에서는 다음과 같이 주장한다.

> 명제의 본질을 제시하는 것은 모든 서술의 본질을 제시하는 것이며, 이로써 세계의 본질을 제시한다.[6](고딕체 부분은 저자가 강조함)

그 결과 세계에 관한 서두 문단들의 주장과 나중의 언어에 관한 문단들의 주장 사이에는 방대한 평행 관계가 성립하며, 그래서 상당수의 서두 문단들 속의 "존재론적 견해"는 나중의 문단들 속에서 그와 대응하면서 분명히 "언어적 견해"로 들리는 메아리를 울리게 된다. 이제 그런 사례를 몇 개 들어보겠다. 우리는 『논리철학론』 1.21에서[7] 세계가 일련의 독립적인 사실들로 나뉜다는 주장을 보는데, 나중에 언어는 논리적으로 독립적인 요소 명제들로 이루어지고(4.211),[8] 사태는 대상들의 결

---

4) 5.511 How can logic — all-embracing logic, which mirrors the world — use such peculiar crotchets and contrivances? Only because they are all connected with one another in an infinitely fine network, the great mirror.

5) 6.13 Logic is not a body of doctrine, but a mirror-image of the world. Logic is transcendental.

6) 5.4711 To give the essence of a proposition means to give the essence of all description, and thus the essence of the world.

7) 1.2 The world divides into facts.
    1.21 Each item can be the case or not the case while everything else remains the same.

8) 4.21 The simplest kind of proposition, an elementary proposition, asserts the existence of a state of affairs.
    4.211 It is a sign of a proposition's being elementary that there can be no elementary proposition contradicting it.

합이며(2.01),[9] 명제는 이름들의 사슬이고(4.22),[10] 그러한 대상들은 단순하며(2.02),[11] 이름은 단순 기호이고(3.202),[12] 우리는 어떤 대상이 사태를 형성하기 위해 다른 대상과 결합할 수 있다는 가능성과 무관하게 그 대상을 생각할 수 없으며(2.0121),[13] 이름은 오직 명제의 문맥 속에서만 의미(지칭 기능, 언급 기능)를 갖는다(3.3)[14]는 주장을 보게 된다.

이 사실은 "언어가 세계에 관한 주장을 할 수 있기 위해서 언어는 세계와 어떤 구조를 공유해야 하는가?", 또는 이와 반대로 "서두 문단들이 부여하는 세계의 구조는 단지 언어가 지닌 '언어적 형식'에 의해 부여된 구조일 뿐인가?"라는 물음을 유발하지 않을 수 없다. 그뿐 아니라 이 물음은 곧바로 두 가지 해석이 가능하다는 것을 보여주고 있는데, 그 두 가지 해석을 각각 『논리철학론』에 대한 "실재주의 해석"과 "선험적 관념주의 해석"이라고 부르겠다. 첫 번째 "실재주의 해석"에 따르면, 세계는 그에 관한 우리의 사고나 담화와 무관하게 원래부터 구조를 갖고 있고, 세계와 맞물려 함께 작동하는 어떤 언어든 반드시 세계가 지닌 구

---

9) 2.01   A state of affairs (a state of things) is a combination of objects (things).

10) 4.22   An elementary proposition consists of names. It is a nexus, a concatenation, of names.

11) 2.02   Objects are simple.

12) 3.202   The simple signs employed in propositions are called names.

13) 2.0121 Just as we are quite unable to imagine spatial objects outside space or temporal objects outside time, so too there is *no* object that we can imagine excluded from the possibility of combining with others.

    If I can imagine objects combined in states of affairs, I cannot imagine then excluded from the *possibility* of such combinations.

14) 3.3   Only propositions have sense; only in the nexus of a proposition does a name have meaning.

조를 가져야 하는 것은 세계가 먼저 그러한 구조를 갖고 있기 때문이다. 두 번째 "선험적 관념주의 해석"에 따르면, 우리는 세계에 관한 우리의 언어적 표현과 무관하게 세계와 그 구조를 알 수 있는 방법이 없으며, 그래서 우리가 세계가 지녔다고 보는 구조는 ─ 사태들과 대상들에 관해 말하는 이야기에 전부 드러날 뿐이므로 ─ 단지 우리 언어의 형식이 연출하는 그림자일 뿐이다. 세계 "그 자체"가 어떤 구조를 갖고 있는가는 우리의 파악 능력을 벗어나 있어서, 실제로는 완전히 다른 구조를 가질 수도 있고, 심지어는 전혀 구조를 갖지 않을 수도 있다. 두 가지 해석의 상당수 버전이 다양한 주석가들에 의해 옹호되고 있고, 그래서 처음에는 비트겐슈타인의 견해에 대한 실재주의 해석을 택하든 관념주의 해석을 택하든 일관성있는 독해가 가능한 것처럼 보인다. 더군다나 해석의 진행 과정의 다른 단계들에서 때로는 비트겐슈타인이 언어의 본성을 근거로 해서 세계의 본성을 주장하는 것으로 생각하는 것이 자연스럽게 여겨지기도 하고, 때로는 비트겐슈타인의 논증이 그와 반대 방향으로 진행되는 것으로 생각하는 것이 더 자연스럽게 여겨지기도 한다.

방금 제기된 의문은 아주 자연스럽게 생긴 것이기 때문에 『논리철학론』을 읽을 때에 독자가 이런 문제를 마음속에 새기고 있는 것이 중요하다. 그렇지만 비트겐슈타인 자신의 입장은 ─ 만일 내가 비트겐슈타인을 올바르게 이해하고 있다면 ─ 결국은 앞 문단에서 살펴본 두 가지 해석은 정확한 해석이 아니라고 주장하는 것이며, 게다가 이런 물음을 제기하는 일 자체가 독자로 하여금 부지불식간에 "논리학(논리적 사고)이 세계의 한계를 넘어버리는 일"을 저지르게 하는 일, 다시 말해 오직 헛소리만 하게 만드는 일이라는 것이다. 우리는 『논리철학론』 전체에서 확실히 가장 어렵지만 결정적으로 중요한 5.6 이하의 문단들에 나오는 유아주의(唯我主義, solipsism)에 관한 논의를 살펴볼 때에 이 쟁점을 다시 검토하게 될 것이다. 지금은 유아주의에 관한 논의를 마무리 짓는 견해의 한 가지 요점 즉 "유아주의는 그 함의 내용을 엄격하게 철저히 추구해보면 순수한 실재주의와 일치한다."[15]는 주장이 앞 문단에서 살펴본 두 가지 해석의 정확성을 정면으로 거부한다는 점만 언급하고 나아가겠다. 우리가 언뜻 보기에 양립할 수 없는 것으로 보이는 이 두 가지 해석 사이에서 어쩔 수 없이 결정을 내려야 하고, 따라서 제기된 물음이 절박하고 근본적으로 중요한 것처럼 보인다 할지라도, 비트겐슈타인은 그런 상황임에도 불구하고 그런 물음에 어떤 의미도 부여해선 안 된다고 우리를 설득하고자 하였다.

3. 『논리철학론』의 견해가 지닌 불확실성

서두 문단들이 주장한 내용을 자세히 살펴보기 전에 서두 문단들의 완전한 의미는 『논리철학론』을 끝까지 살펴보아야만 드러난다는 것을 한 번 더 마음에 새겨야 하는데, 이 말을 다시 하는 이유는 당연히 이 안내서도 마지막에 가서야 서두 문단들의 완전한 의미를 올바르게 제시할 수 있다는 점을 강조하기 위해서다. 비트겐슈타인이 자신과 함께 노력해보자고 우리를 초대하는 독창적인 일에는 무언가 몹시 불확실한 데가 있다. 특히 6.54의 "내 명제들은 다음과 같은 깨달음을 얻도록 도와준다. 나[비트겐슈타인]를 이해한 사람은 누구나 결국 내 명제들이 (세계에 관해서는) 헛소리라는 것을 깨닫는다.…"[16]라는 말은 불확실하기

---

15) 5.64　Here it can be seen that solipsism, when its implications are followed out strictly, coincides with pure realism.

16) 6.54　My propositions serve as elucidations in the following way: anyone who understands me eventually recognizes them as nonsensi-

로 유명하다. 이 결론에 도달하는 몇 가지 뚜렷한 사고 흐름이 보이는데, 나는 그 사고 흐름들에 대해 6.54를 직접 검토할 때에 자세히 음미하고자 하므로, 여기서는 서두 문단들과 직접 관련이 있는 두 가지 점만 살펴보고자 한다.

첫째, 만일 우리의 계획이 어떻게 언어가 세계와 일치하는지 밝히는 일이라면, 우리가 할 일은 세계 속의 사실들과 그 사실들에 의해 옳게 되는 명제들을 서술하는 것이고, 그래서 명제와 사실 사이의 적합성을 밝히는 것이다. 이것은 분명히 비트겐슈타인이 『논리철학론』에서 진행하고 있는 일이다. 그러나 어떤 명제를 옳게 만드는 사실을 서술하는 유일한 방법은 명제—또는 적어도 논리적으로 동등한 명제—로 사용된 것과 정확하게 똑같은 형식의 문장을 사용하는 것이므로, 결국 "'비가 오고 있다.'는 문장(명제)은 비가 오고 있다는 사실에 의해서 옳게 된다."고 말할 수밖에 없는데, 이는 우리가 원했던 깜짝 놀랄 만한 뉴스가 전혀 아니다. 사실 비트겐슈타인은 불가능한 일을 분명히 시도하고 있다. 다시 말하면 비트겐슈타인은 언어와 세계 위에 있는 유리한 시점(視點)에서 내려다보는 것처럼 언어와 세계 사이의 관계를 서술하고 있는데, 이것은 자기가 설정한 "우리는 명제를 가지고 논리학의 바깥, 즉 세계의 바깥에 있는 어딘가에 자리를 잡을 수 있어야 한다(4.12)."[17]는 조

---

cal, when he has used them—as steps—to climb up beyond them. (He must, so to speak, throw away the ladder after he has climbed up it.)

He must transcend these propositions, and then he will see the world aright.

17) 4.12   In order to be able to represent logical form, we should have to be able to station ourselves with propositions somewhere outside logic, that is to say outside the world.

건과 "우리는 생각할 수 없는 것을 생각할 수 없으며, 그래서 우리는 생각할 수 없는 것을 말할 수 없다(5.61)."[18]는 조건을 어겼기 때문에 비트겐슈타인의 입장에서는 불가능한 일이다. 이런 식으로 결국 우리는 언어와 세계의 관계를 서술하려고 발언된 문장은 실은 (이 세계에 관한) 어떤 의미도 부여될 수 없는 문장이라는 것을 깨닫게 된다.

둘째는 앞의 지적과 관련이 있는데, 세계 전체에 관해서는 의미있게 말하는 것이 불가능하다는 것을 증명할 수 있다는 것이다(6.45).[19] 그래서 우리는 "이것이 실제로 성립하는 모든 사실이다." "이것이 실제로 존재하는 모든 대상이다." "이것이 실제로 성립하는 모든 명제다."와 같은 말을 할 수 없다. 그렇지만 비트겐슈타인이 "세계는 사실들에 의해 확정될 수 있지만, 그 사실들이 사실들 전체이어야 확정된다(1.11)."[20]라고 명확히 말하면서 시작하고 있는 것은 분명하다. 이 점에서 비트겐슈타인과 러셀의 근본적인 의견의 불일치가 분명히 드러나는데, 우리는 이 문제를 『논리철학론』 5.52에 나오는 비트겐슈타인의 일반 명제 취급 방법을 검토할 때에 살펴보게 될 것이다. 러셀에게는 세계를 완벽하게 서술하는 일이 "모든 특수한 사실"(all the particular facts, 비트겐슈타인의 용어로는 "실제로 존재하는 사태와 실제로는 존재하지 않는 사태")과 함께 "그것들이 성립할 수 있는 모든 특수한 사실이라는 일반적 사실(一般的 事實, general

---

18) 5.61   We cannot think what we cannot think; so what we cannot think we cannot *say* either.

19) 6.45   To view the world sub specie aeterni is to view it as a whole—a limited whole.

　　　　　Feeling the world as a limited whole—it is this that is mystical.

20) 1.11   The world is determined by the facts, and by their being *all* the facts.

fact)"을 서술하는 것이다. 그러나 비트겐슈타인에게는 "일반적 사실" 같은 것은 없고 오직 특수한 사실들만 있다. 하지만 이 말은 "사실들 전체"에 관해 언급하는 말이 헛소리가 되어버린다는 것을 뜻한다. 비트겐슈타인이 역설적으로 제 자신을 어리석어 보이는 입장에 떨어뜨리면서 하고 있는 일은 『논리철학론』의 마지막 장의 이야기거리를 만들려는 것이다. 그러나 독자는 『논리철학론』을 읽기 시작하면서부터 다음 두 가지 노선을 명심해야 한다. (1) 첫째 노선은 우리가 어떻게 이해하더라도 비트겐슈타인이 『논리철학론』에서 내세우는 견해의 불확실성은 우연한 특징이 아니라 『논리철학론』의 핵심적인 논점들 가운데 하나라는 것이다. 그러므로 독자가 비트겐슈타인의 계획에 길들여지면, 『논리철학론』을 읽으면서 "그 명제들이 지닌 역설적 성격", 즉 "언뜻 보기에 그 명제들이 말하고 있는 것으로 보이는 내용은 실은 우리가 그에 관해서 말할 수 없는 것이라고 그 명제들이 계속 암시하는 방식"을 감지할 수 있을 것이다. (2) 기억해야 할 두 번째 노선은 첫 번째 노선과 정반대이다. 만일 독자가 비트겐슈타인을 이해한다면 『논리철학론』의 명제들이 곧이곧대로의 직설적 주장이라고 읽을 수밖에 없다는 것이다. 독자가 "『논리철학론』의 명제들은 (세계에 관해서) 헛소리라는 비트겐슈타인의 주장의 진짜 속뜻은 무엇인가?"라고 진지하게 물음을 제기할 수 있는 것은 『논리철학론』을 철저히 연구한 다음일 뿐이다.

이런 예비 지식을 배경으로 하여 우리는 『논리철학론』의 1절의 내용을 살펴볼 수 있는데, 1절에는 (1) 1.1 — "사실들 전체"로서의 세계와 "사물들 전체"로서의 세계의 대비와 (2) 1.2 — 세계는 일련의 독립적인 사실들로 "나뉜다"는 생각을 주장하는 두 개의 주요한 문단이 있다.

사실들의 세계

비트겐슈타인은 1.1에서 사실들의 세계와 사물들의 세계의 대비를 설정한다. 이 대비의 첫 번째 이유는 충분히 명료하다. 우리는 세계가 품고 있는 대상들의 목록을 제시함으로써 세계를 구체화하지 못한다. 세계가 어떠한 상태인지 알기 위해서는 사물들이 어떻게 배열되어 있는지 알아야 한다. 그저 목록으로 모아진 대상들은 세계가 현재 존재하는 방식으로 배열될 수 있을 뿐만 아니라 과거에 성립했던 다양한 방식으로도 배열될 수 있기 때문이다. 만일 세계가 사실들 전체, 즉 우리가 사고와 담화로 관계를 맺을 수 있는 모든 것이고, 더 나아가 우리가 하는 모든 말과 일치하는 것이라면, 우리가 하는 말은 대상들이 아니라 실제의 사실들과 일치해야 한다.

그러나 이와 함께 이 서두 문단들에는 위와 관련있는 두 번째 관심사가 있다. 비트겐슈타인은 나중에 1.1에 관해서 스스로 다음과 같이 설명한 적이 있다.

세계는 사물들의 목록으로 이루어지는 것이 아니라 (쇼 카달로 그처럼) 대상들에 관한 사실들로 이루어진다. … 세계가 실제로 어떠한가는 서술될 수 있을 뿐이지 대상들의 목록으로 제시될 수 없다.[21]

"쇼 카탈로그"라는 은유의 요점은 우리가 사물들을 먼저 알고 나서 그

---

21) D. Lee, *Wittgenstein's Lectures, Cambridge 1930-32* (Blackwell: Oxford, 1980), p. 119.

사물들에 관한 사실을 알게 되는 것이 아니라는 것이다. 우리가 사물들에 접근할 수 있는 유일한 방법은 사물들에 관한 사실들을 아는 것이기 때문에, 비트겐슈타인은 사물들을 본질적으로 사태를 구성할 수 있는 잠재적 요소로 간주하고 있다(2.012).[22] 비트겐슈타인은 실제로 대상들에 관해 생각할 때에는 항상 이른바 "맥락 원리"에 근본적인 역할을 부여하였다. 즉 대상은 이름들이 지칭하는 것이긴 하지만, 그 이름들은 어떤 명제의 맥락 속에서만 의미(지칭 기능, 언급 기능)를 가질 뿐이다. 이점에 관해서는 3.3을 검토할 때에 자세히 살펴보려고 하지만, 지금으로서는 대상에 관한 비트겐슈타인의 설명의 기본 취지는 우리가 먼저 대상 개념을 가지고 출발하는 것이 아니라 대상을 사실이 구성되는 기초 요소로 취급함으로써 사실 개념에 도달하는 것이라고 말할 수 있다. 더 정확히 말하면 우리는 사실들을 분석해서 대상 개념에 도달한다.

하지만 『논리철학론』 서두 문단들을 진지하게 취급하기 위해서는 우리가 사실 개념을 세계의 특징으로 진지하게 취급해야 한다. 많은 철학자가 사실 개념을 진지하게 의심해보아야 한다고 생각하였다. 그들은 "p는 사실이다."라고 말하는 것은 단지 "p다."라는 말의 에두른 표현, 심지어는 — 조금 이상스럽게 들리긴 하지만 — 아예 "사실이 옳은 명제다."라는 말의 에두른 표현에 지나지 않는다고 주장하였다.[23] 그렇지만

---

22) 2.012 In logic nothing is accidental: if a thing *can* occur in a state of affairs, the possibility of the state of affairs must be written into the thing itself.

23) As an introduction to the modern philosophical discussion, the right starting point is the debate between P. F. Strawson and J. L. Austin. See Strawson, 'Truth', in *PAS* Supp. vol. 24 (1950): 129–56 and Austin, 'Unfair to Facts' (1954, reprinted in J. L. Austin, *Philosophical Papers* [ed. J. O. Urmson and G. J. Warnock; OUP: Oxford, 1970]).

사물들만 있는 게 아니라 사물들이 배열되는 방식이 있다는 것은 의심의 여지가 없으며, 그래서 우리가 특정한 명제가 옳은지 그른지 알고 싶어 한다면 어떤 사물들이 있는지가 아니라 그 사물들이 어떻게 배열되어 있고 어떤 상태에 있는지를 알아보아야 한다. 다시 말해 우리는 그 즉시 사실들을 조사해야 한다. 우리 누구도 다음 사실을 의심할 수 없을 것이다. 즉 존이란 사람을 "존"이라 부르는 일이 존이란 사람을 가공의 존재로 만들지 않는 것과 마찬가지로, "p는 사실이다."가 "p다."와 동등하다는 것은 더 이상 놀라운 일도 아니고, 사실들을 가공의 것으로 만드는 것도 아니다. 우리가 언어의 일부 예컨대 어떤 문장이 어떠하다는 것을 서술하기 위해서 그 문장을 대신하는 정확히 똑같은 문장을 사용한다는 것은 두말할 것도 없다.

진짜 쟁점은 사물들이 "존재하는 방식"이 있는가가 아니라 사물들이 "배열되는 방식"이 있는가라는 것이다. 정확한 문제점은 다른 곳에 있다. 만일 우리가 사실이 있다는 것을 인정한다면 우리는 사실을 그 사실에 관여하는 사물들로 구성된 **복합 대상**(複合 對象, complex object)으로 생각할 수 있는가? 비트겐슈타인이 『논리철학론』을 프레게에게 처음 보여주었을 때 프레게는 비트겐슈타인의 의도가 사실을 그러한 복합 대상으로 간주하는 것이라고 생각했던 것 같다. 그 당시에 비트겐슈타인은 프레게의 논평에 화를 냈다고 전해지고 있지만, 십 년 후에는 복합 대상이란 개념도 상당한 설득력을 가졌다고 생각한 것으로 보인다.[24] 여기서 이 문제의 진실을 가려내기는 어렵지만, 비트겐슈타인의 처음 반응이 더 진실에 가깝다고 시사하는 증거가 있다. 프레게는 『논리철학

---

24) See Wittgenstein, *Philosophical Remarks*, Appendix 'Complex and Fact' (pp. 301–303).

론』을 자세히 검토하지 않았다. 프레게의 논평은 『논리철학론』에 대한 상당히 피상적인 인상에 근거한 것이었고, 그래서 비트겐슈타인이 초기의 생각을 후기에 다시 떠올린 회상을 전적으로 신뢰할 수는 없다. 그 당시 비트겐슈타인은 실제로 사실과 복합 대상을 다른 것으로 대비시켰으며,[25] 『논리철학론』 자체에서는 프레게의 비평이 제안했던 방식으로 말하지 않았는데, 특히 비트겐슈타인은 대상에 관하여 그것이 관여하는 사실의 부분이라고 말하지 않았다. 만일 비트겐슈타인이 혼란을 일으켰다면 이와 관련은 있으나 전혀 다른 주제, 즉 그가 『비망록』(Notebooks)에서 "복합체 이론"(theory of the complex)이라 부른 것과 관련지어 혼란을 일으킨 것이다. 그것은 만일 "존이 매리를 사랑한다."는 명제가 옳다면 [존-사랑-매리]라는 복합체가 실제로 있을 것이라는 생각이다.[26] 이 복합체는 존이 매리를 사랑한다는 사실과 다른 것이다. 비트겐슈타인의 후기 비판이 대상으로 삼고 있는 것은 "복합체 이론"이었고, 또 사람 같은 "일상의 복잡한 대상"은 "복합체 이론"의 복합체로 간주되기보다는 오히려 사실들의 세계 개념으로 간주될 수 있다는 자기 자신의 가정이었다. "복합체 이론"은 나중에 살펴보게 될 2.0201에 잠깐 모습을 드러내고 있긴 하지만,[27] 『논리철학론』 출판 당시까지는 비트겐슈타인의 사고에서 거의 사라졌었다. 그러나 『논리철학론』에서 복합체가 언급될 때조차도 복합체는 항상 분석에 의해서 사라지는 것으로 언급되고 있으며, "복합체 이론"에 관하여 2.02~2.03까지 진술되어 있는 논증을 나중

25) See, e.g., Wittgenstein, *Notebooks*, p. 48.
26) Ibid.
27) 2.0201 Every statement about complexes can be resolved into a statement about their constituents and into the propositions that describe the complexes completely.

에 설명하겠지만, 나는 앞에서 말한 것이 비트겐슈타인의 생각에 훨씬 더 가깝다고 믿기 때문에, 그 논증을 비트겐슈타인 식의 복합체가 아니라 "일상의 복잡한 대상"에 의해 명확하게 설명하는 일이 완전히 가능하다고 생각한다.

내가 사실을 복합 대상으로 간주하는 것을 거부하는 데에는, 그리고 사실을 복합 대상으로 간주하는 것은 비트겐슈타인의 생각이 아니었다고 믿는 데에는 몇 가지 이유가 있다.

- 첫째이자 가장 근본적인 이유는 만일 독자가 사실을 대상 — 즉 그보다 단순한 사물들로 구성된 사물 — 이라고 생각한다면, 비트겐슈타인으로 하여금 우리에게 세계를 사물들 전체가 아니라 사실들 전체로 보라고 권유하도록 했던 비트겐슈타인의 통찰을 배반하게 된다. 만일 우리가 명제는 사물이 아니라 사실과 일치한다는 주장을 고집하면서, 이번에는 사실을 단지 종류가 다른 사물로 간주한다면, 명제는 사실과 일치한다는 주장이 요점을 잃게 된다.

- 프레게가 비트겐슈타인은 사실을 복합 대상으로 간주하고 있다고 주장했을 때, 비트겐슈타인은 우리가 복합 대상과 그 구성 요소에 관하여 생각하거나 말하는 방식이 전혀 사실과 일치하지 않는다는 사실을 근거로 삼아 일련의 간단한 반론을 제기하였다. 예를 들어 부분-전체 관계의 근본적 특징은 "전체의 부분의 부분"은 그것 역시 "전체의 부분"이라는 것이다. 이 특징을 사실과 그 구성 요소의 경우에 적용하면 터무니없는 결론에 도달하게 된다. 가령 우리가 다프니스와 클로에를 "다프니스가 클로에를 사랑한다."는 사실의 부분으로 간주한다면, 다프니스의 왼발은 "다프니스가 클로에를 사랑한다."는 사실의

일부분이라고 언질을 준 것이 되어버릴 것이다.

• 복합 대상으로 간주된 사실은 지극히 이상스러운 대상으로 보일 것이다. 만일 우리가 "다프니스는 클로에를 사랑한다."는 사실의 "구성요소"를 낱낱이 확인하려고 한다면 다프니스와 클로에뿐만 아니라 "사랑의 관계"를 — 보편자로서든 그 관계의 특수한 실례로서든 — 반드시 포함해야 한다고 생각되는데, 우리는 그처럼 본질적으로 다른 대상들이 결합되는 방식을 전혀 이해할 수 없다.

• 마지막 문제와 관련되어 있는 또 하나의 문제점이 있다. 어떤 사실의 복잡성을 복합 대상의 복잡성으로 전환하는 작업은 원래의 복잡성을 왜곡하게 된다. 사실의 복잡성은 복합 대상의 복잡성과 완전히 다른 것으로 보인다. 우리는 사람 같은 "일상의 복잡한 대상"을 복합체라고 생각할 수 있지만 그렇게 생각하도록 강요받지는 않는다. 우리는 사람에게 이름을 부여하고, 그 이름을 사용하여 그 사람에 관해 이야기하는데, 이 경우 우리는 사람의 복잡성에 관한 생각을 전혀 할 필요가 없으며, 또 사람에 관한 우리의 주장은 사람이 부분들로 만들어진 방식이나 사람이 부분들로 만들어진다는 것을 알려주는 표시를 포함할 필요가 전혀 없다. 반면에 우리가 한 예로 "다프니스는 클로에를 사랑한다."와 같은 사실을 명확하게 드러내려고 할 때에는 우리가 다프니스와 클로에를 언급하지 않을 수 없기 때문에 그 사실을 복합체라고 밝히지 않을 방도가 없다. 아무리 복잡한 대상이 주어지더라도, 우리는 그 대상의 구조를 여러 가지 방식으로 파악할 수 있고, 또는 아예 그 대상의 구조를 완전히 무시하고 단순한 것으로 취급할 수도 있는 반면에, 명제가 대응하는 것으로 간주되는 사실의 경우에는 그

사실을 대표하는 명제의 구조를 직접 반영하는 구조를 그 사실이 갖춘 것으로 생각할 수밖에 다른 방도가 없다.

그렇다면 세계는 사실들 전체 — 명제들이 일치하는 사실들 전체 — 라고 보는 비트겐슈타인의 세계 개념을 이해하는 데에 "조잡한 복합 대상"을 세계에 끌어들이는 책략은 비트겐슈타인의 세계 개념이 잘못된 개념이라는 것을 증명할 수 없다.

사실들로 "나뉘는" 세계

지금까지 우리는 "사실"이란 말을 매우 일반적인 방식으로 사용하였다. 그래서 만일 어떤 사람이 이 방에 있다면, 우리는 어떤 사람이 이 방에 있다는 사실에 관해 말할 수 있었다. 그러나 『논리철학론』의 서두 문단들 중의 나머지 문단을 이해하기 위해서는 "사실"이란 말에 훨씬 제한된 의미를 부여할 필요가 있다. "사실"이란 말을 넓은 의미로 사용하면 모든 옳은 명제가 사실과 대응하겠지만, 이 말을 좁은 의미로 사용하면 사실은 항상 전적으로 구체적이고 특수하며, 그래서 논리적 복잡성을 전혀 갖지 않은 명제에 의해서 구체화될 수 있다. 좁은 의미의 사실의 중요성은 다음과 같이 설명할 수 있다. 만일 우리가 "이 방에 어떤 사람이 있다."는 명제를 옳다고 인정한다면, 이 명제가 옳게 되는 것은 "이 방에 누군가 있다."는 그 사실 덕분이 아니라 언제나 톰이 이 방에 있다, 딕이 이 방에 있다, 해리가 이 방에 있다, …와 같은 어떤 특수한 사실 (particular fact) 덕분에 옳게 될 것이다. 앞으로 4.0312[28]를 살펴볼 때에

---

28) 4.0312 The possibility of propositions is based on the principle that

다시 검토하고자 하므로, 여기서는 예비적으로 비트겐슈타인의 기본적인 생각이 "논리적으로 복잡한 명제"나 "논리적으로 구체적이지 못한 명제"는 결코 그 자체로서 옳을 수 없다 — 다시 말해 우리는 그런 명제가 단순히 "논리적으로 복잡한 사실"이나 "논리적으로 구체적이지 못한 사실" 덕분에 옳다고 결코 말할 수 없다 — 는 것이라는 점을 언급해 두고 싶다. 비트겐슈타인 입장의 참뜻은 엄밀히 말하면 오직 특수한 사실 — 좁은 의미의 사실 — 만 실제로 존재한다는 것이며, 그래서 넓은 의미의 사실은 관례적 의미나 파생적 의미에서만 "사실"이라 할 수 있을 뿐이라는 것이다. 비트겐슈타인은 이 생각을 논리적 결론에 도달할 때까지 유지하고 있고, 또 전적으로 구체적이고 전적으로 특수한 사실들 — 그 하나하나는 구체적 사태로 인정되거나 인정되지 않는 것 — 의 거대한 만화경(萬華鏡), 더 나아가 그러한 만화경으로서의 세계를 마음에 가정하고 있다. 다시 말해 전적으로 구체적이고 특수한 사실들이 "사실들 전체"를 구성한다는 것이다.

이보다 훨씬 심한 논쟁을 일으키고 정당화하기 어려운 쟁점은 비트겐슈타인이 『논리철학론』 1.21에서 한 주장, 즉 "세계는 일련의 독립해 있는 사실들로 나뉠 수 있다."[29] ("개개의 사실은 실제로 존재할 수도 있고 실제로 존재하지 않을 수도 있지만, 그래도 다른 모든 사실은 그대로 유지된다.")[30]는 주장이다. 이 주장의 난점은 다음의 경우를 검토할 때

---

objects have signs as their representatives.
    My fundamental idea is that the 'logical constants' are not representatives; that there can be no representatives of the *logic* of facts.

29) 1.2   The world divides into facts.
    2.061   States of affairs are independent of one another.

30) 1.21   Each item (each fact) can be the case or not the case while every-

에 생긴다. 이제 약간 색조가 다른 두 색깔 a와 b를 가정하자. 그리고
나서 시공간 속의 일정한 점이 a 색깔을 지니고 있다는 주장과 그 동일
한 점이 b 색깔을 지니고 있다는 주장을 생각해보자. 두 주장 모두 단순
한 사태를 언급하기 때문에 전적으로 특수한 주장으로 보인다. 그러나
두 주장은 양립할 수 없는 것이 분명하며, 그래서 한 사태가 실제로 존
재하면 다른 사태는 실제로 존재할 수 없게 된다. 비트겐슈타인은 이 문
제를 해결하려고 시도하긴 했지만 『논리철학론』 6.3751에서[31] 매우 불
만족스러운 방식으로 시도했으며, 더 나아가 후기에는 이 주장이 분명
히 잘못된 것이라고 생각하게 되었다.[32]

　우리가 검토할 필요가 있는 것은 세 개의 물음으로 요약될 수 있다.
첫째이자 가장 중요한 물음은 "왜 비트겐슈타인은 여기서 말한 것을 주
장하게 되었는가?"이다. 둘째는 더 간략한 물음 즉 "비트겐슈타인이 여
기서 옹호할 수 있다고 말하는 것은 무엇인가?"라는 물음이며, 셋째는
"만일 비트겐슈타인이 이 점을 잘못 생각했다면, 그 잘못된 생각이 『논

thing else remains the same.

31) 6.3751 For example, the simultaneous presence of two colours at the same place in the visual field is impossible, in fact logically impossible, since it is ruled out by the logical structure of colour.

Let us think how this contradiction appears in physics: more or less as follows — a particle cannot have two velocities at the same time; that is to say, it cannot be in two places at the same time; that is to say, particles that are in different places at the same time cannot be identical.

(It is clear that the logical product of two elementary propositions can neither be a tautology nor a contradiction. The statement that a point in the visual field has two different colours at the same time is a contradiction.)

32) See, e.g., Wittgenstein, *Philosophical Remarks*, pp. 105-14.

리철학론』에 실제로 주는 손상은 어느 정도인가?"라는 물음이다.

첫째 물음의 답을 찾기 위해서는 1.13에[33] 나오는 "논리적 공간 속의 사실들"이란 어구를 살펴볼 필요가 있다. 비트겐슈타인은 후기에 "문법과 기하학 사이에는 유비 관계(類比 關係, analogy)가 성립한다."고 주장함으로써 이 어구를 명료화하려고 노력하였다.[34] 만일 한 명제는 특수한 사태들이 실제로 존재할 수도 있고 존재하지 않을 수도 있는 엄청나게 많은 배열 가능성 속에서 "진리는 저 범위 속에 있음에 틀림없다."는 식으로 제 자신에 맞는 한 영역을 개척하는 상황에 부딪힌다는 것을 고려한다면, 우리는 비트겐슈타인이 심중에 갖고 있었던 생각을 직관적으로 이해할 수 있다. "문법"은 그러한 영역을 개척하는 데 필요한 정도의 자유를 언어에게 부여한다. 그러나 만일 이 "영역"이라는 은유를 진지하게 취급한다면, 우리는 언어가 마주 대하는 세계도 공간의 분할과 비슷한 방식으로 분할되는 것으로 생각하게 된다. 그래서 만일 우리가 사태들도 제각기 논리적 공간의 다른 점을 차지하는 것으로 생각한다면,[35] 사태들 상호간의 독립성은 시공간 속의 한 곳에서 일어나는 사건

---

33) 1.13   The facts in logical space are the world.

34) D. Lee, *Wittgenstein' s Lectures*, p. 119.

35) 여기에는 언급할 필요가 있는 말썽거리가 있다. 하지만 그 말썽거리가 우리를 이 단계에 붙잡아두지는 못할 것이다. 비트겐슈타인은 『논리철학론』 속의 다른 논점들에서 논리적 공간을 두 가지 다른 방식으로 생각하는 것으로 보인다. 첫 번째 견해에 따르면—이것이 내가 이 책에서 개략적으로 설명하고 있는 견해인데—사태들이 논리적 공간의 점들을 차지하고, 다른 견해에 따르면 "가능한 세계들"이 논리적 공간의 점들을 차지한다. 만일 독자가 개별 사태를 대표하는 명제들을 가지고 현실 세계의 완벽한 그림을 그리는 방법을 설명하고자 한다면 첫 번째 견해가 필요할 것이다. 만일 독자가 어떤 명제의 진리-조건에 관한 완벽한 설명을 제시하고 싶다면 두 번째 견해가 필요할 것이다. 비트겐슈타인은 내 말대로 이 두 견해를 왔다갔

을 근거로 하여 다른 곳에서 일어나는 사건을 전혀 논리적으로 추리할 수 없다는 생각과 비슷할 것이다. 그렇다면 명제는 논리적 공간의 어느 점을 사태가 차지하고 어느 점이 비어 있는지 알려줌으로써 실재의 그림을 점묘법(點描法) 방식으로 그리게 될 것이다.

비트겐슈타인이 왜 이 단순한 모형(모델)에 매력을 느꼈는지 알기는 쉽지만, 만일 사실상 세계가 완벽하게 독립적인 사실들의 집합들로 나뉠 수 없다고 증명된다면, 그 모형은 그런 사실을 허용할 정도로 복잡하게 개조될 필요가 있을 것이다. 때로 주장되는 바와 같이, 분석에 의해서 시공간 속의 어떤 점이 a 색깔을 지니면서 그 동일한 점이 b 색깔을 지닌다는 주장을 "완벽하게 독립적인 사태들의 단 하나의 집합"에 도달하는 방식으로 "보다 단순한 주장"으로 바꾸는 일은 불가능하지 않다. 그러나 이 일을 하는 데 필요한 구성 작업은 매우 부자연스러운 것으로 보인다. 게다가 사태들의 집합을 그러한 독립적인 집합으로 교체하는 일이 가능하다 할지라도 "그러한 독립적인 집합이 가능해야 한다고 고집하는 비트겐슈타인의 입장은 정말로 정당한가?"라는 물음이 다시 제기될 수 있다. 비트겐슈타인이 개발하고 있는 설명 전체가 정밀하면서도 단순하게 완성되는 것이 확실히 가능하다고 가정할 수야 있지만, 그것은 사물들이 반드시 그런 방식으로 움직일 것이라고 가정하는 일을 정당화하는 데 불충분할 것이다.

만일 이 점에서 비트겐슈타인이 잘못 생각했다면 그 잘못이 비트겐슈타인이 제시하는 설명을 얼마나 손상시키는 걸까? 그 답은 손상이 비교적 적다는 것이다. 예컨대 『논리철학론』이 확립하고자 하는 핵심 주

다하는 것으로 보인다. 혹시 독자가 "논리적 공간"이란 은유를 완전히 이해하고자 한다면, 논리적 공간은 두 견해 중 어느 하나가 제시할 수 있는 구조보다 훨씬 복잡한 구조를 필요로 할 것이다.

장—명제 6에 나오는 "명제의 일반 형식"에 관한 설명—은 그대로 유지된다. 실제로 일어나는 유일한 문제점은 "논리적 필연성이 유일한 필연성이다(6.37)."라는 주장을 나중에 살펴보게 될 논리적 진리에 관한 진리 함수적 설명과 연결시켜 다룰 때에 생긴다. "만일 a가 빨갛다면 a는 푸르지 않다."와 같은 명제는 필연적 진리—비트겐슈타인의 용어로는 항진 명제—이지만, 이 명제에 대해 순수한 진리 함수적 설명을 제시할 수 없을 것이다. 그렇지만 논리학이 그런 설명을 할 수 있도록 수정하는 일은 비트겐슈타인이 하고 있는 이야기를 매우 복잡하게 만들 뿐이지 그 이야기의 근본 취지를 손상시키지는 못한다.

토론거리

『논리철학론』의 1절에 관한 가장 중요한 토론거리는 전적으로 "사실" 개념과 관련되어 있는데, 아래의 물음으로 요약할 수 있을 것이다.

• 사실들에 관한 이야기를 진지하게 취급하고, 사실들을 세계의 특징으로 간주하는 것은 불확실한가?

• 만일 우리가 사실들을 진지하게 취급해서 세계를 사실들의 세계로 생각한다면, 사실을 어떤 종류의 복합 대상으로 생각하는 것을 피할 수 있는가?

• 비트겐슈타인이 『논리철학론』의 1절에서 한 주장은—프레게가 생각했던 바와 같이—사실들을 어떤 종류의 복합 대상으로 생각하도록 무언가 언질을 주었는가?

2절 "사실은 사태들의 짜임새다"

『논리철학론』의 2절은 자연스럽게 두 부분으로 나뉜다. 비트겐슈타인은 1절에서 이 세계를 실제로 존재하는 사태들의 그물로 보았다. 따라서 『논리철학론』 2절의 첫 번째 부분인 2~2.063에서 비트겐슈타인은 논의의 흐름에 따라 당연히 사태 자체를 추적하는데, 사태의 특징은 "대상들의 결합"이라고 설명한다. 이 논의의 결정적인 부분은―앞으로 주의를 집중해서 검토할 텐데―대상들은 단순한 것이며, 그것들이 "세계의 실체"라고 주장하는 2.02~2.0201까지의 논증이다. 2절의 두 번째 부분에서 비트겐슈타인은 "사실의 그림 그리기"라는 생각을 도입하며, 이로써 『논리철학론』 전체에 걸쳐 중요한 역할을 하는 한 가지 기본 주장 즉 "명제와 사고는 사실의 그림이다."라는 주장을 내세우기 위한 길을 준비한다. 여기에 이어지는 특별히 중요한 생각은 다음과 같다. 그림은 모형(모델)이다. 하나의 그림은 하나의 사실이다. 그림이 정말로 사실을 대표하기 위해서 그림은 그것이 대표하는 상황과 어떤 것을 공유해야 한다. "대표하는 것"과 "묘사하는 것"은 다르다. 그림은 맞거나 틀릴 수 있고, "옳거나 그를" 수 있다.

『논리철학론』의 1절은 세계가 사실들의 거대한 그물이라고 주장하면서, 사실의 특징을 "사태들의 짜임새"라고 설명하였다.[1] 2절의 전반부

---

1) 독자가 Ogden의 영어 번역본을 사용하고 있다면 번역 용어에 주의하기 바란다. Ogden은 독일어 *Sachverhalt*를 "atomic fact"(원자 사실), *Sachlage*를 "state of affairs"(사태)로 번역하였다. 나는 Pears와 McGuinness를 따라 *Sachverhalt*를 "state of affairs"(사태), *Sachlage*를 "situation"(상황)으로 번역하였다.

에서 비트겐슈타인은 "사태"가 의미하는 바를 더 상세히 설명하는데, 처음에 2.01에서는 "대상들의 결합"이라고 묘사하고 있다.[2] 이 특징 묘사의 요점은 명제가 실재의 그림이라는 비트겐슈타인의 설명이 어떻게 진행되는가를 살펴보면 더 명확해지지만, 이 단계에서는 이 특징 묘사를 "사태의 우연성"(우발성, *contingency* of the state of affairs) ― 사태는 실제로 존재할 수도 있고 존재하지 않을 수도 있다는 것 ― 을 설명하는 방식으로 생각할 수 있다. 우리는 서로 결합할 수도 있고 결합하지 않을 수도 있는 일련의 대상들을 생각할 수 있다. 만일 대상들이 적절하게 결합된다면 사태가 존재하고, 그래서 대상들이 그런 식으로 결합된 사실이 있게 된다. 만일 대상들이 그렇게 결합되지 않는다면 사태는 존재하지 않으며, 따라서 사실도 없다.

여기서 대상들의 본성에 관해서는 아무 것도 미리 판단하지 않는 것이 중요하다. 『논리철학론』은 "그러한 대상들은 틀림없이 있을 것이다."가 아니라 "그러한 대상들은 반드시 있어야 하는 것들이다."라고 주장하고 있다. 우리는 그 대상들을 단순한 고유 명사 즉 이름이 지칭할 수 있는 실재의 특징들이라고 생각할 수 있다. 비트겐슈타인은 누구도 그 대상들이 실제로 있다는 것을 선천적으로 주장할 수 없다고 명확하게 말하였다. 우리가 그런 대상들이 실제로 있다는 것을 알기 위해서는 어떤 형태의 경험적 탐구, 주로 우리의 언어를 완전히 분석하는 경험적 탐구를 수행해야 할 것이다. 우리는 대상들에 오직 개별자만 해당되는지 아닌지, 대상들에 속성이나 관계가 포함되는지 어떤지와 같은 문제에 대해서조차 미리 판단하지 말아야 한다. 만일 이런 문제에 대해서 미리

---

2) 2.01 A state of affairs (a state of things) is a combination of objects (things).

판단한다면 우리는 비트겐슈타인이 수립해가고 있는 설명을 왜곡하게 될 것이고, 그 결과 비트겐슈타인의 설명이 완전히 불가능한 것으로 보이게 만들기 쉬울 것이다. 『비망록』에서는 때때로 비트겐슈타인이 토론을 위해서 단순한 대상의 본성에 관하여 가정을 내세우는 것으로 보인다. 전형적인 예로 복잡한 대상을 단순한 구성 요소로 분해하는 일을— 대상이 어떤 종류의 원자적 입자인 것처럼 암시하면서— 물질적 대상을 그보다 작은 물질적 부분으로 쪼개는 과정인 것처럼 취급한 경우를 들 수 있다. 이렇게 문제를 안고 있는 생각을 탐색할 때에 그런 예화를 사용하는 것은 사실상 피할 수 없는 일이긴 하지만, 그런 예화가 비트겐슈타인이 생각했던 단순한 대상을 확실하게 알려주는 것으로 취급하지 말아야 하며, 또한 원래 그런 예화를 필요로 했던 사용 목적을 넘어선 내용을 예화로부터 끌어내지 말아야 한다. 나도 역시 2절의 전반부 마지막에 비트겐슈타인의 모든 요구를 만족시킬 만한 방식을 예시하는 모형을 제시할 텐데, 그 까닭은 우리가 비트겐슈타인의 주장의 핵심을 이해하는 데 그 모형의 도움을 받을 수 있기 때문이다. 하지만 그 모형은 사물들이 실제로 작동하는 방식을 알려주는 것으로 취급되어서는 안 되며, 더 나아가 그 모형을 비트겐슈타인 자신이 심중에 갖고 있었던 모형으로 취급하지도 말아야 한다.

우리가 『논리철학론』의 대상들에 관해서 아는 최대한의 것은 그 대상들이 다음과 같은 일정한 형식적 요구를 만족시키는 것이라는 것뿐이다. 그 요구는 (1) 대상들은 단순해야 하고(2.02),[3] (2) 동일한 대상은 우리가 상상할 수 있는 모든 세계에 공통해야 하며(2.022~2.023),[4] (3)

---

3) 2.02   Objects are simple.

4) 2.022   It is obvious that an imagined world, however different it may be from the real one, must have *something*— a form— in common

대상은 다른 대상과 **직접적으로** 결합될 수 있어야 한다는 것이다.

비트겐슈타인이 주장하고 있는 입장의 기본 취지를 살려 따르는 것은 대상들의 본성에 관한 토론을 이해하는 데 도움을 줄 것이다. 이번만큼은 비트겐슈타인 자신의 초기 견해에 대해 『철학적 탐구』에서 언급한 말이 진짜로 도움을 준다.

> §50   우리가 요소들에 대해서 "이것들은 요소다."라고도, "이것들은 요소가 아니다."라고도 말할 수 없다는 말은 무슨 뜻인가? ─ 우리는 같은 말을 이렇게 표현할 수도 있다. 만일 우리가 "이것들은 요소다."와 "이것들은 요소가 아니다."라는 말을 각각 "요소들이 결합되어 있다."와 "요소들이 결합되어 있지 않다."는 뜻으로 이해한다면, 어떤 하나의 요소에 대해서 "이것은 요소다." ("이것은 요소가 아니다.")라고 말하는 것은 누구도 의미를 이해할 수 없는 말이다. 이는 마치 우리가 "파괴"라고 부르는 모든 행위가 "요소들의 분리"를 의미할 때에는 "요소의 파괴"라는 말이 의미를 이해할 수 없는 말이 되는 것과 똑같다.

사실이 있다는 것은 대상들이 적절한 방식으로 결합되어 있다는 것이다. 그러므로 우리는 어쨌든 무언가 사실이 성립할 수 있는 필요 조건의 역할을 하는 일군의 대상들이 있다고 생각해야 한다. 이 대상들은 사실들이 성립하기 위한 전제 조건이기 때문에 대상들이 실제로 있다는 것은 전혀 사실 문제일 수 없다. 오히려 대상들은 세계의 실체를 형성한

---

with it.

2.023   Objects are just what constitute this unalterable form.

다. 대상들은 모든 사실 문제가 성립하기 위해 반드시 필요한 배경이다.

대상들은 세계의 실체다

비트겐슈타인은 『논리철학론』의 2.02~2.0212에서 "대상"의 단순성에 관한 논증을 전개하고 있다.[5] 이 부분은 『논리철학론』 전체에서 가장 파악하기 어려운 곳이자 세계에 관한 전체적 설명과 언어가 세계와 맺는 관계에 관한 전체적 설명의 전개 과정에서 가장 결정적인 논증을 담고 있는 유일한 곳이다. 비트겐슈타인이 여기서 논증을 생략된 형태로 진술한 방식은 『논리철학론』의 다른 어떤 구절보다도 그의 의도에 관해서 더 심하게 의견의 일치를 보지 못하게 만들었다. 그 논증은 귀류논증(歸謬 論證, *reductio ad absurdum* argument)의 형태를 취하고 있는데, 세계의 실체를 이루는 단순한 대상들이 있다는 주장을 그러한 단순한 대상들이 없으면 세계의 그림을 전혀 그릴 수 없다는 것을 밝히는 논증을 통해서 확립하고자 하고 있다. 비트겐슈타인의 논증 진술 방식이 애를 태우게 하기는 하지만, 그의 사고 흐름은 2.0201에서 2.0211까지 비교적 간명하게 표현되면서도 자세히 전개되고 있다. 가장 심각한 난관은

---

5)　2.02　Objects are simple.

2.0201　Every statement about complexes can be resolved into a statement about their constituents and into the propositions that describe the complexes completely.

2.021　Objects make up the substance of the world. That is why they cannot be composite.

2.0211　If the world had no substance, then whether a proposition had sense would depend on whether another proposition was true.

2.0212　In that case we could not sketch any picture of the world (true or false).

2.0211에서 2.0212로 넘어가는 대목이다.

지금부터 나는 어떤 추론 과정을 거쳐 2.0211에서 2.0212로 넘어갈 수 있는가에 대한 내 자신의 해석을 설명하겠는데, 그러나 내 해석은 상당한 논쟁거리였으므로 독자는 주의해야 할 것이다. 이제 내가 제시하는 해석은 『논리철학론』에 관한 저작들에서 내가 접했던 어느 해석과도 다르다. 보다 통상적인 해석 노선들 가운데 하나를 이 절의 마지막에 토론거리로 제시하고자 한다.

내 논증을 자세히 진술하기 전에 예비적으로 내 논증과 관련있는 몇 가지 사항을 설명하고자 한다.

- 내 논증은 이 책에 나중에 등장할 생각을 미리 앞당겨 사용할 것이다. 세계와 그 내용에 관한 설명이 아직 진행되는 동안에도 내 논증은 명제와 그림에 관한 생각에 본질적으로 의존할 것이다. 비트겐슈타인은 이 대목에서 언어가 반드시 가능해야 한다는 사실로부터 세계에 관한 사실들을 추리하는 것으로 보인다. 비트겐슈타인의 추리가 다른 방식 — 언어는 반드시 그러해야 하고, 그렇지 않으면 언어는 세계와 관계를 맺을 수 없다는 방식 — 으로 진행하는 것으로 보이는 대목은 나중에 다른 곳에서 설명하겠다. 우리는 2.16을 검토할 때에[6] 언어와 세계의 "조화"(調和, harmony)에 관한 문제를 다시 살필 텐데, 그러나 이 언어와 세계의 조화는 — 한편으로 추리의 형식도 정당화하는데 — 가장 기본적인 주제들 가운데 하나이며, 『논리철학론』 전체에 걸쳐 때로는 명백히 드러나면서도 항상 배경 역할을 하고 있다.

---

6) 2.16 If a fact is to be a picture, it must have something in common with what it depicts.

• 나중에 나올 생각을 앞당겨 사용하는 것 중에서 가장 중요한 생각은 분명히 "세계의 그림"이란 개념이다. 여기서 언급하고자 하는 점은 "세계의 그림"이란 개념이 언어와 사고가 이 둘에 운명이 걸려 있는 "실재를 그리는 한 형태"일 뿐만 아니라 그림에 관해 생각하는 매우 특별한 방식이라는 것인데, 이 생각에 대한 완벽한 정당화는 다음 3절에 가서야 밝혀질 것이다. 그림에 관해 생각하는 이 방식은 내 논증에 결정적으로 중요한 논거일 뿐만 아니라 가장 공격받기 쉬운 논거이기도 하다. 실제로 『철학적 탐구』 후반부의 주요한 목적은 비트겐슈타인으로 하여금 그림에 관해 『논리철학론』의 방식으로 생각하도록 했던 사고 방식을 허무는 것이라 할 수 있다. 비트겐슈타인의 전기 사상과 후기 사상 사이의 가장 치열한 싸움이 발견되는 곳은 비트겐슈타인이 『철학적 탐구』를 시작하면서 『논리철학론』에 대해 전개했던 훨씬 더 피상적인 비판이 아니라 바로 이 대목이다.

• 『논리철학론』의 2.02~2.0212는 비트겐슈타인이 단순한 대상을 가장 명백하게 주장하는 구절이지만, 비트겐슈타인의 사고 속에는 그로 하여금 단순한 대상들이 있다고 주장하도록 했던 다른 사고 흐름이 많이 있다는 것을 강조하고 싶다. (예컨대 앞으로 보게 되는 바와 같이 그런 사고 흐름들은 일반성에 관한 설명과 일반 명제의 중요성에 관한 설명을 위해서도 필요하였다.) 이 구절은 비트겐슈타인이 『논리철학론』에서 자신의 핵심 입장들을 확신했던 여러 곳 가운데 하나인데, 그가 확신을 갖게 된 것은 자신의 핵심 입장들을 단 하나의 논증으로 확립할 수 있었기 때문이 아니라 오히려 그의 사고 속에 핵심 입장들을 보증하는 여러 가지 다른 요인이 있었기 때문이었다. 이 사실은 단순한 대상들이 있다는 비트겐슈타인의 주장이 내 논증과 생사를

함께하지 않는다는 것을 의미하며, 그래서 나는 혹시 내 논증이 관심을 가질 만한 것임에도 불구하고 미묘한 결함을 드러내더라도 독자는 그 결함을 단순한 대상들이 있다는 비트겐슈타인의 논증과 관련시키지 말아야 한다고 믿고 있다.

- 특히 2.02~2.0212는 3.23~3.24와[7] 반드시 비교해보아야 한다. 언뜻 보아서는 이 두 구절에 드러나는 생각들 속에 있는 어떤 메아리들은 약간 다른 시각으로 단순한 대상에 접근하여 이루어지는 동일한 논증이 있다는 것을 암시하는 것 같다. 그러나 실제로는 두 개의 완전히 다른 논증이 전개되고 있으며, 자세히 살펴보면 2.02~2.0212와 3.23~3.24 사이에는 상당한 긴장이 있다는 것을 알 수 있다. 이 두 구절은 "단순한 대상들이 필요하다."는 동일한 결론을 갖고 있지만, 2.02~2.0212는 그 결론을 "세계가 실체를 가져야 할 필요성"에서 끌어내고 있고, 3.23~3.24는 그 결론을 "(명제의) 의미는 확정되어 있

---

7) 3.23 The requirement that simple signs be possible is the requirement that sense be determinate.

3.24 A proposition about a complex stands in an internal relation to a proposition about a constituent of the complex.

A complex can be given only by its description, which will be right or wrong. A proposition that mentions a complex will not be nonsensical, if the complex does not exist, but simply false.

When a propositional element signifies a complex, this can be seen from an indeterminateness in the propositions in which it occurs. In such cases we *know* that the proposition leaves something undetermined. (In fact the notation for generality *contains* a prototype.)

The contraction of a symbol for a complex into a simple symbol can be expressed in a definition.

어야 한다는 요구"로부터 끌어내고 있다. 그 결과 두 구절은 복합체
와 구성 요소 사이의 관계에 관한 아주 다른 생각을 함축하고 있으며,
그래서 명제의 분석에 관한 아주 다른 생각을 함축하고 있다. 3.23
~3.24는 2.02~2.0212에서 시작한 비트겐슈타인의 사고의 나중 단
계에서 나온 것이며, 그래서 실제로는 우리가 두 구절을 화해시키고
자 한다면 2.02~2.0212는 3.23~3.24가 주장하는 것을 확인할 수 있
도록 수정할 필요가 있다. (특히 2.0201은 바꿀 필요가 있다.) 그러나
이 단계에서는 원래의 표현 그대로의 논증을 자세히 살펴보고자 한
다.

그 논증은 비트겐슈타인이 후기에 "복합체 이론"(複合體 理論, theory of
the complex)이란 말로 요점을 지적했던 2.0201을 출발점으로 삼고 있다.

복합체 이론은 다음의 명제들로 표현될 수 있다. "'만일 어떤 명
제가 옳다면 무언가가 실제로 있다.' 그 무언가와 명제가 표현하는
사실은 차이가 있는 것으로 보인다. 'a가 b와 R관계에 있다.' 는 명
제가 표현하는 사실과 이 명제가 옳다면 실제로 있게 되는 바로 그
것, 즉 a와 b가 R관계에 있음이라는 복합체는 다른 것으로 보인다.
마치 우리가 'a가 b와 R관계에 있다.' 를 사용해서 어떤 것을 지칭
할 수 있는 것처럼 보인다. 더군다나 진짜 '복합 기호'를 사용해서
지칭할 수 있는 것으로 보인다."[8]

이 생각은 만일 어떤 명제가 옳다면 그 명제가 옳다는 것 덕분에 세계에

---

8)   Wittgenstein, *Notebooks*, p. 48.

어떤 것이 있고, 그런 까닭에 그 명제를 옳게 만드는 복합 대상이 있다고 인정하는 것으로 보인다. 그래서 만일 고양이가 매트에 앉아 있다면 고양이가-매트에-앉아-있음이란 복합체가 실제로 있다. 비트겐슈타인은 이 복합 대상과—사실은 단순하든 복잡하든 대상이 아니기 때문에—고양이가 매트에 앉아 있다는 사실을 구별하였다. 비트겐슈타인은 옳은 명제 "aRb"에 대응하는 복합체를 지시하는 약정 즉 "[aRb]"라는 기호를 채택하였다. 그래서 우리는 "[aRb]가 실제로 있다."는 명제는 "aRb"라는 명제와 동등하다고 말할 수 있다. 이런 복합체의 구성 요소는 그 명제 속에 등장하는 대상들일 것이다. (하지만 그 명제 속에서 언급된 속성과 관계 역시 구성 요소로 간주되는지 어떤지는 물어볼 가치가 있다. [고양이가-매트에-앉아-있음]이란 복합체의 구성 요소는 고양이와 매트인가, 아니면 고양이와 매트와 그들 사이의 관계인가? 만일 고양이와 매트만이 구성 요소라면 한 예로 복합체 [톰은-딕보다-뚱뚱하다]와 복합체 [톰은-딕보다-크다]를 구별할 수 없을 것이다. 이유는 둘 다 톰과 딕으로 분해되기 때문이다. 그러나 만일 우리가 톰과 딕에 더해서 그들 사이의 관계를 구성 요소로 간주한다면 그 복합체는 일상생활에서 복잡한 대상으로 간주되는 것과 아주 달라서 상당히 불가사의한 대상이 되어버린다.)[9]

토론이 진행되어감에 따라 비트겐슈타인은 아무런 논평 없이 시계, 사람, 책 같은 일상의 대상들도 방금 설명한 의미에서 복합체라고 생각하는 것 같다. 그러나 비트겐슈타인은 이 생각에 대해 아무런 논평 없이 넘어갔지만 이 대목은 정당화가 필요하다. 이 생각은 일상의 대상들이

---

9) 비트겐슈타인이 『*Philosophical Remarks*』의 부록에서 '복합체와 사실'이란 제목 아래 전개한 후기의 논의와 비교해 보라.

분명히 부분들로 구성되어 있고, 따라서 구성 요소를 갖고 있다는 명백한 사실에 의해서 쉽게 정당화될 수 없는데, 그 까닭은 이 말은 단지 "구성 요소"라는 말을 이용한 것에 지나지 않기 때문이다. 필요한 것은 일상의 대상들이 앞 문단에서 설명되었던 의미의 구성 요소를 갖고 있다는 것을 밝히는 것이다. 만일 그 생각이 정당화될 수 있다면 그러한 대상들은 우연한 존재(contingent entity)라는 생각에 의해서 이루어질 수밖에 없는데, 이는 비트겐슈타인이 자신의 논증을 위해 확실하게 요구하고 있는 생각이다. 우리 눈앞의 이 시계는 실제로 존재하지 않을 수 있었고, 그래서 우리는 이 시계가 실제로 존재하지 않는다면 상황이 어떠할 것인가를 쉽게 상상할 수 있다. 이것은 이 시계가 실제로 존재한다는 취지의 옳은 명제가 있다는 것을 의미한다. 앞 문단의 설명대로 그 명제는 그와 관련있는 복합체를 가질 것이고, 그 복합체는 그 명제가 옳을 경우에만 — 그 시계 자체처럼 — 실제로 존재할 것이다. 그러므로 우리는 시계를 그 복합체로 확인하고 또 그 명제에서 시계의 구성 요소로 언급된 것들을 확인하는 조치를 취한다. (만일 우리가 이 사고 흐름을 따른다면 그 시계의 "구성 요소"가 시계를 구성하는 물질적 부분이어야 한다고 생각할 이유가 없다는 것을 주목해야 한다.)

지금까지의 고찰을 배경으로 삼으면 『논리철학론』 2절의 2.0201을 해석하는 일은 쉽다. 이제 우리가 "찻주전자의 무게는 200그램이다."라는 특정한 명제에 관심을 갖고 있다고 가정해보자. 우리는 그 찻주전자를 냄비와 뚜껑을 구성 요소로 가진 복합체로 간주하며, 그래서 냄비에 뚜껑이 닫혀 있는 경우에만 그 찻주전자는 실제로 존재하게 된다.[10] 그

---

10) 이 분석의 실례가 오직 예시를 목적으로 억지로 만든 단순한 예라는 것은 말할 것도 없다. 대상을 구성 요소로 나누는 실제의 분석은 이보다 훨씬 더 복잡하고 길게 진행될 것이다. 특히 내가 앞에서 언급했던 설명에 비추어

렇다면 우리는 그 명제를 "복합체 [냄비에-뚜껑이-닫혀-있음]의 무게
는 200그램이다."라고 바꾸어 쓸 수 있고, 이것을 다시 "냄비에 뚜껑이
닫혀 있다. 그리고 냄비와 뚜껑의 무게의 합계는 200그램이다."로 분석
할 수 있다. 비트겐슈타인이 "복합체를 완벽하게 서술하는 명제들"에
관해 말할 때에 마음속에 갖고 있었던 것은 이 명제의 첫 번째 절이다.
그래서 만일 냄비와 뚜껑도 복합체라면 우리는 훨씬 더 복잡한 명제에
도달할 때까지 분석 과정을 반복할 수 있다. 그러한 분석의 반복은 복잡
한 부분들이 발견되는 한 영원히 계속되거나 언젠가는 끝날 것이다. 그
러나 분석의 반복이 끝날 수 있는 유일한 방법은 복합체에 관한 명제가
더 이상 복합체가 아닌 구성 요소—다시 말해 그것이 실제로 존재하지
않을 수 있다는 말은 의미를 이해할 수 없는 말이 되어버리는 단순한 대
상들—에 관한 명제들로 분석될 수 있는 경우뿐이다.

그래서 "방금 설명한 분석 과정이 영원히 끝나지 않는 것이 왜 문제
가 된다는 것인가?"라는 물음이 제기된다. 더욱 근본적으로 "그러한 분
석을 하는 목적은 도대체 무엇인가?"라고 물을 수도 있다. 우리가 "찻
주전자의 무게는 200그램이다."라는 명제와 "냄비에 뚜껑이 닫혀 있고,
냄비와 뚜껑의 무게의 합계는 200그램이다."라는 명제가 동등한 명제
라고 인정한다 할지라도, "왜 앞의 명제를 뒤의 명제로 분석해야 하며,
또 왜 앞의 명제를 본래 그대로 받아들이지 않는가?"라고 물을 수 있
다. 비트겐슈타인의 최초의 답은 2.0211에서 볼 수 있는데, 그 답은 만
일 우리가 방금 설명한 방식으로 분석 과정을 완성할 수 없다면 "하나
의 명제가 의미를 갖는가 못 갖는가는 다른 명제의 진리성에 의존할 것

보면 찻주전자 같은 대상의 구성 요소는 그보다 더 작은 물리적 부분들일
것이다.

이다."라는 것이다. 비트겐슈타인의 이 생각은 다음과 같이 자세히 설명될 수 있다. 이제 우리가 우연한 사물을 언급하는 명제, 예컨대 "소크라테스는 현명하다."와 같이 고유 이름을 포함한 명제를 검토한다고 가정해보자. 이 명제에 대한 일상적 이해에 따르면, 소크라테스라는 사람은 이 명제 속에서 지칭된 다음에 어떤 속성을 소유하고 있다고 서술되고 있으며, 그래서 그 명제는 소크라테스가 현명했는가 현명하지 않았는가에 따라서 옳거나 그르게 된다. 그러나 이 일상적 이해는 소크라테스가 있다는 것을 미리 전제하고 있기 때문에, 소크라테스라는 사람이 실제로 있었다는 가정을 근거로 해서 옳거나 그르게 되는데, 비트겐슈타인은 명제가 옳거나 그를 수 있을 경우에만 의미(意味, sense)를 갖는다고 본다. 그러나 그 명제가 옳다는 것을 우리가 안다 할지라도, "소크라테스라는 사람이 있었다."가 정상적인 명제로 인정되어야 할 뿐만 아니라 이 명제가 옳아야만 "소크라테스는 현명하다."라는 원래의 명제가 의미를 갖게 될 것이다.

　이제 문제는 "그러니 어떻단 말인가, 상관없지 않은가?"라고 바뀐다. 어쨌든 우리는 주위 사람들을 이름으로 지칭하면서 그들에 관해 이야기하는 데 아무런 어려움을 느끼지 않는다. 만일 그 사람들이 실제로 없었다면 우리가 그 사람들에 관해 만든 명제들에 부여했던 의미를 부여할 수 없었을 것이라는 사실은 우리의 언어 사용에 아무런 어려움도 일으키지 않는다. 이에 관한 비트겐슈타인의 답이 2.0212에 있다. 그 답은 "그렇게 되면, 세계의 그림을 (옳거나 그르게) 그리는 일은 불가능할 것이다."라는 것이다. 이 대목의 비트겐슈타인의 사고는 엄청나게 압축되어 있는데, 그렇게 압축된 주된 이유는 『논리철학론』의 저 뒤에 가서야 "그림 그리기"가 언어와 사고에 관한 그의 설명 전체에서 근본적 역할을 하는 생각이라는 사실이 밝혀지는데도, 아무런 경고도 없이 토론의 이 대목에 "그림 그리기"라는 생각을 끌어들였기 때문이다. 비트겐슈타인은 방금 말한 『논리철학론』의 저 뒤의 단계에서 언어와 사고에 관한 자신의 설명이 필요로 하는 "그림에 관한 아주 특별한 사고 방식"을 옹호하는 논증을 전개하고 있다. 여기서 나는 언어와 사고에 관한 그의 설명의 특징들 가운데 현재의 논증을 이해하는 데 필요한 특징만 간략하게 소개하고자 한다.

• 그림에는 — 2.1513에서 말하는 바와 같이 — 그 그림이 "실재를 대표하는 관계"가 포함되어 있다.[11] 비트겐슈타인은 그림은 그것이 그리는 것을 묘사한다는 사실을 그림의 구성 요소로 포함하고 있다고 주장한다.

• 두 번째 필요 조건은 직관에 반하지만 내가 믿기로는 현재의 논증의 이해에는 물론이고 3절 서두에서 살펴보게 될 사고 개념의 이해에도 필요하다. 우리는 왜 비트겐슈타인이 3절 서두에서 이 필요 조건을 그림 개념에 끌어들이는지 살펴볼 것이므로, 여기서는 현재의 목적을 위해서 그 필요 조건이 현재의 논증을 어떻게 지지하는가를 밝히는 데 충분할 정도로만 간단히 설명하겠다. 비트겐슈타인은 그림이 그 자체로 그림이고 또한 항상 무엇에 관한 그림이라는 것은 "그림의 고유 속성"(intrinsic property of picture)이라고 간주하는 그림 개념을 강조한다. 그러니까 그림 바깥의 어떤 것과 전혀 무관하게 그림 자체로부터 그림은 그 자체로 그림이고, 또한 항상 무엇에 관한 그림이라고 반드

---

11) 2.1513 So a picture, conceived in this way, also includes the pictorial relationship, which makes it into a picture.

시 말할 수 있어야 한다.

이 점을 마음에 새기고, 이제 "군대를 이끌고 모스크바로 진격하는 나폴레옹의 그림"이나 "나폴레옹은 1812년에 군대를 이끌고 모스크바로 진격하였다."라는 명제를 살펴보자. 아직은 비트겐슈타인이 여기서 내가 말하는 것을 주장하지 않았기 때문에 내가 "명제가 그림의 특수한 경우"라는 생각을 미리 가정하고 이야기하는 셈이다. 나폴레옹이란 사람이 실제로 있었다는 것은 우연한 사실이다. 그러므로 우리가 "군대를 이끌고 모스크바로 진격하는 나폴레옹의 그림"을 그릴 수 있는 가능성을 나폴레옹이 실제로 있었다는 사실에 의존해서 확보한다면, 그 그림이 그림이라는 것은 그 그림의 바깥에 있는 어떤 것, 다시 말해서 오직 그 그림 자체만을 연구해서는 그것이 실제로 있다는 것을 추리할 수 없는 어떤 것에 의존하게 된다. (독자는 비트겐슈타인이 『논리철학론』의 이 대목과 전체에 걸쳐서 "허구"(虛構, fiction)를 묘사하는 그림이 아니라 오직 "실재"(實在, reality)의 그림에만 관심을 갖고 있다는 점을 주의하기 바란다.) 따라서 우리가 그림은 그것이 그리는 것을 묘사한다는 것이 "그림의 고유 속성"이라는 주장을 유지한다면 우리는 나폴레옹이 실제로 있었다는 사실에 의존하지 않는 방식으로 나폴레옹을 그릴 수 있는 가능성을 설명해야 한다. 그러므로 우리는 나폴레옹에 관한 그림(명제)을 위에서 간략하게 설명한 방식에 따라서 그보다 단순한 그림들(명제들)로 분석해야 하는데, 이 경우 그 그림들로 대표된 단순한 구성 요소들은 실제로 있다는 것이 선천적으로 보장된 것들이어야 한다. 이 구성 요소들이 실존한다는 것은 선천적으로 보장되기 때문에 우리는 그림이 묘사하는 어떤 것이 실제로 있는지 알기 위해서 그 그림 이외의 것에 관심을 가질 필요가 없다.

대상들은 단순하다

비트겐슈타인이 대상들에게 단순하다는 특성을 부여할 때 우리는 처음에 대상들을 고대 그리스 철학자의 원자나 뉴턴의 무한소와 같은 아주 작은 것들이라고 생각하기 쉽다. 그러나 이 생각은 대상에 관하여 잘못 생각하도록 조장한다. 나중에 3.24에서 비트겐슈타인은 대상의 단순성을 옹호하는 논증을 직설적으로 주장한다. 하지만 현재의 맥락에서는 "대상들은 세계의 실체를 형성한다는 것"―달리 말하면 "대상들은 필연적으로 존재한다는 것"―으로부터 대상의 단순성을 추리하고 있다. 대상의 "단순성"이 의미하는 것을 이해하는 올바른 방식을 알려주는 실마리를 제공하는 것은 바로 이 점이다. 대상들은 "복합체가 아니라는 의미에서" 달리 말하면 위에서 설명한 "복합체 이론의 관점에서" 단순하다. 만일 대상들이 복합체라면, 대상들이 실제로 있다는 것은 우연한 사실이 될 것이고, 또 지금까지 살펴본 논증에서 설명했던 방식으로 분석될 수 있어야 할 것이다.

"필연적으로 존재한다"는 표현

비트겐슈타인의 대상을 "필연적으로 존재하는 것"으로 생각하는 것이 자연스러운 것 같지만, 이 표현 방식은 비트겐슈타인의 의도를 왜곡한다. 오히려 대상들이 실제로 있느냐 없느냐는 물음에 아무런 의미도 부여할 수 없다는 뜻에서 대상들은 논의할 여지없이 실제로 있다고 말하는 것이 더 낫다. 우리가 도달한 생각은 언어를 위해―즉 언어가 세계의 그림을 그리기 위해―필요한 전제 조건을 형성하는 일군의 대상들이 있다는 것이다. 대상들은 언어를 위해 필요한 전제 조건이기 때문에,

실제의 세계와 매우 다른 세계를 상상하는 것은 이 대상들이 실제로 존재하지 않는 세계를 상상하는 것일 수 없다(2.022).[12] 실제의 세계와 매우 다른 세계를 상상하는 것은 바로 이 대상들이 지금 실제로 존재하는 방식과 다른 방식으로 재결합되는 세계를 상상하는 것이다. 또한 대상들은 언어를 위해 필요한 전제 조건이기 때문에 우리는 그 대상들이 실제로 있는가 없는가를 언어 안에서 물을 수 없다. 여기에서 우리는 『논리철학론』 전체의 중심이 되는 생각에 대한 첫 번째 힌트를 얻을 수 있다. 우리는 대상들이 있는가 없는가를 물을 수 없으며, 그래서 우리는 대상들이 (필연적으로) 실제로 존재한다고 말할 수 없다. 그런데도 우리가 대상들이 (필연적으로) 실제로 존재한다고 말하고 싶어지는 것은 우리 언어가 작동하는 방식이 보여주는 어떤 것 때문이다.

사태는 대상들의 직접적 결합이다

2.03   사태 속에서 대상들은 마치 사슬의 고리들처럼 서로 매달려 있다.[13]

이 구절은 사태에 관해서 중요한 원리 역할을 하는 비트겐슈타인의 생각을 표현하고 있지만, 나는 여기서는 이 생각에 대해 간략하게만 언급하겠다. 비트겐슈타인의 생각의 요점을 예를 사용하지 않고 직설적

---

12) 2.022   It is obvious that an imagined world, however different it may be from the real one, must have *something*—a form—in common with it.

2.023   Objects are just what constitute this unalterable form.

13) 2.03   In a state of affairs objects fit into one another like the links of a chain.

으로 표현하기는 어렵다. 하지만 그의 기본 생각은 대상들이 — 전혀 연결 고리를 필요로 하지 않으면서 — 서로 직접적으로 결합한다는 것이다. 이 말의 뜻은 우리가 오직 서로 결합된 대상들을 나열함으로써만 — 그러니까 그 대상들이 관련되어 있는 방식을 밝혀 추가하지 않고서도 — 사태를 명확하게 설명할 수 있다는 것이다. 이 점은 사태를 밝히는 방식의 예를 살펴보면 더 분명해질 것이다.

대상들은 세계의 형식이다

비트겐슈타인은 2.023에서 대상들이 세계의 "고정된 형식"을 형성한다고 말하고 있다. 이 말은 비트겐슈타인이 말하는 대상들이 물질적 입자나 그 비슷한 것이라고 생각하는 사람에게는 이상야릇한 말로 들릴 것이다. 하지만 우리가 1절에서 사태들을 논리적 공간의 다른 점들을 차지하는 것으로 도입했다는 생각을 떠올린다면 사태에 관한 이 사고 방식을 이해할 수 있을 것이다. 비트겐슈타인 자신은 실제로 존재하는 대상의 실례를 모른다고 말했지만, 그가 가능한 실례로 마음에 떠올렸을 법한 예들 가운데에는 "시지각 공간 속의 한 점" 같은 공간적 존재가 있다.[14] 이와 관련래서 『비망록』에서 인용하는 다음 구절을 함께 살펴보기 바란다.

우리는 두 개의 좌표 a_P와 b_P를 물질적 점 P가 위치 (ab)에서 발견될 수 있다고 진술하는 명제라고 해석할 수 있다. 그런 주장이 그곳에 대해 가능하기 위해서는 좌표 a와 b가 어떤 위치를 실제로

---

14) See D. Lee, *Wittgenstein's Lectures*, p. 120.

규정해야 한다. 어떤 주장이 가능하기 위해서는 논리적 좌표가 논리적 위치를 실제로 규정해야 한다.[15]

　　우리는 지금까지 이 절에서 살폈던 생각들이 성립할 수 있는 방식을 이해시키려고 만들었던 예화의 암시를 계속 추적할 수 있다. (물론 그 것은 단지 예화일 뿐이라는 점이 강조되어야 한다. 논리적 공간의 실제 구조는 이와 매우 다를 수 있다. 논리적 공간의 실제 구조가 이 단순한 모형이 암시하는 것보다 훨씬 더 복잡한 구조일 것이라는 것은 거의 확실하다.) 이제 우리가 유클리드 삼차원 공간에 살고 있는데, 그 공간 전체에 걸쳐서 뉴턴 식 물질 입자가 흩어져 있으며, 그래서 어디에 물질 입자가 있고 어디에 물질 입자가 없는가를 지적함으로써 이 세계가 완벽하게 설명될 수 있다고 가정해보자. 그러면 사태는 뉴턴 식 점질량이 시공간 속의 일정한 위치를 실제로 차지하고 있는 것으로 생각될 것이다. 즉 데카르트 좌표 (x, y, z, t)에 의해서 그러한 위치가 설명될 수 있다. 만일 우리가 『논리철학론』의 대상을 공간의 세 평면과 시간의 순간 시점으로 취급한다면 사태는 어떤 점질량이 어떤 시점에 세 평면과 교차하는 사실이라고 해석할 수 있다. 이 모형에서 대상들의 "필연성"은 실제로 존재하는 특정한 공간 평면이 없으면 우리가 공간이 실제로 존재할 것이라고 상상할 수 없다는 사실에 있다. 개개의 사태는 모두 대상들의 결합으로 생각될 수 있다. 사태는 논리적으로 서로 독립해 있을 것이고, 세계는 실제로 존재하는 사태들을 정확히 밝힘으로써 완벽하게 설명될 것이다.

　　물론 논리적 공간의 실제 구조는 이 단순한 모형으로 상상해보는 것

---

15) Wittgenstein, *Notebooks*, pp. 20–21.

보다 훨씬 더 복잡하겠지만, 내가 한 일은 우리가 비트겐슈타인이 이 절에서 주장하고 있는 모든 요구 조건을 만족시키기 위해 필요한 것은 단지 이 모형의 좀 더 복잡한 버전일 것이라는 점을 암시하는 것이었다.

그림

2.1 우리는 마음에 사실의 그림을 그린다.[16)]

2.1로 시작하는 2절의 후반부에서 비트겐슈타인은 "사실의 그림 그리기"라는 생각을 도입한다. 이 주제는 나중에 다시 아주 자세히 검토하기 때문에 여기서는 이 절의 후반부에 대해 전반부보다 훨씬 더 간략하게 다루고자 한다. "사실의 그림 그리기"라는 생각은 이 이후의 모든 주장의 중심에 있는 중요한 생각이며, 사고와 명제를 다루는 3절과 4절을 지배하게 되는데, 3절과 4절에서 비트겐슈타인이 논증하고 있는 기본 주장이 바로 사고와 명제는 "실재의 그림"이라는 것이기 때문이다. 이 2절에서는 나중에 중요해질 "사실의 그림 그리기"에 관련된 몇 가지 핵심 주제를 개략적으로만 언급하고자 한다.

그림은 모형이다

비트겐슈타인은 2.12에서 그림은 모형이라고 설명한다. 비트겐슈타인이 사용하고 있는 모형 개념은 매우 단순한 개념이다. 우리는 일련의 대상들이 배열되어 있는 방식 그대로 다른 일련의 대상들을 배열함으로써 모형을 만드는데, 첫 번째 대상들의 배열 속의 모든 대상은 제각기

---

16) 2.1 We picture facts to ourselves.

두 번째 대상들의 배열 속에 대응하는 대상을 갖게 된다. 두 번째 대상들은 첫 번째 대상들이 배열된 방식을 그대로 대표할 수 있도록 배열된다(2.15[17]).[18] 우리는 이 일을 다른 매개물을 이용해서 상황을 재현하는 것으로 생각할 수 있다. 이러한 모형 만들기 개념이 어떻게 이 절의 서두에서 검토한 단순한 사태에 적용될 수 있는가는 쉽게 깨달을 수 있다. 우리가 특정한 방식으로 결합된 일련의 대상을 갖고 있다면 우리는 다른 일련의 대상을 그와 똑같은 방식으로 쉽게 결합할 수 있다. 하지만 비트겐슈타인은 이 생각보다 더 나아가 4.01에서는[19] — 예컨대 어떤 사람의 초상화나 결국에는 일상의 담화에서 사용되는 명제들까지도 포함해서 — 모든 그림이 이런 의미에서 모형이라는 훨씬 더 철저하고 처음 들으면 어리둥절케 하는 주장을 내세우는데, 이 모든 것이 분석을 해보면 모형으로 밝혀진다는 것이다. 상당수의 해설가들은 "명제에 관한 그

---

17) 2.15   The fact that the elements of a picture are related to one another in a determinate way represents that things are related to one another in the same way.

   Let us call this connexion of its elements the structure of the picture, and let us call the possibility of this structure the pictorial form of the picture.

18) 이와 관련해서 비트겐슈타인은 4.04에서 H. Hertz의 *Die Prinzipien der Mechanik in neuem Zusammenhange dargestellt* (ed. Philipp Lenard; J. A. Bath: Leipzig, 1894)를 언급하고 있는데, 이 사실은 물리학과 기계공학에서 모형을 사용하는 일이 비트겐슈타인에게 명제를 그림으로 생각하도록 크게 영향을 미친 요인들 가운데 하나라는 것을 암시한다. Hertz는 과학 이론을 그것이 언급하는 물리적 실재의 모형으로 간주할 수 있다고 주장하였다. 『논리철학론』의 "그림 이론"은 이 생각을 언어 전체에 확장해서 적용한 것으로 볼 수 있다.

19) 4.01   A proposition is a picture of reality.

   A proposition is a model of reality as we imagine it.

림 이론"을 사태를 대표하는 단순한 명제들 — 비트겐슈타인이 "요소 명제"라고 부른 명제들 — 에만 제한해서 적용하고자 했다. 따라서 그들은 엄밀하게 말하면 비트겐슈타인이 모든 그림과 명제가 모형이라고 말한 것이 아니라 요소 명제들만 그러한 모형이라고 말했으며, 그래서 우리는 그러한 요소 그림을 가지고 복잡한 명제와 복잡한 그림을 만들기 위해 **진리 함수**(眞理 函數, truth-function)를 사용할 수 있다고 본다(명제 5 이하 참조). 그러나 이 생각이 비트겐슈타인의 의도와 어긋난다는 것은 분명하다. 모형과 그림에 관한 비트겐슈타인의 주장은 처음부터 끝까지 "완벽한 일반성"을 지닌 주장이다. 따라서 우리는 "비트겐슈타인은 그림을 모형으로 보는 자신의 생각이 어떻게 아주 복잡한 그림들과 명제들에 적용된다고 생각했는가?"라는 물음을 검토할 필요가 있다. 이것이 4절의 4.0312와 그 이하의 문단에서 검토해야 할 문제다.

그림은 사실이다

2.141에서는 그림에 관한 비트겐슈타인의 생각이 지닌 두 번째 특징이 드러난다. 그것은 그림 자체가 "사실"이라는 생각이다. 하나의 그림을 처음에는 하나의 복합 대상, 이를테면 직사각형의 화포 위에 여러 가지 색깔이 칠해진 복합 대상이라고 생각하는 것은 자연스럽다. 하지만 우리가 복합 대상으로 파악된 그림에 관해 생각할 때에 그 복합 대상의 특성들 가운데 "무언가를 대표하는 의미를 가진 특성"과 "무언가를 대표하는 의미를 갖지 않은 특성"을 구별할 수 있다는 것은 명백하다. 따라서 실재 속에는 유화 물감이 그 그림의 제작에 사용되었다는 사실에 대응하는 것은 아무 것도 없다. 처음의 그림에서 그 상황 속에 표현된 대상들이 다른 색깔의 물감으로도 똑같은 방식으로 그려질 수 있다는 것은 당연하다. 그래서 물감 반점들의 공간적 분포 역시 처음 그림에 표

현된 대상들의 공간적 배열에 대응하는 방식으로 표현될 수 있다. 비트 겐슈타인은 그림을 복잡한 물리적 대상과 같은 것으로 생각하는 것이 아니라 "무언가를 대표하는 의미를 지닌 사실들 전체", 다시 말하면 어떤 상황 속의 대상들이 서로 결합되어 있는 방식과 똑같은 방식으로 그림 속의 요소들이 서로 결합되어 있어서 그 그림이 그 상황을 대표하게 되는 사실과 같은 것으로 생각하고 있다(2.15).

우리는 이 생각을 비트겐슈타인은 그림을 어떤 상황을 다른 매체로 재현한 것이라고 생각하고 있다고 바꾸어 말할 수도 있다. 이제 가장 단순한 모형 만들기를 상상해보자. 한 예로 수소와 산소의 원자 대신에 탁구공을 사용하여 물의 분자를 만드는 경우를 생각해보자. 이 경우 우리는 두 개의 분홍색 탁구공과 하나의 파란색 탁구공을 철사로 고정시킬 수 있을 것이다. 그렇다면 세 개의 탁구공이 대표하는 상황 속에는 분홍색이나 파란색이 전혀 없지만, 탁구공들이 특정한 방식으로 배열되어 있는 사실은 원자들의 배열 방식을 대표한다고 할 수 있다. 우리는 다음 3절의 3.14에서[20] 그림이 사실이라는 생각을 다시 살펴보게 될 것이다.

그림은 그것이 묘사하는 것과 어떤 것을 공유한다

『논리철학론』 전체를 지배하는 한 가지 주제는, 그림이 상황을 (맞거나 틀리게) 묘사하는 것이라면, 그림은 어떻게든 상황을 묘사할 수 있기 위해 그 상황과 어떤 것을 공유해야 한다는 것이다. 이 주제는 『논리철학론』의 핵심 생각들 가운데 하나를 끌어들인다. 그것은 그림은 그것이 묘사하는 상황과 공유해야 하는 것을 묘사하는 것이 아니라 그 공유

---

20) 3.14   What constitutes a propositional sign is that in it its elements
         (the words) stand in a determinate relation to one another.
            A propositional sign is a fact.

하는 것을 보여준다는 생각이며(2.172), 그래서 우리가 볼 수밖에 없는
것은 말로 표현될 수 없다는 생각이다.[21] 이 생각은 4절의 4.121에서[22]
더 자세히 검토하게 될 것이다. 여기서는 이 생각의 기본 요지만 예를
통해서 간단히 소개하겠다.

우리가 일련의 대상들의 공간적 관계를 표현하고 싶다고 하자. 한 예
로 전투 이야기를 전하는 병사는 전쟁터에 배치된 다양한 병력의 상대
적 위치를 예시하기 위해 소금통으로 적군의 대포를 나타내고 후추통
으로 자기 옆의 탱크를 나타내는 식으로 식탁 위의 여러 가지 양념통을
사용할 수 있다. 그렇다면 그런 식으로 연출된 표현은 식탁 위의 여러
가지 양념통을 특수한 공간적 관계로 배열함으로써 전쟁터에서 대치하
고 있는 병력들 사이의 특수한 공간적 관계를 대표할 것이다. 그 병사는
전쟁터의 공간적 관계를 올바르게 표현할 수도 있고 그렇지 못할 수도
있다. 그러나 그 병사가 전쟁터를 표현할 수 있으려면 반드시 해야 할
일이 한 가지 있는데, 그건 여러 가지 양념통 사이에 공간적 관계가 성
립하도록 배치해야 한다는 것이다. 그러니까 그 병사는 공간적 관계를 공
간적 관계로 표현한다. 이 사실은 그 병사가 병력들의 특정한 공간적 관

---

21) 2.172 A picture cannot, however, depict its pictorial form : it displays
it.
22) 4.121 Propositions cannot represent logical form : it is mirrored in
them.
What finds its reflection in language, language cannot repre-
sent.
What expresses *itself* in language, *we* cannot express by means
of language.
Propositions *show* the logical form of reality.
They display it.
4.1212 What *can* be shown, *cannot* be said.

계를 틀리게 표현하는 경우라 할지라도 변함이 없다. 그 병사의 표현은 전쟁터의 병력들이 공간적으로 관계를 맺는다고 설명하지 않는다. 그 표현이 알려주는 것은 그 병력들이 참여하는 특정한 공간적 관계가 이러이러하다는 것이다. 그 병력들이 공간적으로 관계를 맺는다는 것은 표현의 방법이 미리 전제하고 있다. 혹시 독자가 지금 공간적 관계가 공간적 관계를 표현한다는 말을 이해하지 못한다면 "대표하기"(representation)라는 개념 자체를 전혀 이해하지 못할 것이다. 그 병사의 표현은 전쟁터의 병력들이 맺고 있는 공간적 관계를 보여줄 뿐이지 설명하지 않는다.

그런데 우리가 표현의 수단을 개발하는 데에 고도의 인공적 기술을 이용할 수 있다는 것은 두말할 필요가 없다. 예컨대 공간적 관계는 공간적 관계에 의해서 표현되지 않고 요소들 사이의 어떤 다른 관계에 의해서도 표현될 수 있다. 우리는 기업의 이익과 손실을 그래프상의 선으로 표현할 수 있고, 특정한 정당에 찬성 투표한 사람의 비율을 원형 도표로 표현할 수 있다. 그래서 비트겐슈타인 자신은 악보나 축음기판의 홈을 교향악곡의 그림이라고 주장하고 있다(4.014).[23] 표현의 기술이 더 고도화되면 될수록 그림은 그것이 묘사하는 것과 어떤 것을 공유해야 한다는 생각이 점점 더 약화되는 것으로 보인다. 축음기판의 홈과 교향악곡이 공유하는 것은 거의 없는 것처럼 보인다. 그러나 그 공통성이 아무리 약할지라도 비트겐슈타인은 그림과 그것이 묘사하는 것이 공유해야 하

23) 4.014 A gramophone record, the musical idea, the written notes, and the sound-waves, all stand to one another in the same internal relation of depicting that holds between language and the world.

They are all constructed according to a common logical pattern.

는 최소한의 논리적 형식이 있다고 주장하고 있다. 그것들은 동일한 "논리적 다양성"(論理的 多樣性, logical multiplicity)을 공유해야 한다. 우리는 4절의 4.04에서[24] 이 논쟁을 검토하게 될 것이다.

대표하기와 묘사하기

여기서 언급하려는 주요 관심사는 중요한 내용을 함축하고 있는 것이긴 하지만 용어 사용의 문제다. 비트겐슈타인은 독일어 *"Abbildung"*과 *"Darstellung"*이란 두 낱말을 사용해서 두 가지 다른 개념을 구별하고 있다. 이 두 낱말은 보통 영어로 "representation"으로 번역될 수 있지만 비트겐슈타인은 이 두 낱말을 구별해서 사용하였다. 나는 *"Abbildung"*을 "depiction"(묘사하기)으로, *"Darstellung"*을 "representation" (대표하기)으로 옮긴 영어 번역을 따랐다.[25] 두 용어의 차이는 비트겐슈타인이 "그림은 실재(實在, reality)를 묘사하면서 한편으로는 상황(狀況, situation)을 대표한다."는 식으로 두 용어를 항상 다른 대상에 사용한다는 사실을 지적함으로써 분명히 드러낼 수 있다. 다음 예를 살펴보면 그 차이를 깨달을 수 있을 것이다. 이제 우리가 깔끔하게 면도한 소크라테스의 그림을 보고 있다고 가정하자. 실제로는 소크라테스가 면도를 할 수도 있고 면도를 안 할 수도 있다. (우리는 지금 소크라테스가 턱수염을

---

24) 4.04   In a proposition there must be exactly as many distinguishable parts as in the situation that it represents.
           The two must possess the same logical (mathematical) multiplicity. (Compare Hertz' s *Mechanics* on dynamical models.)
25) Ogden의 영어 번역판을 사용하는 독자는 번역 용어에 주의해야 한다. Ogden은 대부분의 경우에 이렇게 번역했지만 때로는 일관성을 유지하지 않고 *"Abbildung"*을 "representation"으로 옮기기도 했기 때문에 독일어 원문을 확인하지 않는 독자를 가끔 오도할 수 있다.

갖고 있었다고 가정하고 있다.) 그 그림은 깔끔하게 면도한 소크라테스의 상황을 대표하면서 한편으로는 그 그림과 비교될 수 있는 실재 즉 턱수염을 깎은 소크라테스의 실제 상태를 묘사한다. 그 그림이 대표하는 상황은 그림에 내재하며 그림 자체에서 읽어낼 수 있다. 그 그림이 묘사하는 실재는 그 그림과 비교될 수 있는 "세계 속의 어떤 것"이다. 그림이 잘못 대표할 수 있는 것은(2.21)[26] 그림은 상황을 대표하면서 실재를 묘사한다는 양면을 갖고 있다고 우리가 생각할 수 있기 때문이다. 우리가 보고 있는 소크라테스 그림은 그의 실제 상태와 다른 상태에 있는 소크라테스를 대표함으로써 소크라테스를 잘못 대표할 수 있다.

　그림을 "대표하는 것"으로 간주할 수도 있고 "묘사하는 것"으로 간주할 수도 있다는 사실의 중요성은, "명제를 그림으로 간주하는 생각"이 명제의 가장 기본적인 특징 즉 명제가 옳거나 그르게 되는 특징을 설명하는 데 도움이 되는 방식을 미리 암시한다는 데 있다. 명제는 만일 그 명제가 "대표하는 것"이 그 명제가 "묘사하는 것"과 일치하면 옳고, 일치하지 않으면 그르다.

토론거리

• 『논리철학론』의 2.02～2.0212에서 전개되는 논증에 대한 나의 해석은 표준적인 해석이 아니다. 독자가 훨씬 더 자주 접할 수 있는 해석은 비트겐슈타인이 두 개의 진리치 즉 진리성과 허위성을 강하게 가정하는 입장을 취하고 있다고 보는 해석이다. 이 해석은 명제가 옳지

---

26) 2.21　A picture agrees with reality or fails to agree ; it is correct or
incorrect, true or false.

도 그리지도 못하게 되는 가능 세계(可能 世界, possible world)를 구체화할 수 없는 경우에만 명제는 의미를 갖는다고 주장한다. 독자는 내 해석을 얼마나 확신하는가? 독자는 더 나은 다른 해석을 갖고 있는가?

• 비트겐슈타인이 2절에서 내세우는 다른 주장들은 내가 2.023에 대해 논평할 때에 제시한 모형을 만족시키는지 검토해보라. 그 모형은 비트겐슈타인의 다른 주장들을 이치에 닿게 이해하는 데 얼마나 도움을 주는가?

3절 "사고는 사실의 논리적 그림이다"

사고는 사실의 논리적 그림이다. 그림과 "명제 기호"는 사실이다. 단순한
사실과 복잡한 사실. (명제의) 의미의 확정성. "맥락 원리"의 적용; 표현들은
명제 변항이다. 기호와 상징.

"사실의 그림 그리기"와 "명제는 그림이라는 생각"은 비트겐슈타인
의 사고에 두 가지 방식으로 중요한 영향을 미친다. 첫 번째 방식의 영
향은 — 바로 이 3절의 관심사인데 — 비트겐슈타인으로 하여금 사고 작
용에 관한 분석이 명제를 그림으로 생각하도록 요구한다고 주장하도록
이끄는 것이다. 두 번째 방식의 영향은 — 다음 4절 서두 문단들의 주제
를 만들어내는데 — 비트겐슈타인으로 하여금 명제가 그림일 경우에만
옳거나 그른 것으로 이해될 수 있다고 주장하도록 이끄는 것이다. 이 두
가지 생각은 비트겐슈타인의 심중에서는 서로 밀접하게 연결되어 있지
만 두 생각은 독립적인 주장이며, 그래서 두 생각을 분리해서 검토하는
것이 중요하다. 이 말은 비트겐슈타인이 명제는 그림이라는 생각을 발
전시키는 과정에 관해서는 특히 옳은 말이라고 나는 믿는데, 명제는 그
림이라는 현재의 생각은 『철학적 탐구』에서 일련의 비판을 받고 있는
"정신에 관한 철학"(philosophy of mind)의 쟁점들에 관한 독특한 사고 방
식과 아주 밀접한 관계가 있다. 이 책에서 『철학적 탐구』의 그 비판을
살펴보는 것은 너무 멀리 벗어나는 일일 것이다. 그러나 그 비판은 명제
를 그림으로 간주하기 위한 다음 4절의 논증을 전혀 언급하지 않은 채
남겨두고 있다. 4절에서 비트겐슈타인은 명제가 옳거나 그른 것이어야
한다는 것을 설명할 수 있는 방도는 오직 우리가 명제를 그림이라고 생

각하는 경우뿐이라고 주장한다. 그 논증은 비트겐슈타인이 여기서 채택
하고 있는 것으로 보이는 정신 현상에 관한 생각에 대한 공격에 의해서
쉽게 손상되지 않는다.

　이 3절의 기본적인 생각은 다음과 같이 매우 단순하다. 나는 내가 생
각하고 있다는 것을 알아야 하며, 따라서 내가 특정한 상황을 생각하고
있다면 마음속에 그 상황과 본질적으로 연결되어 있는 어떤 것이 있어
야 한다. 그 상황 자체가 내 마음속에 들어올 수 없다는 것은 명백하다.
그러므로 내 마음속에 그 상황을 대신하는 대용물이 있어야 하고, 그것
으로부터 실제 상황을 재구성할 수 있어야 한다. 그렇다면 오직 그 상황
의 모형이나 그림만이 그러한 대용물에 대한 요구를 충족시킬 수 있다.
더 나아가 그 대용물은 생각되고 있는 상황과 내적으로 관계를 맺고 있
어야 하고, 그래서 만일 그 대용물이 마음속에 생긴다면 그 대용물이 바
로 "생각되고 있는 그 상황의 대용물"이라는 것이 선천적으로 보장되어
야 한다.[1] 만일 내 마음속에 있는 것과 그 상황 사이에 예컨대 인과 관
계 같은 어떤 외적 관계만 성립한다면, 내 마음속에 있는 것은 내가 생
각하고 있는 것에 관하여 아무런 보장도 받지 못할 것이다. 바로 이것이
『논리철학론』 2.1511에서[2] 비트겐슈타인이 "그림은 실재에까지 도달한
다."고 말할 때에 심중에 갖고 있던 생각이다. 이런 일이 제대로 이루지
지 못한다면 나는 실재에 관하여 전혀 생각할 수 없게 되고, 그래서 내
가 나폴레옹에 관해서 생각하고 있다는 말이 결코 올바를 수 없을 뿐만
아니라, 실제로는 나폴레옹과 어떤 방식으로든 인과적으로 연결되는
생각만 할 수 있을 것이다.

---

1)　Compare on this point, *Philosophical Remarks*, section III.
2)　2.1511 *That* is how a picture is attached to reality; it reaches right out to
　　it.

그러나 이 설명은 내가 2.02~2.0212에서 전개되는 논증에 결정적으로 중요하다고 주장했던 생각으로 이끈다. 그 생각을 다시 말해보면, 그림은 "그것이 그리고 있는 상황"과 본질적으로 연결되어야 할 뿐만 아니라, 그림이 그 자체로 그림이면서 그 상황의 그림이라는 것은 그림의 고유 속성이어야 한다는 것이었다. 그림은 그것이 대표하고 있는 상황의 가능성을 제 속에 포함하고 있어야 한다(2.203).[3] 2절에서 내가 해석했던 바와 같이 대상들의 단순성을 확보하는 논증의 토대를 보강해준 것은 바로 이 "강화된 필요 조건"이었다. 만일 사고 작용이 "생각되고 있는 상황의 그림을 갖는 일"인데, 이 필요 조건이 만족되지 않는다면, 나는 내가 생각하고 있는지 어떤지, 즉 내가 생각하고 있다는 것까지도 의심하게 될 것이다. 비트겐슈타인의 논의 전체의 배후에 있는 생각은 "내가 파악하는 것"과 "내가 생각하고 있다는 것"을 내가 알 수 있어야 한다는 것이다.

또한 비트겐슈타인은 명제 3에서 단지 사고가 그림을 사용할 필요가 있다고 말한 것이 아니라 사고와 그림을 실제로 똑같은 것으로 생각했다는 점도 주의해야 한다. 만일 그림이 내 마음에 적절한 방식으로 떠오른다면 바로 그 사실에 의해서 나는 그 그림이 대표하는 상황을 생각하고 있는 것이다. 비트겐슈타인이 주장하는 사고는 p가 성립해 있는 상황의 그림을 만드는 것도 아니고, "상황이 그렇구나!"라고 혼잣말을 하는 것도 아니다. 내 마음에 적절한 방식으로 "p의 그림을 떠올리는 것"은 이미 "p라고 생각하는 것"이다. (그렇지 않으면 우리는 쓸모없는 무한 후퇴에 빠져버릴 것이다.)

---

3)　2.203　A picture contains the possibility of the situation that it represents.

명제 기호는 사실이다

비트겐슈타인은 3.14에서 2.141의 주장을 명제 기호(命題 記號, propositional sign)라는 특별한 경우에 적용한다. 모든 그림이 그런 것과 마찬가지로 명제 기호는 복합 대상으로 간주될 수 없고 사실로 간주되어야 한다. 이와 관련해서 두 개의 문단 즉 3.141~3.142와 3.1432는 특히 주의해서 살펴볼 가치가 있다.[4]

비트겐슈타인은 이 주제를 아주 간략하게 처리하고 있지만, 그래도 3.141~3.142에서 명제 기호를 사실로 간주하는 가장 중요한 이유들 가운데 하나를 강조하고 있다. 그런 방식으로 명제 기호를 사실로 간주하면 프레게를 괴롭혔던 문제가 깔끔하게 해결된다. 명제에 관한 설명은 어떤 것이건 우리가 명제에 대해서 갖고 있는 두 가지 상반된 생각, 즉 (1) 명제는 본질적으로 복합체라는 생각과 (2) 명제 속의 낱말들이 결합하여 하나의 사고를 표현해야 한다는 것도 명제의 본질이라는 생각을 조화시켜야 한다. 어떤 명제를 단일체(單一體, unity)로 만드는 것은 무엇인가? 명제 기호는 낱말들의 목록과 어떻게 다른가? 나는 "존"과 "매리"와 "사랑한다"는 세 낱말을 목록 형태로 연이어 쓰는 경우와 "존은

---

4) 3.14 What constitutes a propositional sign is that in it its elements (the words) stand in a determinate relation to one another.

A propositional sign is a fact.

3.141 A proposition is not a blend of words. — (Just as a theme in music is not a blend of notes.)

A proposition is articulate.

3.142 Only facts can express a sense, a set of names cannot.

3.1432 Instead of, 'The complex sign "aRb" says that a stands to b in the relation R', we ought to put, 'That "a" stands to "b" in a certain relation says that aRb.'

매리를 사랑한다."라고 명제 기호를 쓰는 경우에 똑같은 일을 한다. 나는 두 경우에 똑같이 "존"과 "매리"와 "사랑한다"를 부분으로 갖고 있는 복합체를 만들지만, 그런데도 나중의 경우는 하나의 사고를 표현하는 어떤 명제를 쓴 것이 된다. 비트겐슈타인은 우리가 명제 기호를 낱말 목록으로서의 복합 대상으로 보지 않고, "존"과 "매리"와 "사랑한다"는 세 낱말이 특수한 방식으로 배열된 사실로 보자마자 위의 문제들이 해결된다고 보았다. 명제 기호를 명제 기호라고 파악하는 일은 바로 하나의 사실을 식별하는 일이다.

그다음의 두 문단 3.143과 3.1431은 전혀 도움이 되지 않는다.[5] 실제로 누구나 비트겐슈타인으로 하여금 이 두 문단을 주장하도록 한 것이 무엇인지 깨달을 수 있긴 하지만 그 생각은 잘못된 생각이다. 명제 기호를 복합 대상으로 보는 것과 사실로 보는 것을 혼동할 가능성을 미리 예방해줄 수 있는 표현 양식은 없다. 만일 우리가 명제 기호를 만들려고 몇 점의 가구를 사용한다면 사람들이 명제 기호를 그 몇 점의 가구를 부분으로 가진 복합 대상으로 취급하지 않을 것이라고 가정할 합당한 이유가 전혀 없다.

---

5) 3.143   Although a propositional sign is a fact, this is obscured by the usual form of expression in writing or print.

For in a printed proposition, for example, no essential difference is apparent between a propositional sign and a word.

(That is what made it possible for Frege to call a proposition a composite name.)

3.1431 The essence of a propositional sign is very clearly seen if we imagine one composed of spatial objects (such as tables, chairs, and books) instead of written signs.

Then the spatial arrangement of these things will express the sense of the proposition.

명제 3.1432는 명제 기호를 사실로 간주하는 일이 이루어내는 결과를 명확하게 설명하고 있다. 우리가 "존은 매리를 사랑한다."는 명제 기호를 고찰할 때에는, 복합 대상으로 간주되는 "존은 매리를 사랑한다."는 문장이 존은 매리와 사랑하는 관계에 있다고 말하는 것이 아니라, (영어의 경우에) "사랑한다"는 낱말의 양쪽에 "존"과 "매리"라는 이름이 놓여 있다는 사실이 존은 매리를 사랑한다는 사실을 말한다고 생각해야 한다.

이런 방식으로 우리는 명제 속에 어떤 상황의 모형 역할을 하는 사실을 확보하게 되는데, 이는 그 상황을 다른 매체로 재창조하는 것이다. 우리는 이에 관해서 범죄를 재구성하는 경찰의 비유를 들어 설명할 수 있다. 경찰은 범죄 수사 과정에서 종종 여자 경찰을 피해자로 남자 경찰을 혐의자로 가정해서 범죄를 재구성해보는데, 두 대역들이 연출하는 행동 방식이 실제로 범죄가 그렇게 일어났을 법하다고 추정되는 방식을 보여준다고 간주한다. 이와 마찬가지로 명제 기호에 관한 비트겐슈타인의 설명에 따르면, "존"이란 이름은 존이란 사람을 대신하고 "매리"라는 이름은 매리라는 사람을 대신하며, 두 이름 사이에 성립하는 특정한 관계 방식은 실제로 존이 매리와 관계를 맺는 방식을 보여준다.

명제 기호에 관한 이 설명이 참으로 하고 있는 일은 언어 속의 이름이 하는 역할을 강조하고, 또 이름이 어떻게 기능을 발휘하는지 설명하는 것이다. 이름들은 명제 기호의 요소이며, 명제 기호 속에서 대상들을 대신하고 있다. 그래서 비트겐슈타인은 "이름은 대상을 의미한다."(3.203)고까지 주장할 수 있으며,[6] 이 때문에 3.2 이하의 문단들에서 이름의 본

---

6)   3.203   A name means an object. The object is its meaning. ('A' is the
            same sign as 'A'.)

성에 관한 문제를 논하고 있는 것이다.

비트겐슈타인이 이름에 관하여 내세우는 가장 중요한 주장은 이름들은 단순한 기호라는 것이다(3.202).[7] 이 말은 이름들이 본질적으로 단순하다는 뜻이다. 기호는 인쇄상의 모습으로는 단순하지만 실제로는 복잡한 어구의 축약 표현으로서의 기능을 가질 수 있다. 하지만 이름은 그보다 더 복잡한 어떤 것의 축약 표현으로 간주될 수 없다(3.26).[8] 이름이 단순하다는 말은 "이름이 명제 속에서 대상을 대신한다."는 말이 이름의 의미 즉 언어 속에서 이름이 하는 역할을 완벽하게 규정한다는 뜻이며, 그래서 이름의 의미는 오직 그것이 대표하는 대상을 대신한다는 것일 뿐이다.

이 주장은 곧바로 "그렇다면 언어 속의 어떤 것이 진정한 이름인가?"라는 물음을 일으킨다. 우리는 이미 2.0201에서 사람들이 복잡한 대상에 부여한 일상의 이름들이 이름으로서의 기능을 발휘한다는 것을 비트겐슈타인이 자신의 기준에 의거해서 승인하지 않는다는 것을 확인하였다. 그런 일상의 이름들은 통상 상당히 복잡한 어구를 대신하는 축약 표현이다. 그래서 비트겐슈타인은 오직 진정으로 단순한 기호만이 그 자체로 단순한 대상의 이름일 수 있다고 주장한다. 바로 이 단순한 기호들이 언어 속에 있는 이름이다.

비트겐슈타인은 3.23에서[9] "(명제의) 의미의 확정성에 대한 요구"가 단순한 기호들을 필요로 한다고 주장하고, 3.24의 세 번째 문단에서 그

---

7) 3.202   The simple signs employed in propositions are called names.

8) 3.26   A name cannot be dissected any further by means of a definition :
            it is a primitive sign.

9) 3.23   The requirement that simple signs be possible is the requirement
            that sense be determinate.

요구를 옹호하는 논증을 제시하고 있다.

　명제의 어떤 요소가 복합체를 나타내는 것은 그 요소가 등장하
는 명제가 확정되어 있지 못하기 때문인 것으로 밝혀질 수 있다.
우리는 그러한 명제가 어떤 것을 확정되지 않은 채로 남겨두고 있
다는 것을 안다. (실제로 양화사 표기법(일반성 표기법)은 [명제의
요소들의] 원형을 포함한다.)[10]

이 구절은 명제의 분석에 관한 비트겐슈타인의 생각을 이해하고 또 단
순한 대상이 있어야 한다는 그의 요구를 이해하는 데 결정적으로 중요
한 구절이다. 그처럼 중요할 뿐만 아니라, 이 구절이 매우 불명료하기
때문에, 나는 이 구절을 많은 지면에 걸쳐 자세히 살펴보고자 한다. 언
뜻 보기로는 이 구절에는 2.02~2.0211에서 살펴본 단순한 대상에 대한
논증의 메아리가 울리고 있는 것으로 보인다. 특히 3.24의 첫 문장은
2.0201의 문장을 개선한 것으로 보일 수 있다. 그러나 사실은 우리가 두

---

10) 3.24　A proposition about a complex stands in an internal relation to a
　　　　proposition about a constituent of the complex.
　　　　　A complex can be given only by its description, which will be
　　　　right or wrong. A proposition that mentions a complex will not
　　　　be nonsensical, if the complex does not exist, but simply false.
　　　　　When a propositional element signifies a complex, this can be
　　　　seen from an indeterminateness in the propositions in which it
　　　　occurs. In such cases we *know* that the proposition leaves some-
　　　　thing undetermined. (In fact the notation for generality *contains*
　　　　a prototype.)
　　　　　The contraction of a symbol for a complex into a simple sym-
　　　　bol can be expressed in a definition.

개의 전혀 다른 논증을 대하고 있을 뿐만 아니라, 그 두 논증 사이에는 심각한 긴장이 있다.

우선 첫째로 두 논증은 전제가 전혀 다르다. 2.02~2.0211의 논증은 "그림이 가능해야 한다는 생각"과 더불어 "그림을 생각하는 특별한 사고 방식"을 출발점으로 삼고 있다. 3.24의 논증은 그림을 생각하는 특별한 사고 방식은 물론이고 명제가 그림이라는 생각에도 전혀 의존하지 않는다. 그 대신 2.02~2.0211의 논증에서 제시되지 않았던 "(명제의) 의미는 확정되어 있어야 한다."는 새로운 생각을 도입하고 있다. 두 논증은 다른 논증일 뿐만 아니라 논증의 결론도 다르다. 두 논증은 복합체에 관해 언급하는 명제를 단순한 대상들에 관한 일련의 명제들로 분석할 수 있는 가능성을 주장하지만, 끝까지 확인해보면 두 논증이 복합체에 관해 언급하는 명제의 분석에 대해서 주장하는 내용에 중대한 차이가 있다는 것을 알 수 있다. 실제로 독자가 『비망록』에 실려 있는 배경 토론을 자세히 살펴본다면 2.02~2.0211의 논증과 3.23~3.24의 논증은 비트겐슈타인의 사고 과정의 각기 다른 단계에서 나왔다는 것을 발견할 것이다. 따라서 두 구절을 조화시키기 위해서는 비트겐슈타인이 2.02~2.0211의 논증에서 주장한 것을 3.23~3.24의 논증에서 제시한 생각과 조화시키기 위해 수정할 필요가 있는데, 지금부터 이 일을 자세히 진행하고자 한다. 『논리철학론』의 이 부분은 설명이 엄청나게 압축되어 있기 때문에 3.23~3.24의 논증의 압축을 푸는 가장 좋은 방법 가운데 하나는 『비망록』에서 비트겐슈타인의 사고 과정을 추적해보는 것이다.[11]

---

11) The relevant *Notebooks* entries are in particular those from 14 June 1915 to 22 June 1915 on pp. 59-71.

그러나 먼저 우리는 "확정되어 있다"(determinate, *bestimmt*)라는 말을 비트겐슈타인이 어떤 뜻으로 사용하는지 결정해야 하고, 그 결과에 따라서 왜 "(명제의) 의미는 확정되어 있어야 한다"고 요구하는지 그 이유를 이해해야 한다. "확정되어 있다"는 말은 두 가지 아주 다른 방식으로 해석될 수 있다. 우리는 "확정되어 있지 않다"는 말을 "모호하다"(vague)는 의미로 해석할 수도 있고, "구체적이지 않다"(unspecific)는 의미로 해석할 수도 있다. 이 두 어구의 차이는 다음과 같이 설명될 수 있다. 우리는 어떤 명제에 대하여 그 명제가 옳은가 그른가라는 물음에 분명한 답을 제시할 수 없는 경우에는 "모호한 명제"라고 부르고, 그 명제가 옳을 수 있는 방식이 여러 가지일 경우에는 "구체적이지 못한 명제"라고 부르면서 구별한다. 다음 예를 살펴보면서 그 차이를 확인해보자.

슈베르트의 후기 작품 약간은 전형적인 초기 낭만주의 작품이다.

이 명제는 모호한 명제이기도 하고 구체적이지 못한 명제이기도 하다고 할 수 있다. 이 명제는 어떤 작품이 낭만주의 작품인지 아닌지 가르는 선명한 기준이 없어서 이 명제에 명확한 진리치를 할당할 수 없기 때문에 "모호한 명제"다. 한편 이 명제는 슈베르트의 작품들 가운데 어느 작품이 문제인지 구체화하지 못하기 때문에 "구체적이지 못한 명제"다. 우리는 예를 약간 바꿈으로써 "모호한 명제"와 "구체적이지 못한 명제"의 차이를 깨달을 수 있다.

슈베르트의 「겨울 나그네」는 전형적인 초기 낭만주의 작품이다.

이렇게 바뀐 명제는 훨씬 구체적인 명제이기는 하지만 여전히 모호한 명제다.

『비망록』에는 모호한 언어에 관해 설명하는 문제와 관련있는 견해도 있고, 구체적이지 못한 언어에 관해 설명하는 문제와 관련있는 견해도 실려 있다. 또 그 속의 많은 견해가 두 가지 문제에 똑같이 관련될 수 있는 견해이기도 하다. 비트겐슈타인의 마음속에서는 두 가지 개념이 분명하게 구별되지 않았을 수조차 있다. 그렇지만 『비망록』에 3.24의 최초 버전이 등장하는 원문을 직접 살펴본다면,[12] 3.24를 해석할 때에 독일어 "*Unbestimmtheit*"를 "모호성"(vagueness)이 아니라 "구체성 부족"(lack of specificity)의 뜻으로 이해해야 한다는 것이 분명한 것으로 보인다. 만일 "*Unbestimmtheit*"를 "모호성"으로 해석하면 어떤 경우에도 3.24의 논증을 조리있게 설명하는 일은 불가능하다.

"확정성"(明確性, determinacy)의 의미를 이렇게 이해한다면, "(명제의) 의미는 확정되어 있어야 한다는 요구"는 무엇에 영향을 미치는가? 이 물음에 대한 가장 명료한 답은 『비망록』의 다음 구절에서 발견할 수 있다.

이름으로 요소를 언급할 경우에만 우리가 명제를 분석할 수 있다는 것은 우리의 느낌을 거스르지 않는다. 그렇다, 우리는 세계가 요소들로 구성되어야 한다고 느낀다. 이 말은 세계가 지금 존재하는 대로 존재해야 한다는 명제와 똑같은 것처럼 보인다. 달리 말하면 흔들리는 것은 우리의 결정이지 세계가 아니다. 이 말은 세계에 관한 우리 지식이 불확실하고 불명확하다는 것을 빙자해서 세계 자체가 확정되어 있지 않을 수 있다고 말하는 식으로 사물들이 확정

---

12) Wittgenstein, *Notebooks*, p. 69.

되지 않은 채로 존재한다고 말하는 것을 거부하는 것으로 보인다.
세계는 고정된 구조를 갖고 있다.[13]

"확정성"이 "구체성"(具體性, specificity)을 의미하는 것으로 해석하면,
비트겐슈타인의 기본 생각은 "구체성 부족"이 우리 언어의 특징이지 세
계의 특징이 아니라는 것이다. 우리가 발언하는 명제는 모두 어느 정도
의 구체성을 갖추고 있긴 하지만 구체성이 부족하기 때문에, 그 명제들
을 실제로 옳거나 그르게 만드는 세계 속의 상황에 관해 주장하는 의미
를 갖지 못한다. 한 예로 내가 "톰은 상당한 돈을 빚지고 있다."고 말한
다면, 이 말은 여러 가지 방식으로 구체적이지 못한 명제이다. 이 명제
는 비트겐슈타인이 『비망록』에서 반복해서 말한 바와 같이 "수많은 가
능성을 안고 있는" 명제지만, 혹시 옳게 된다면, 항상 "절대적으로 구체
적인 상황"(absolutely specific situation)에 의해서 옳게 된다. 그 명제는 톰
이 누구에게 돈을 빚졌는지, 얼마의 돈을 빚졌는지 … 등등을 말하지 않
고 있으므로, 돈을 빌린 사람의 이름이 구체적으로 드러나지 않는 "톰
은-누군가에게-돈을-빚짐"에 의해서는 옳게 될 수 없다. 그렇다면 그
구체적이지 못한 명제의 의미는 "일련의 구체적 상황들" — 그중의 어느
한 상황이 실제로 존재하면 그 명제가 옳게 될 상황들 — 을 알려준다.
더군다나 그 명제를 이해하는 사람은 누구나 그 구체적 상황들 가운데
어느 것이든 앞서의 명제를 옳게 만드는 상황으로 알아볼 수 있을 텐데,
이 사실은 — 비트겐슈타인의 표현에 따르면 — "미리 정해져 있다."[14]
만일 어떤 상황이 내가 한 말을 옳게 만든다면, 그 명제는 그 명제가 옳

---

13) Ibid., p. 62.
14) Ibid., p. 64.

게 될 수 있는 상황들 가운데 하나로서 ─ 그 상황이 실제로 발생하기 전에 ─ 그 상황을 구체화하는 의미를 가진 명제이어야 한다.

이런 이유 때문에 명제의 의미는 그 명제를 옳게 만드는 일련의 구체적 상황을 분명하게 보여주는 방식으로 설명될 수 있어야 한다. 실제로 이 설명은 완전히 구체적인 주장들 ─ 그 하나하나가 만일 발생하면 그 명제를 옳게 만드는 구체적 상황을 골라내는 주장들 ─ 의 굉장히 긴 선언 진술(選言 陳述, disjunctive statement)로 나타날 것이다.

이제 여기서 비트겐슈타인의 논증을 더 쉽게 따라가기 위해 『논리철학론』의 4.21에[15] 이를 때까지 실제로 도입되지 않는 "요소 명제"(要素 命題, elementary propositon)라는 개념을 도입하고자 한다. 우리는 요소 명제를 "논리적 복잡성"(論理的 複雜性, logical complexity)을 전혀 갖고 있지 않고, 단 하나의 "완전히 구체적인 사태"(utterly specific state of affairs)를 대표하는 명제라고 생각할 수 있다. 그러한 명제는 가장 간단한 방식으로 상상할 수 있는 사태의 모형일 것이고, 그래서 그 사태 속의 대상들의 배열과 일치하도록 만들어진 이름들의 배열일 것이다. 이제 "(명제의) 의미가 확정되어 있는 방식" ─ 다시 말해 일상의 구체적이지 못한 주장들이 그럼에도 세계 속에 실제로 일어나는 "완전히 특수하고 구체적인 사태"에 의해서 항상 옳거나 그르게 되는 방식 ─ 을 보여주기 위해서, 우리는 요소 명제들의 진리성과 허위성의 조합이 주어진 명제를 옳게 만들기도 하고 그르게 만들기도 한다는 것을 보여줌으로써 그 주어진 명제의 의미를 밝혀야 한다. 어떤 명제를 이런 방식으로 전시하는 설명을 그 명제에 대한 "완벽한 분석"(complete analysis)이라 부르는데, 그 까닭은 그

---

15) 4.21   The simplest kind of proposition, an elementary proposition, asserts the existence of a state of affairs.

설명이 어떻게 그 명제가 세계 속의 구체적 사태에 의해서 옳거나 그르게 되는가—바꿔 말하면 "그 명제가 어떻게 실재에 정확하게 도달하는가"—를 자세히 보여주기 때문이다.[16] 그러한 완벽한 분석은 그 명제와 실제로 존재하면 그 명제를 옳게 만들어줄 구체적 상황 사이의 "내적 관계"(內的 關係, internal relation)를 분명하게 밝힌다.

그렇다면 언어 속의 "진정한 이름"은 요소 명제 속에 나타날 수 있는 이름일 것이다(4.23).[17] 따라서 "이름에는 복합 대상의 이름이 포함되어 있는가?" 또는 "복합 대상의 이름이 요소 명제 속에 나타날 수 있는가?"라는 물음이 제기될 수 있다. 우리는 비트겐슈타인이 『비망록』에서 이 물음과 맞붙어 싸우면서 세 가지 상충하는 입장 사이에서 망설였던 것을 볼 수 있다. (1) 첫째 입장은 우리가 매일 주변에서 보는 사람과 동물과 다른 복합 대상들의 이름을 지어 사용하는 일상적 언어 사용을 액면 그대로 인정하는 것이다. 어쨌든 우리는 그러한 사물의 이름을 별다른 생각 없이 자연스럽게 사용하며, 그런 언어 사용에서 어떤 문제에도 부딪히지 않는다. (2) 둘째 입장은 복합 대상에 관한 명제는—앞에서 2.02~2.0211을 해석할 때에 살펴본 노선에 따라—그 복합 대상의 구성 요소에 관한 명제들로 분석될 수 있다는 것이다. (3) 셋째 입장은 둘째 입장에 대한 반론으로 간주될 수 있는 것인데, 3.24의 논증과 관련이 있는 입장이다.

비트겐슈타인은 『비망록』에서 "시계가 책상 위에 있다."는 명제를 예로 들어 이 명제가 시계의 구성 요소에 관한 명제들로 분석될 수 있는

---

16) 2.1511 *That* is how a picture is attached to reality ; it reaches right out to it.
17) 4.23 It is only in the nexus of an elementary proposition that a name occurs in a proposition.

가능성을 탐색하고 있다. 그는 논의의 목적을 위해서 시계의 구성 요소가 유리와 금속 조각들―바늘, 스프링, 톱니바퀴 등등―이라고 가정하였다. 비트겐슈타인은 최초에 이 분석을 2.021에 제시된 노선을 따라 진행하였다. 시계에 관한 명제는 "그 부품들이 시계의 실제 상태로 배열된 방식에 관한 명제"와 "그렇게 만들어진 시계가 실제로 책상 위에 있다는 말과 동등한 '부품들에 관한 명제'"가 결합된 명제와 동등하게 될 것이다. 이 탐색은 다음과 같이 명백하게 터무니없는 주장에 도달하게 된다.

　　"이 시계는 반짝거린다."는 내 말이 이 시계의 구성 상태가 아주 사소하게라도 변한다는 뜻이라면, 이 말은 그 문장의 의미 내용을 바꿀 뿐만 아니라 내가 이 시계에 관해 말하고 있다는 것이 직접 그 문장의 의미를 바꾼다는 것을 뜻한다. (그렇다면) 그 명제의 형식 전체가 달라진다.[18]

이는 터무니없는 말이긴 하지만 그 속의 생각은 명료하다. 그 생각은 만일 시계에 관한 명제가 그 시계의 구성 요소에 관한 명제들로 분석될 수 있다면, 가령 그 시계의 구성 요소 가운데 하나―예컨대 시계의 작동에 별로 영향을 주지 않는 아주 작은 톱니바퀴 하나―를 잃어버릴 경우에, 분석에서 그 톱니바퀴를 언급하는 일련의 명제 전체가 빠지게 될 텐데, 그렇게 되면 완전히 다른 논리적 형식을 가진 명제가 만들어진다는 것이다. 이것이 3.24의 논증을 만들게 하는 이 사고 노선에 대한 비트겐슈타인의 대답이다.

---

18) Ibid., p. 61.

만일 한 예로 내가 이 시계는 서랍 속에 있지 않다고 말한다면,
이 명제가 시계 속의 톱니바퀴가 서랍 속에 있지 않다는 명제로부
터 나오는 논리적 결론일 필요는 절대로 없으며, 그러므로 "이 시
계"라는 말이 톱니바퀴를 구성 요소로 가진 복합체를 의미할 수 없
다.[19]

어떤 사람이 시계에 관해 주장할 때에는 시계의 실제 구성에 관해서
얼마 안 되는 지식을 갖고 있을 것이고, 대부분의 경우에는 극히 적은
지식을 갖고 있을 것이다. 이 말은 그 사람의 주장 내용을 그 시계의 실
제 구성 요소에 의해서 분석하는 일이 불가능하다는 것을 뜻한다. 그 사
람이 알 만한 것은 유리, 톱니바퀴 … 등등의 상당수 부품이 어떤 방식
으론가 시계로 조립되었다는 정도일 것이고, 그래서 그 사람의 시계에
관한 주장은 그에 대한 분석에 고도의 불확정성(구체성 부족)을 끌어들
일 것이다.

왜냐하면 만일 내가 한 예로 이 시계에 관해 이야기하고 있는데,
이 시계를 어떤 복합체로 간주하고 이야기하면서도, 그 시계의 부
품들이 조립된 방식에는 아무런 관심 없이 이야기한다면, 그 명제
속에는 일반 명제가 나타나게 마련이기 때문이다.[20]

이 구절이 말하는 것은 우리가 주변의 복잡한 대상들의 이름을 사용
하여 발언하는 일상생활 속의 명제들은 분석에 의해서 매우 구체적이

---

19) Ibid., p. 64.
20) Ibid.

지 못한 명제라는 것이 밝혀진다는 것이다. 시계에 관한 우리의 주장들은 전형적으로 그 시계의 부품들이 조립되는 아주 다양한 방식들과 모순되지 않는다. 따라서 시계에 관하여 우리가 한 말을 옳게 만드는 것을 자세히 설명하고자 한다면 그 설명 속에 일반 명제를 사용하지 않을 수 없을 것이다.[21]

만일 한편으로 요소 명제들은 완벽하게 구체적인 명제이고, 다른 한편으로 복잡한 대상의 이름을 포함하는 명제들은 조사해보면 항상 매우 구체적이지 못한 명제라고 밝혀진다면, 어떤 요소 명제도 복합체의 이름을 포함할 수 없다. 하지만 만일 요소 명제가 이름들로 만들어진다면 그 이름들은 오직 단순한 대상들의 이름이어야 한다. 그러므로 만일 요소 명제가 가능하다면 단순한 대상이 반드시 있어야 한다.

이 논증을 이해하기 위해서는 이름을 거의 모든 사람이 이름의 기호로 간주하지 않으려고 하는 다른 용어와 비교해보면 도움을 받을 수 있다. 이제 "통화 팽창"(inflation)이란 용어를 살펴보자. 만일 우리가 "통화 팽창이 지난 달에 일어났다."는 명제를 듣고 나서, 이 명제 속의 "통화 팽창"이 어떤 대상의 이름이고, 그래서 그 명제가 "지난 달에 일어났다는 속성을 가진 그 대상"에 관해서 말하고 있다고 말한다면 누구의 관심도 끌지 못할 것이다. 혹시 우리가 이 명제의 의미를 누군가에게 설명해야 한다면, 스미스 여사가 집을 샀다, 존스 씨가 빵을 샀다, … 등등과

---

21) 「비망록」에 3.24가 나타나는 부분은 주목할 가치가 있다. 비트겐슈타인은 3.24의 문장 다음에 "명제의 어떤 요소가 복합체를 나타내는 것은 그 요소가 등장하는 명제에 불확정성이 있기 때문이라는 것을 알 수 있다."라고 쓰고, 다시 "이런 일은 그러한 명제의 일반성 때문에 생긴다."라고 덧붙였다. 이 추가된 문장은 비트겐슈타인의 생각을 분명하게 확인하는 데 도움을 주는 것이 확실하며, 이 문장을 앞에서 살펴본 『논리철학론』의 고도로 압축된 구절에서 생략한 것은 비트겐슈타인의 고집 때문인 것 같다.

같이 지난 달에 있었던 방대한 양의 구체적 금전 거래를 말하고 나서, 그런 금전 거래들이 "통화 팽창이 지난 달에 일어났다."는 명제를 옳게 만드는 사실이라고 말할 것이다. "통화 팽창이 지난 달에 일어났다."는 명제는—일련의 구체적 금전 거래도 없고, 그 거래들을 성립시키는 사물들도 없는 상태에서 —그냥 그 자체로서는 옳을 수 없다. 그 명제를 이해하는 사람은 누구나 원리상으로는 만일 그 사람이 실제로 있었던 금전 거래들에 관한 완벽한 지식을 갖게 된다면 그 명제가 옳은지 그른지 알게 될 것이다. 그러므로 우리는 원리상으로는 "통화 팽창이 지난 달에 일어났다."는 명제를 실제로 있었던 금전 거래에 관한 굉장히 복잡한 진술로 분석할 수 있다.

그렇지만 "통화 팽창이 지난 달에 일어났다."는 주장이 오직 실제로 있었던 어떤 종류의 금전 거래들에 의해서 옳을 수 있다 할지라도, 그 주장은 실제로 있었던 어느 금전 거래에 의해서 옳을 수 있는가를 알려주지는 않는다. 그 주장은 실제로 있었던 금전 거래들을 원소로 해서 만들어질 수 있는 수많은 집합과 모순되지 않는다. 그래서 우리가 그 명제의 의미를 그러한 금전 거래에 의해서 자세히 설명하고자 한다면 그 명제의 의미를 무수한 가능성에 대한 진술들로 이루어지는 선언 진술로 표현해야 할 것이다. 이 방식으로 그 명제는 근본적으로 구체적이지 못한 명제이면서도 항상 구체적 금전 거래들에 의해서 옳거나 그르게 될 것이다. 따라서 우리는 "통화 팽창"이란 말을 포함한 명제를 사용해서는 완전한 구체성에 결코 도달할 수 없으므로, 만일 우리가 그러한 명제가 구체적으로 성취하는 것을 알고자 한다면, 세계 속에서 실제로 일어나는 금전 거래들에 관한 명제들로 항상 분석해야 한다. 이 사실은 "통화 팽창"이란 말을 이름으로 간주하는 것은 잘못된 생각이라는 우리의 직관을 강하게 뒷받침하고 있다. 우리는 3.24의 논증을 우리 주변의 복

잡한 대상들에 대해 사용하는 일상의 이름들이 "통화 팽창"이란 말과
같은 배를 타고 있다는 것을 밝혀주는 논증으로 간주할 수 있다.

원초 기호와 정의된 기호

비트겐슈타인은 그다음에 이름을 "원초 기호"(原初 記號, primitive sign)
의 모범 사례로 이용하여 "원초 기호"와 "정의된 기호"(定義된 記號, de-
fined sign)를 대비시킨다(3.26~3.261).[22] 정의된 기호들은 그 의미가 다른
기호들에 의해서 설명될 수 있는 기호인 반면에, 원초 기호들은 정의된
기호의 의미를 밝히는 설명 속에 사용된 기호인데, 그 원초 기호 자체는
그런 식으로 정의될 수 없다. 이 사실은 곧바로 "어떤 기호가 원초 기호
인지 정의된 기호인지 어떻게 분간할 수 있는가?"라는 물음과 "우리는
원초 기호의 의미를 어떻게 설명할 수 있는가?"라는 물음을 일으킨다.

3.262   기호에 숨겨져 있는 것은 그 기호의 응용에서 명백히 드
         러난다.[23]

---

22) 3.26   A name cannot be dissected any further by means of a definition:
           it is a primitive sign.

    3.261 Every sign that has a definition signifies *via* the signs that serve to
           define it; and the definitions point the way.

           Two signs cannot signify in the same manner if one is primitive
           and the other is defined by means of primitive signs. Names *can-
           not* be anatomized by means of definitions.

           (Nor can any sign that has a meaning independently and on its
           own.)

23) 3.262 What signs fail to express, their application shows. What signs
           slur over, their application says clearly.

겉보기에는 "플라톤"이란 이름은 모든 점에서 단순한 대상의 이름으로 간주되는 모든 이름과 마찬가지로 단순한 기호로 보인다. 하지만 위에서 방금 살펴본 논증은 "플라톤"이란 이름이 단순한 대상의 이름과는 달리 — "플라톤"이란 이름을 포함한 명제를 분석에 의해서 그 이름이 사라지게 하는 방식으로 분해할 수 있기 때문에 — "정의된 기호"로 간주될 수 있다는 것을 함축하고 있다. 그렇다면 "플라톤"이란 이름이 그런데도 정의된 기호라는 주장의 격위는 무엇인가? 비트겐슈타인의 대답은 만일 어떤 기호가 어떻게 기능을 발휘하는지 알고자 한다면 그 기호의 사용(使用, use) 즉 그 기호의 응용(應用, application)을 살펴야 한다는 것이다. 다시 말하면 그 기호를 포함한 명제가 다른 명제들과 결합하여 성립할 뿐만 아니라 그 기호를 이해하는 모든 사람이 타당하다고 인정하는 추리들의 논리적 연결 관계와 그 명제를 이해하는 모든 사람이 그 명제들을 옳게 만든다고 인정하는 일련의 상황들을 살펴보아야 한다. 우리가 어떤 기호가 실제로 어떻게 기능을 발휘하는지 보여주는 것은 바로 이러한 사실들이다. 이 말은 또한 비트겐슈타인이 "후기 철학"에서 "숨겨져 있는 것은 아무 것도 없다."[24]라는 표어를 내세우고 종종 『논리철학론』에 대해 제기했던 비판에 대한 답변일 수도 있다. 내 반론의 요지는 비트겐슈타인이 언어의 표면 현상들을 설명할 수 있는 숨은 구조를 찾기 위해서 — 물리학자들이 실험으로 밝혀진 것을 설명하려고 원자보다 작은 입자들을 설정하는 방식과 비슷하다고 여겨지는 방식으로 — 언어의 표면 아래 깊은 곳을 파고 있다는 생각이다. 비트겐슈타인은 "후기 철학"에서 언어의 의미에 중요한 것은 무엇이건 — 만일 우리

---

24) "There is nothing hidden."
   See in particular L. Wittgenstein, *Philosophical Investigations* (trans. G. E. M. Anscombe ; Blackwell : Oxford, 1953), §§ 92~97.

가 그 언어를 의사 소통에 사용하고 있다면 — 언어의 표면에 분명히 드러나는 어떤 것이어야 한다는 것을 강조하고 있다. 그러나 내가 위에서 언급했던 물리학자의 비유는 오해를 일으키는 비유다. 왜냐하면 『논리철학론』의 저자로서의 비트겐슈타인에게는 그가 밝히려는 언어의 구조가 — 사람들이 그 언어를 사용하는 방식을 실제로 살펴본다면 — 보이도록 드러나 있는 것이었다. 그뿐 아니라, 만일 비트겐슈타인의 설명이 올바르다면, 그 언어를 사용하는 사람들은 그 언어의 구조에 관해서 무언의 지식을 갖고 있어야 하며, 그 지식은 그들이 그 언어에 이미 숙달되어 있다는 사실과 그 언어를 실제 상황에 적용하는 그들의 능력에 의해서 드러난다고 보아야 한다(5.5562 참조).[25]

> 3.263　원초 기호의 의미는 실례들을 예시적으로 사용하여 설명할 수 있다. 예시적 실례들은 원초 기호를 포함하고 있는 명제들이다. 그러므로 원초 기호는 이미 그 원초 기호의 의미를 알고 있는 사람들만 이해할 수 있다.[26]

만일 원초 기호의 의미를 정의(定義, definition) 즉 언어적 설명에 의해 설명할 수 없다면 어떤 사람에게 원초 기호의 의미를 어떻게 설명할 수 있는가? 비트겐슈타인의 답은 내가 3.263의 정확한 번역이라고 믿고

---

25) 5.5562 If we know on purely logical grounds that there must be elementary propositions, then everyone who understands propositions in their unanalysed form must know it.

26) 3.263 The meanings of primitive signs can be explained by the illustrative use of examples. Illustrative examples are propositions containing the primitive signs. They can, therefore, only be understood if the meanings of those signs are already known.

있는 문장 속에 있다.("예시적 실례"(illustrative example)는 독일어 *Erläu-terungen*의 여러 가지 의미 가운데 하나인데, 이 구절의 의미를 전달하는 데 가장 적절한 표현이다.) 이제 우리가 어떤 사람에게 이름의 의미를 설명하고자 한다고 해보자. 우리는 그저 그 이름으로 불리는 대상을 가리킴으로써 그 이름의 의미를 설명할 수 없다. 왜냐하면 그 이름의 응용(應用, application) 즉 언어 속에서 하는 그 이름의 역할이 고정되어 있지 않기 때문이다. 그러므로 우리는 그 이름의 사용 방법을 보여주는 것, 다시 말해 그 이름을 포함하는 문장의 사용을 예시하는 것 외에는 다른 방도가 없다. 그런 경우에 다른 사람이 그 문장들의 의미를 파악하는지 못하는지는 운에 맡길 수밖에 없는데, 이것이 우리가 다른 사람으로 하여금 이름의 의미를 파악하도록 도와줄 수 있는 유일한 방도다. 어떤 언어에 관하여 말로 설명하는 일이 한계에 부딪혔을 때에는 누구나 상대방이 깨닫기를 바라면서 그 언어를 사용해 보이는 것 외에는 다른 방도가 없는 법이다. (여기서 어린애가 부모로부터 말을 배우는 방식을 생각해보기 바란다.) 이 문단이 강조하는 것은 이름의 의미는 언어 속에서의 사용으로부터 분리될 수 없다는 것인데, 이 생각은 곧바로 비트겐슈타인으로 하여금 "맥락 원리"를 도입하도록 만든다.

맥락 원리

비트겐슈타인은 3.3에서[27] 지금은 "맥락 원리"(脈絡 原理, Context Principle)라고 부르는 생각을 도입하는데, 이 원리는 프레게가 『산술학의 기

---

27) 3.3　　Only propositions have sense ; only in the nexus of a proposition does a name have meaning.

초』에서 처음 주장하였다. 프레게는 자신의 "논리주의 탐구"를 지배하는 세 가지 원리 가운데 하나로 이 원리를 채택하면서 다음과 같이 주장하였다.

　　고립되어 있는 낱말의 의미를 묻지 말고, 오직 명제의 문맥 속에 있는 낱말의 의미만 물어라.[28]

　이 원리는 널리 영향을 미쳤지만 여러 분야의 학자들이 매우 다른 방식으로 해석하였다. 비트겐슈타인의 경우에는 이 원리가 평생 동안 그의 사고에서 중심 역할을 할 정도로 중요하였으며, 그의 사고에 몇 번이나 다시 나타나는데, 예컨대 『철학적 탐구』 §49에서는 이 원리에 찬성하면서 인용하고 있다. 다양한 해석이 이 원리를 부당하게 다루었지만, 이 원리의 배경을 이루는 기본 생각은 충분히 명료하다. 우리가 (어떤 언어적 표현의) 의미를 설명하고자 할 때에 우리가 이해하고 싶은 것은 그 표현을 "의미있게 말하거나 생각하기 위해 언어로 사용한다는 사실"을 이해하고 싶어 하는 것이다. 그러나 어떤 (언어적) 표현을 의미있게 말하거나 생각하는 것은 문장보다 작은 낱말이나 어떤 (언어적) 표현을 고립시킨 채 사용하는 것이 아니라 문장 전체를 한 단위로 삼아 사용하는 것이다. (물론 우리는 때로 단 하나의 낱말을 발언함으로써 어떤 것을 말할 수 있지만, 그런 경우는 그 낱말이 어떤 문장의 생략 형태이기 때문에 가능한 것이 특징이다. 예컨대 "예!"라는 말은 이 낱말이 그 직전에 나왔던 문장 전체를 대신하기 때문에 그렇게 사용될 수 있다.) 이

---

28) G. Frege, *The Foundations of Arithmetic*, (1884; trans. J. L. Austin; Blackwell: Oxford, 1959), Introduction, p. x.

로부터 어떤 낱말의 의미에 관한 설명의 기본 형태는 그 낱말이 등장하는 문장의 의미에 그 낱말이 기여하는 바를 설명하는 것이어야 한다는 결론이 나온다. 만일 우리가 주어진 낱말이 등장하는 모든 문장의 의미를 안다면 그 낱말의 의미에 관해서 알아야 할 모든 것을 안다고 할 수 있을 것이다.

(때로 우리가 낱말과 이름을 문장의 문맥을 벗어나서도 의미있게 사용할 수 있다는 예─이를테면 사전의 표제어로 사용하거나 사람을 부르는 호칭으로 사용하는 예─를 들어 맥락 원리에 반대하는 사람이 있다. 그러나 이런 반론은 맥락 원리의 글자 뜻만을 문제삼는 것이어서 근본 취지에는 영향을 미치지 못한다. 우리가 사전에서 알고자 하는 것은 낱말이 문장 속에서 쓰이는 방법이다. 이것이 사전들이 전형적으로 그 낱말의 사용 실례 문장, 다시 말해 그 낱말이 다른 낱말들과 결합하여 문장을 만드는 방법을 제시하는 이유다. 또 이름을 어떤 사람의 호칭으로 사용하는 경우에는 우리가 그 사람의 호칭으로 사용한 기호가 그 사람에 관해 이야기를 하는 문장들 속에서도 사용되는 경우에만 이름일 수 있다.)

프레게와 비트겐슈타인은 맥락 원리를 대체로 말해서 낱말의 의미에 적용했을 뿐만 아니라, 특히 "이름이 어떤 것을 지칭한다는 말은 무슨 뜻인가?"라는 문제를 탐구하는 데 적용하였다. 우리는 단순히 어떤 것을 가리키면서 "저것을 'A'라고 부른다."고 말함으로써 이름의 의미를 확립하지 못하는데, 그 까닭은 이 사실만으로는 그 이름이 명제 속에서 사용되는 방법을 설명할 수 없기 때문이다. 하지만 만일 그 이름이 명제 속에서 어떻게 사용되는지 이해해서 안다면 우리는 그 이름의 의미 기능(意味 機能, meaning)과 지칭 기능(指稱 機能, reference)에 관해서 알아야 할 모든 것을 알게 될 것이다. 이 문제는 우리를 비트겐슈타인이 맥락 원리에 따라서 탐구했던 주제에 도달하게 만든다.

표현들은 명제 변항이다

비트겐슈타인은 3.313에서[29] (언어적) 표현(表現, expression)은 "그 표현을 포함하는 명제들을 값으로 취하는 변항"(變項, variable)으로 대신할 수 있다고 주장하였다. 만일 낱말이나 표현이 오직 명제의 문맥 속에서만 의미를 갖게 되고, 또 우리가 어떤 낱말이나 표현이 그것을 사용한 명제의 의미 형성에 기여하는 바를 그 낱말이나 표현의 의미라고 이해한다면, 우리는 그 낱말이나 표현이 일련의 명제, 즉 그 낱말이나 표현이 등장하는 일련의 의미있는 명제들과 결합되어 있다고 생각할 수 있다. 그렇다면 그 표현의 의미를 아는 일은 그 표현이 그러한 명제에 이바지하는 바를 아는 일, 그리고 우리가 그 명제에 포함된 나머지 모든 표현의 의미를 안다고 가정한다면 그 명제를 이해하는 일에 지나지 않는다.

이제 "A"라는 표현이 "F(A)", "G(A)", "H(A)" … 등등의 명제에 의미있게 등장할 수 있다면, 우리는 이 사실을 그 명제들을 값으로 취하는 변항 "Φ(A)"로 요약해서 나타낼 수 있다. 하지만 왜 그렇게 표현해야 한단 말인가? 여기에는 철학자들이 끈질기게 탐색해보지 않을 수 없는 세 가지 생각이 얽혀 있다.

---

29) 3.313 Thus an expression is presented by means of a variable whose values are the propositions that contain the expression.

(In the limiting case the variable becomes a contant, the expression becomes a proposition.)

I call such a variable a 'propositional variable'.

첫째는 그 표현을 명제 변항(命題 變項, propositional variable)으로 간주하는 것이 맥락 원리를 알기 쉽게 강조하는 한 가지 방법이라는 생각이다. 만일 어떤 표현이 명제의 문맥 속에서만 의미를 갖는다면, 우리는 이 사실을 (1) 그 표현이 "불완전 기호"(不完全 記號, incomplete sign)로 등장하는 명제의 잠재적 구성 요소라는 것을 밝힘으로써, 그리고 (2) 그 표현이 의미있는 발언에 사용되기 위해서는 보완될 필요가 있다는 것을 밝히기 위해 문자 Φ를 덧붙임으로써 명백하게 밝힐 수 있다. 프레게는 이름은 "완전 기호"(完全 記號, complete sign)이고 술어(述語, predicate)는 "불완전 기호"이므로 뚜렷한 차이가 있다고 보았다. 프레게는 술어가 (그와 결합되어) 문장을 형성하는 이름이 "술어를 완전하게 만들 수 있는 방법을 보여주기 위해 부여되는 변항"을 필요로 한다고 생각하였다. 그러나 프레게의 변항 사용 방법과 비트겐슈타인의 변항 사용 방법은 약간 차이가 있다. 비트겐슈타인의 변항은 그 표현을 포함하는 모든 명제를 값으로 취하는 반면에, 프레게의 변항은 술어가 이름과 함께 완전해지면서 만들어지는 명제들만 값으로 취하기 때문이다. 또한 프레게는 술어와 관계 표현(關係 表現, 關係語, relational expression)을 불완전 기호로 간주할 때에 비트겐슈타인이 관심을 가졌던 문제 외에 다른 문제를 심중에 갖고 있었다. 프레게는 "ξ는 η를 죽였다."는 관계 표현과 "ξ는 ξ를 죽였다."[=자기를 죽였다.]는 술어를 구별하고 싶어 했다. 변항을 동반하지 않는 "죽였다"라는 낱말은 위의 두 경우 어느 쪽을 말하는지 전혀 분명하지 않다. 이런 문제는 이름에는 일어나지 않으며, 그래서 이름의 경우에는 글자가 다르면 분명히 다른 대상을 지칭하는 이름이라는 것을 알 수 있다. 이것이 이름은 완전 기호이고 술어는 불완전 기호라고 간주하는 또 하나의 이유다. 이런 차이가 있지만, 비트겐슈타인은 이름이 의미를 갖기 위해서는 술어와 마찬가지로 보완을 필요로 하는 중요한 문제가 있다고 강조하고 있다. 그건 이름이 의미를 갖기 위해서는 명제의 문맥 속에 놓여 있어야 한다는 것이다. 비트겐슈타인은 이 점을 고려해서 모든 표현이 불완전 기호라고 강조한다.

둘째는 어떤 표현의 논리적 형식은 그 표현이 명제를 형성하기 위해 다른 표현들과 결합하는 능력이기 때문에, 그 표현을 명제 변항으로 전시하는 일은 그 표현의 논리적 형식을 밝히는 방식이라는 생각이다.

비트겐슈타인은 셋째 생각을 『논리철학론』의 5.4733에서 밝히고 있는데,[30] 나는 그 문단이 그 생각을 가장 명료하게 밝혔다고 믿고 있다. 그 문단에 드러나 있는 것은 "헛소리"(nonsense)에 대한 비트겐슈타인의 생각이다. 이제 우리가 "일곱(7)은 빨갛다."라는 말이 왜 헛소리인지 설명하려 한다고 해보자. 우리는 수(數, number)가 색깔을 가질 수 있는 것이 아니기 때문에 헛소리라고 말해서는 안 된다. 그보다는 우리가 "은는 빨갛다."라는 술어를 언어에 도입할 때에, 이 술어를 "일곱(7)은 빨갛다."라는 문장을 포함하지 않는 일련의 명제들을 값으로 취하는 명제

---

30) 5.4733 Frege says that any legitimately constructed proposition must have a sense. And I say that any possible proposition is legitimately constructed, and, if it has no sense, that can only be because we have failed to give a *meaning* to some of its constituents.

(Even if we think that we have done so.)

Thus the reason why 'Socrates is identical' says nothing is that we have not given *any adjectival* meaning to the word 'identical'. For when it appears as a sign for identity, it symbolizes in an entirely different way — the signifying relation is a different one — therefore the symbols also are entirely different in the two cases: the two symbols have only the sign in common, and that is an accident.

변항으로 도입했기 때문에 "일곱(7)은 빨갛다."라는 문장은 "ξ는 빨갛다."라는 명제 변항의 값이 아니라고 설명해야 한다. 그러므로 "일곱(7)은 빨갛다."라는 문장이 헛소리인 유일한 이유는 "일곱(7)은 빨갛다."라는 명제가 일상적 의미의 "빨갛다"라는 낱말을 전혀 포함하지 않는 데다가, "일곱(7)은 빨갛다."라는 명제가 포함한 낱말들 가운데 어떤 낱말에 전혀 의미를 부여하지 못했다는 사실에 있다.

나는 5.501을 살펴볼 때까지는 비트겐슈타인이 3.316~3.317에서[31] 주장하는 것에 대한 검토를 미루고자 하는데, 그 까닭은 비트겐슈타인이 이 문단들을 『논리철학론』에 배치할 때에 오해가 일어날 수 있는 곳에다 배치했기 때문이다. 이 문단들은 비트겐슈타인이 3.314의 마지막에서 말한 것[32] ─ 모든 변항을 명제 변항으로 간주할 수 있다는 것 ─ 때문이 아니라, 이 단계까지는 비트겐슈타인이 명제 변항의 한 가지 특수한 경우만 도입했을 뿐이고, 그것에 의해서 모든 변항이 그 특수한 경우

---

31) 3.316   What values a propositional variable may take is something that is stipulated.

The stipulation of values *is* the variable.

3.317   To stipulate values for a propositional variable is *to give the propositions* whose common characteristic the variable is.

The stipulation is a description of those propositions.

The stipulation will therefore be concerned only with symbols, not with their meaning.

And the *only* thing essential to the stipulation is *that it is merely a description of symbols and states nothing about what is signified.*

How the description of the propositions is produced is not essential.

32) 3.314   An expression has meaning only in a proposition. All variables can be construed as propositional variables.

(Even variable names.)

의 실례로 간주될 수 있다고 불합리한 주장을 하고 있다는 인상을 주고 있기 때문이다. 비트겐슈타인은 3.316~3.317에서 명제 변항의 완전한 일반성에 관한 자신의 표기법을 설명하고 있지만, 나중에 5.501에 이르러서야 그 완벽한 일반적 표기법이 중요해진다.

기호와 상징

비트겐슈타인은 하나의 (언어적) 표현은 언어 속에서 그 표현의 응용과 함께 고찰될 때에만 그것이 (언어적) 표현일 수 있다는 것을 다양한 방식으로 강조하였다. 이 관점에서 그는 이제 "기호"(記號, sign)와 "상징"(象徵, symbol)의 구별을 도입한다. 기호는 우리가 (언어적) 표현에서 (감각으로) 지각할 수 있는 것, 예컨대 책에 인쇄된 잉크 자국 같은 표지(標識, mark)를 말한다. 상징은 "표지로서의 기호"가 언어 속에서 논리-통사론적으로 응용되는 과정에서 획득한 기능(機能, function)을 갖춘 상태를 말한다.

첫 번째 강조점은 상징으로서가 아니라 단지 "기호로서 파악된 기호"가 자연 언어(自然 言語, natural language)에서 종종 애매하다는 사실이다. 다시 말하면 상징으로서가 아니라 단지 "기호로서 파악된 하나의 기호"가 "여러 가지 상징"의 기호일 수도 있고, 또한 겉보기에 "동일한 방식의 기능을 가진 것처럼 보이는 기호들"이 실제로는 제각기 아주 다른 방식의 기능을 발휘할 수도 있다. 이 두 가지 점에서 철학적 혼란이 쉽게 일어난다. 그러므로 비트겐슈타인은 3.325에서 언어를 위해 서로 다른 상징들은 제각기 다른 기호를 갖게 하고, 다른 기능을 하는 기호들을 실수로 혼동하는 현상을 없애버린 논리적으로 명료한 표기법을 확립해야 한다고 주장하였다.[33]

비트겐슈타인의 두 번째 강조점은 이 책의 2장 "『논리철학론』 주제의 전체 모습"의 서두에서 이미 언급했던 점이다. 그것은 우리가 기호를 위한 논리적 통사론을 확립할 때에 결코 그 기호의 의미에 의존하지 말고, 오직 그 기호에 대한 기술(記述, description)에 의해서만 모든 규칙을 표현해야 한다는 것이다(3.33).[34] 기호의 의미에 의존하는 것은 설명의 올바른 순서를 거꾸로 뒤집는 것이다. 기호는 오직 그 기호의 통사론적 응용과 함께 고찰할 때에만 의미를 갖기 때문에, 우리가 그 기호의 사용에 관한 규칙을 설정하기 전에는 그 기호에 우리가 이용할 수 있는 어떤 의미도 있을 수 없다.

마지막 강조점은 우리의 기호 표기법이 지닌 우연한 특징과 본질적 특징을 대비시키는 것이다. 우리의 기호 표기법에 임의의 약정이 많다는 것은 분명하며, 그래서 서로 다른 명제 기호들이 동일한 명제를 표현하도록 사용될 수 있다. 그러므로 언어의 우연한 특징들을 헤치고 넘어서서 언어의 본질적 특징들을 강조하기 위해 우리는 모든 상징들이 동일한 일에 종사할 수 있는 기호 표기법을 고안해야 한다는 것이다. 그 표기법에서는 모든 상징들이 우리 언어에 본질적 특징만 보여줄 것이다.

---

33) 3.325   In order to avoid such errors we must make use of a sign-language that excludes them by not using the same sign for different symbols and by not using in a superficially similar way signs that have different modes of signification: that is to say, a sign-language that is governed by *logical* grammar — by logical syntax.

(The conceptual notation of Frege and Russell is such a language, though, it is true, it fails to exclude all mistakes.)

34) 3.33   In logical syntax the meaning of a sign should never play a rôle. It must be possible to establish logical syntax without mentioning the *meaning* of a sign: *only* the description of expressions may be presupposed.

논리적 공간 속의 위치

이 절의 마지막 부분은 앞에서 진행되었던 이야기와 자연스럽게 연결되지 않는 것처럼 보인다. 이 부분의 기본 생각은 하나의 명제가 논리적 공간 속에서 제 위치를 골라낸다는 생각이다. 이 맥락에서 논리적 공간에 대한 가장 적절한 생각은 논리적 공간 속의 점들이 세계가 존재할 수 있는 가능한 방식들이라는 생각인 것 같다. 그렇다면 하나의 명제는 논리적 공간의 한 영역을 개척할 것이고, 이는 세계가 그 영역 속에 존재할 수 있는 가능한 방식들 가운데 하나가 바로 세계가 실제로 존재하는 방식이라고 말하는 것이다. (어떤 사람은 하나의 명제의 의미를 그 명제가 옳게 되는 **가능 세계 집합**(set of possible worlds)에 의해서 설명하는 최근의 설명과 이 생각을 비교해볼 수 있을 것이다. 두 설명의 차이는 비트겐슈타인이 일련의 세계를 생각한 것이 아니라, 개개의 "가능 세계"가 그 속에 제자리를 잡을 수 있는 구조를 갖춘 다양체(多樣體, manifold)를 생각했다는 것이다.) 여기서 비트겐슈타인이 강조한 요점은 하나의 명제가 그렇게 한 영역을 결정한다는 것은 논리적 공간 전체가 있어야 한다는 것을 미리 전제한다는 것이다. 만일 논리적 공간이 미리 존재하지 않는다면, 그 명제가 다른 명제들과 결합하는 일이 논리적 공간 속의 또 하나의 다른 영역을 규정한다는 것은 전혀 이해할 수 없게 될 것이다. 그렇기 때문에 p와 q와 r은 제각기 자신의 논리적 공간 영역을 규정하지만, $((p \& q) \lor r)$은 이미 규정된 영역들에 의해서 또 하나의 다른 논리적 공간 영역을 규정할 것이다(3.42).[35]

---

35) 3.42   A proposition can determine only one place in logical space : nevertheless the whole of logical space must already be given by it.

토론거리

• 언어가 이 절과 앞 절이 함의하고 있는 고도로 복잡한 분석을 거쳐야 한다는 주장은 신뢰할 만한가?

• 많은 해설가가 비트겐슈타인은 3.23～3.24에서 "불확정성"(indeterminacy)이라는 말로 "모호성"(模糊性, vagueness)을 의미했다고 생각하는 반면에, 나는 "구체성 부족"(具體性 不足, lack of apecificity)을 의미한다고 주장하였다. 어느 쪽 주장이 올바르다고 생각하는가? 비트겐슈타인의 논증을 모호성에 의해서 이치에 닿게 설명할 수 있는가?

• "맥락 원리"의 요점과 함축 내용에 관한 자신의 생각을 자세히 설명해보라.

(Otherwise negation, logical sum, logical product, etc.: would introduce more and more new elements — in co-ordination.)

(The logical scaffolding surrounding a picture determines logical space. The force of a proposition reaches through the whole of logical space.)

4절 "사고는 의미있는 명제다"

이 절은 명제의 본성을 다루는데, 여러 가지 방식으로 『논리철학론』에서 핵심적 역할을 한다. 우리가 살펴볼 생각들은 다음과 같다. 명제는 옳거나—그른—것이다. 명제는 그림이다.("논리 상항[논리적 낱말]은 어떤 것도 대표하지 않는다.") 의미와 진리성. 명제는 본질적으로 복합체다[언어의 낱말 합성 기능].) 진리성에 관한 비트겐슈타인과 프레게의 의견 불일치. 이해는 진리—조건을 아는 것이다. 명제는 자신의 의미를 보여준다. 형식적 개념들. 요소 명제와 요소 명제 아닌 명제. 요소 명제들의 진리 함수로서의 명제(진리치표). 항진 명제. 언어의 한계. 명제의 일반 형식이란 생각과 명제의 일반 형식이 있다는 논증.

4절은 『논리철학론』 전체에서 결정적으로 중요한 부분이라 할 수 있다. 이 절에서 비트겐슈타인은 명제의 본성과 명제가 실재와 관계를 맺는 방식에 관한 문제를 다루는데, 이는 처음부터 탐구의 핵심을 이루고 있던 문제다. 비트겐슈타인은 이 절에서 명제는 그림이며, 명제의 일반 형식이 있다와 같은 『논리철학론』 전체의 핵심 주장들을 확립해나가고 있다. 『논리철학론』의 나머지 부분은 이 절의 생각들을 입증하려고 자세히 설명하고 있는 것으로 간주할 수 있다.

비트겐슈타인은 "명제는 실재와 어떤 관계인가?"라는 물음에 직면하게 되자, 명제가 세계와 관계를 맺는 방식과 이름이 세계와 관계를 맺는 방식의 근본적 차이를 강조하였다. 「논리학에 관한 비망록」을 보면 비트겐슈타인은 이미 1913년에 자신의 사고를 지배하게 될 생각을 다음과 같이 적어놓고 있다.

프레게는 "명제는 이름이다."라고 주장하고, 러셀은 "명제는 복
합체와 대응한다."고 주장한다. 둘 다 틀렸다. 특히 "명제는 복합
체의 이름이다."라는 말은 전적으로 틀렸다.[1]

프레게는 명제가 지칭 기능을 갖고 있다고 생각했고, 그래서 명제를
(복잡한) 이름으로 간주할 수 있었다. 그리고 나서 프레게는 지칭 기능
의 면에서는 명제를 그것이 지닌 진리치에 의해 구별하는 것 ─ 즉 모든
옳은 명제는 "옳은 것"(the True)을 지칭하고, 모든 그른 명제는 "그른
것"(the False)을 지칭한다고 구별하는 것 ─ 보다 더 깔끔하게 명제들을
구별할 수 없다고 주장하였다. 이 절의 뒷 부분에는 비트겐슈타인이 바
로 이 문제를 두고 프레게와 벌이는 논쟁이 전개되어 있다.

비트겐슈타인의 입장에서 보면, 누구도 명제의 지칭 기능에 관해서
는 어떤 말도 전혀 할 수 없는데, 그 까닭은 명제의 지칭 기능을 왈가왈
부하는 것 자체가 명제와 이름의 근본적 차이를 망각하고 엉뚱한 이야기
를 하는 것이기 때문이다. 명제는 본질적으로 옳거나-그른-것, 맞거나-
틀리는-것이고, 명제가 세계에 관해서 의미있는 주장을 할 수 있는 것
은 오직 명제가 옳거나-그른-것이라는 사실 덕분일 뿐이다. 그러나 우
리가 명제가 옳다는 것을 아는 일과 관계없이 명제를 이해할 수 있는 것
은 명제가 옳거나 그를 수밖에 없기 때문이다(4.024).[2] 하지만 이 사실

---

1)   Wittgenstein, *Notebooks*, p. 97.
2)   4.024 To understand a proposition means to know what is the case if it
        is true.
            (One can understand it, therefore, without knowing whether it
        is true.)
        It is understood by anyone who understands its constituents.

은 "이름이 작동하는 방식"과 "명제가 작동하는 방식"이 근본적으로 다르다는 것을 의미한다. 이름의 경우에는 우리가 이름과 세계에 실제로 있는 특징 사이에 상호 관계를 맺어줌으로써 이름의 의미를 확립할 수 있으며, 그래서 비트겐슈타인은 『논리철학론』 3.203에서 이름의 "의미"를 대상이라고 말할 수 있었다. 그렇지만 명제의 경우에는 그것이 옳다는 사실과 관계없이 명제는 그것이 "대표하는 것"을 대표한다. 그러므로 어떤 명제가 상황을 대표한다면 그 상황이 실제로 존재한다는 사실과 관계없이 그 상황을 대표해야 한다. 이런 이유 때문에 — 이름의 의미의 경우와는 달리 — 우리는 명제를 세계 속에 실제로 있는 어떤 것과 직접적인 상호 관계를 맺어줌으로써 명제의 의미를 자세히 밝힐 수 없다.

그러므로 이 절은 "어떻게 그른 명제가 가능한가?"라는 물음에 대한 답을 제시해야 하는데, 이 물음의 영향력은 "하나의 명제는 어떻게 실제로 존재하지 않는 상황을 구체화할 수 있는가?" 또는 "우리는 어떻게 어떤 명제로부터 — 그 명제가 실제로 옳다는 것을 아는 일과 관계없이 — 그 명제를 옳게 만드는 상황을 파악할 수 있는가?"라는 물음으로 이어진다. "명제에 관한 그림 이론"에 도달하는 방법은 명제가 이러한 물음들에 대한 답을 제공할 수 있는 본성을 지닌 것이라고 생각하는 것이다. 다시 말하면 명제는 어떤 그림이 어떤 상황을 정확하게 묘사하기도 하고 부정확하게 묘사하기도 하는 방식과 본질적으로 똑같은 방식으로 "가능하지만 실제로는 존재하지 않는 상황"을 구체화하는 데 성공할 수 있는 것이라고 생각해야 한다.

비트겐슈타인은 이제 사고는 의미있는 명제라는 주장을 내세우면서 사고로부터 명제로 방향을 돌린다. 그는 이 토론을 4.002~4.0031까지의 간주곡과 함께 시작한다.[3] 이 간주곡 문단들은 그 뒤에 나오는 언어

에 관한 비트겐슈타인의 서술이 우리가 일상의 언어 현상을 관찰해서
아는 것과 전혀 비슷하지 않다는 비판을 미리 배제하기 위해서 이곳에
배치되어 있다. 비트겐슈타인은 이 문단들에서 앞으로 일상의 언어 사

---

3)   4.002   Man possesses the ability to construct languages capable of
expressing every sense, without having any idea how each word
has meaning or what its meaning is — just as people speak with-
out knowing how the individual sounds are produced.

Everyday language is a part of the human organism and is no
less complicated than it.

It is not humanly possible to gather immediately from it what
the logic of language is.

Language disguises thought. So much so, that from the out-
ward form of the clothing it is impossible to infer the form of the
thought beneath it, because the outward form of the clothing is
not designed to reveal the form of the body, but for entirely dif-
ferent purposes.

The tacit conventions on which the understanding of everyday
language depends are enormously complicated.

4.003   Most of the propositions and questions to be found in philosoph-
ical works are not false but nonsensical. Consequently we cannot
give any answer to questions of this kind, but can only point out
that they are nonsensical. Most of the propositions and questions
of philosophers arise from our failure to understand the logic of
our language.

(They belong to the same class as the question whether the
good is more or less identical than the beautiful.)

And it is not surprising that the deepest problems are in fact
not problems at all.

4.0031 All philosophy is a ʹcritique of languageʹ (though not in
Mauthnerʹs sense). It was Russell who performed the service of
showing that the apparent logical form of a proposition need not
be its real one.

용 속에 암암리에 존재한다고 자신이 주장하려는 구조가 사람들이 일상의 대화에서 사용하는 명제들, 즉 그림이나 요소 명제들의 진리 함수로 보이지 않는 명제들이 보여주는 구조와 분명히 크게 다르다는 사실에 관하여 언급하고 있다. 그러니까 『논리철학론』 4.012에서 "'aRb' 형식의 명제가 그림으로서 감명을 주는 것은 명백하다."[4]는 말을 읽은 독자가 처음에 "Few people love no one."(사랑하는 사람을 하나도 갖지 않은 사람은 거의 없다.)이란 명제가 그림으로서 전혀 감명을 주지 못한다는 것도 똑같이 명백하다는 생각을 떠올리는 것은 당연하다고 하겠다. 그렇다면 비트겐슈타인이 주장하고 있는 구조는 그저 일상의 언어에 접붙인 환상적 신화인가? 만일 비트겐슈타인이 채택하고 있는 입장에 대한 진짜 정당화를 알고 싶다면, 우리는 이 대목에서 이미 앞 절에서 살펴본 3.262의 논의를 상기할 필요가 있다. 비트겐슈타인이 주장한 구조는 인쇄된 문장에서 볼 수 있는 것이 아니라 사람들의 언어 응용 능력으로 나타나는 것(3.326),[5] 예컨대 일군의 명제들로부터 타당한 추리들을 찾아내는 능력이나 어떤 특정한 상황이 어떤 특정한 명제를 옳게 만드는 상황이라고 구체적으로 알아내는 능력으로 나타나는 것이다.

만일 우리가 이런 능력을 갖고 있다면, 이 사실은 비트겐슈타인이 주장하는 "언어의 구조"가 우리의 인지적 파악 능력이 전혀 미치지 못한다는 의미에서 "숨겨져 있는 구조"가 아니라, 우리말 문법 규칙을 정확하게 설명하지 못하면서도 문법에 맞는 문장을 알아보고 만들어 사용

---

4) 4.012   It is obvious that a proposition of the form 'aRb' strikes us as a picture. In this case the sign is obviously a likeness of what is signified.
5) 3.326   In order to recognize a symbol by its sign we must observe how it is used with a sense.

하는 우리의 능력이 문법에 관한 무언의 지식을 드러내는 것과 거의 같은 방식으로, 비트겐슈타인이 주장하는 "언어의 구조"는 그에 관한 무언의 지식을 우리가 "그 언어의 사용으로 보여줄 수 있는 것"이라고 깨닫게 해준다. 비트겐슈타인이 5.5562에서[6] 어쨌든 명제들을 이해하는 사람은 누구나 요소 명제들이 있어야 한다는 것을 안다고 뜻밖의 말로 들리는 주장을 할 수 있었던 것은 바로 이런 의미에서였다. 비트겐슈타인이 4.002에서 말한 바와 같이, 이 대목에서 그는 우리가 낱낱의 소리를 어떻게 만드는지에 대해 아무런 지식도 없으면서도 말할 수 있다는 사실과 비교될 만한 어떤 형태의 복잡한 무의식적 처리 과정을 긍정적으로 가정하고 있다.

여기에는 두 가지 주목해야 할 점이 있다. 그것은 "철학적 문제"에 관한 진단(4.003)과 러셀의 공적에 대한 언급(4.0031)이다. 비트겐슈타인은 여기서 『논리철학론』 전체에 걸치는 기본 주제 하나를 "철학자들이 제기한 대부분의 물음과 명제는 우리가 언어의 논리학을 이해하는 데 실패했기 때문에 생긴 것이다."라는 말로 도입한다. 지금의 맥락에서 그가 주장하고 있는 것은 그런 철학자들의 실패가 일상 언어의 "표층 구조" (surface structure) 즉 일상의 문법과 "근원적인 논리적 구조"(underlying logical structure) 사이의 차이 때문에 일어난다는 것이다. 이것이 그가 1913년에 『논리학에 관한 비망록』에 적은 아래의 주장을 이해할 수 있는 길이다.

문법에 대한 불신이 철학하는 데 첫 번째로 필요한 조건이다.[7]

---

6)   5.5562 If we know on purely logical grounds that there must be elementary propositions, then everyone who understands propositions in their unanalysed form must know it.

만일 우리가 일상의 언어를 대상으로 해서 논리적 통사론에 맞는 표기법을 고안했다고 가정하면, 그 표기법 안에서는 철학자들의 물음들과 명제들은 제대로 표현될 수조차 없을 것이다(3.325 참조).[8] 그런 방식으로 철학자들의 물음들은 해답이 발견됨으로써가 아니라 아예 물음 자체가 사라져버림으로써 해결될 것이다(6.5 참조).[9] 그러한 표기법은—실제로는 상당히 부담이 되는 표기법이므로—일상의 말하기 방식보다 파악하기가 더 쉽기 때문이 아니라 우리가 진술한 명제의 진리-조건을 표면에 드러내어 분명하게 보여주기 때문에 그 언어를 위한 명료한 표기법일 것이다.

여기서 언급한 "러셀의 공헌"은 러셀의 "한정 기술 이론"(限定 記述 理論, Theory of Definite Description)을 말하는 것이 거의 확실하다. 러셀은 이 이론으로 "현재의 프랑스왕은 대머리다."(The present king of France is bald.)와 같은 명제를 다음과 같은 방식으로 분석하였다. 러셀은 앞의 명제를 "현재 프랑스에 왕이 있고, 그리고 현재의 프랑스왕은 단 한 사람이며, 그리고 누군가가 현재의 프랑스왕이라면 그는 대머리다."라고 분석하

---

7) Wittgenstein, *Notesbooks*, p. 106.

8) 3.325 In order to avoid such errors we must make use of a sign-language that excludes them by not using the same sign for different symbols and by not using in a superficially similar way signs that have different modes of signification: that is to say, a sign-language that is governed by *logical* grammar — by logical syntax.

(The conceptual notation of Frege and Russell is such a language, though, it is true, it fails to exclude all mistakes.)

9) 6.5 When the answer cannot be put into words, neither can the question be put into words.

The *riddle* does not exist.

If a question can be framed at all, it is also *possible* to answer it.

고, 이 연언 명제(連言 命題, conjunctive proposition)는 원래의 명제와 동일한 진리-조건을 갖는다고 주장하였다. 이 분석 결과는 원래의 명제가 — 겉보기 모습과는 전혀 달리 — 주어-술어 형식(主語-述語 形式, subject-predi-cate form)의 명제로 간주될 수 없다는 것을 알려주기 때문에 러셀과 비트겐슈타인 두 사람 모두 획기적인 발견이라고 생각하였다. 그렇다면 우리는 이제 "현재의 프랑스왕"이란 어구가 어떤 것을 대표해야 한다고 가정하지 않고서도 원래의 명제의 의미를 완벽하게 설명할 수 있다. 이 사실은 더 나아가 러셀과 비트겐슈타인으로 하여금 어떤 명제의 겉보기 문법 구조가 그 명제의 **진짜 논리적 구조**를 알려주는 진실한 안내자라고 가정할 필요가 없다는 것을 깨닫게 해주었다. 하지만 그들 두 사람은 나중에 명제의 진짜 형식과 겉보기 형식에 관해 이런 의견의 일치보다 훨씬 더 극적으로 다른 의견을 갖게 되어 서로에게 실망할 준비가 되어 있었다는 것도 여기서 언급해두어야 하겠다.

명제는 그림이다

이 절의 기본 주장은 4.01의 "명제는 실재의 그림이다."[10]라는 주장이다. 이 기본 주장에 대한 논증은 4.02에서 전개되기 시작한다. 그러나 4.01과 4.02 사이에서 비트겐슈타인은 자신이 그림이란 용어를 가장 일반적인 의미로 사용하고 있고, 그래서 보통 그림으로 간주되지 않는 것들을 그림으로 간주하고 있다는 것, 예컨대 교향악곡의 악보를 교향악곡의 그림으로 간주하고 있다는 것을 강조하고 있다. 하지만 비트겐슈

---

10) 4.01   A proposition is a picture of reality.

    A proposition is a model of reality as we imagine it.

타인은 그 일을 통해서 자신이 "그림"이란 낱말의 의미를 확장하고 있
는 것이 아니라 우리가 일상적으로 사용하는 "그림"이란 낱말의 의미를
되새겨본다면 그런 것들을 그림으로 간주해야 한다고 주장한다. 그가
그림에 관해 말할 때에 그 그림은 자연주의적 "트롱프 뢰유 그림"(실물
과 매우 비슷하게 그린 그림)을 포함하지만, 자연주의 그림으로부터 아주
멀리 떠나 있는 그림에 대해서도 계속 그림이라고 이야기할 수 있다. 예
를 들면 우리는 어떤 경치의 여러 가지 색깔을 그와 다른 색상의 색깔들
로 표현할 수도 있고, 중세의 그림에서는 왕을 그림 속의 다른 인물보다
크게 그려서 왕의 최고 신분을 표현하기도 하였다. 하지만 그림에서 본
질적인 것은 그림이 묘사하는 상황을 우리가 그림 속에서 알아볼 수 있
게 해주는 "사영 규칙"(射影 規則, rule of projection)이 있어야 한다는 것이
다(4.0141).[11] 앞으로 4.04~4.0411에서 살펴보는 바와 같이, 그러한 규
칙이 실제로 있다는 것은 우리가 일찍이 2.16에서 보았던 생각, 즉 그림
과 그에 의해 묘사되는 것은 **공통의 논리적 형식**을 가져야 한다는 생각
을 함축하고 있다. 비트겐슈타인에게는 이것이 우리가 어떤 것이 다른
것의 그림이라고 말할 수 있게 해주는 유일한 유사성이다.

그리고 나서 "명제가 그림이라는 주장"을 옹호하는 논증은 간단명료

---

11) 4.0141 There is a general rule by means of which the musician can obtain
the symphony from the score, and which makes it possible to
derive the symphony from the groove on the gramophone
record, and, using the first rule, to derive the score again. That
is what constitutes the inner similarity between these things
which seem to be constructed in such entirely different ways.
And that rule is the law of projection which projects the sympho-
ny into the language of musical notation. It is the rule for trans-
lating this language into the language of gramophone records.

하게 진행된다. 우리가 언어 속에 있는 (아마 이전에 전혀 접하지 못했던) 명제를 들었을 때에 통상 우리는 전혀 설명을 듣지 않고서도 그 명제가 의미하는 것을 이해한다(4.02).[12] 우리가 이해하는 것의 결정적인 부분은 그 명제가 옳을 경우에 실제로 존재해야 하는 사실을 아는 것이며, 더군다나 우리는 그 명제가 옳은지 그른지 모르고서도 그 사실을 이해할 수 있다(4.024).[13] 그러나 이것은 명제 기호가 그 명제를 옳게 만드는 상황—다시 말해서 만일 그 명제가 옳다면 사물들이 실제로 어떤 상태일 것인가—을 우리에게 구체적으로 알려주기에 충분하다는 것을 의미한다(4.022).[14] 하지만 이 일은 명제 기호가 우리로 하여금 그 명제 기호로부터 그 상황을 끌어낼 수 있도록 해주는 규칙을 구체적으로 알려줄 경우에만 가능하다. 그러나 방금 위에서 한 말에 비추어보면 이 말은 명제가 그 상황의 그림이라는 말과 똑같은 말이다(4.021).[15] 이 생각은 언어는 작문 기능(낱말 합성 기능)을 가져야 한다는 생각으로 이어진다.

---

12) 4.02　We can see this from the fact that we understand the sense of a propositional sign without its having been explained to us.

13) 4.024　To understand a proposition means to know what is the case if it is true.

(One can understand it, therefore, without knowing whether it is true.)

It is understood by anyone who understands its constituents.

14) 4.022　A proposition *shows* its sense.

A proposition *shows* how things stand if it is true. And it *says* *that* they do so stand.

15) 4.021　A proposition is a picture of reality: for if I understand a proposition, I know the situation that it represents. And I understand the proposition without having had its sense explained to me.

언어의 작문 기능 (낱말 합성 기능)

4.03   명제는 오래된 낱말들을 가지고 새로운 의미를 전달해야
        한다.

언어는 다음 조건을 갖춘다면, 즉 만일 어떤 명제의 의미가 그 명제
속에 포함되어 있는 낱말들의 의미와 더불어 그 낱말들을 그 명제 속에
(하나의 문장으로) 배열하는 방식의 함수라면, 그 언어는 작문 기능(作文
機能, 單語 合成 機能, compositionality)을 갖는다. 이 생각은 프레게가 강조했
는데, 프레게는 비트겐슈타인과 마찬가지로 우리가 처음 접하는 명제
를 이해하는 능력을 설명하기 위해서는 우리 언어가 작문 기능(낱말 합성
기능)을 가진 것으로 간주할 필요가 있다고 주장하였다. 우리는 처음 대
하는 명제를 이미 익숙한 낱말들이 이미 익숙한 방식으로 결합되어 만들
어져 있기 때문에 이해한다. 그러나 비트겐슈타인은 언어가 새로운 사
고를 표현할 수 있기 위해서 작문 기능을 필수적으로 갖추어야 한다고
주장하면서도, 또한 작문 기능을 가진 언어만이 옳거나 그른 명제를 표
현할 수 있다는 것도 함께 주장하였다. 이렇게 주장하는 이유는 명제가
옳거나 그를 수 있는 것이라면 명제는 그것이 옳다는 것과 관계없이 의미
를 갖고 있어야 하기 때문이다. 우리는 명제가 옳든 그르든 정확하게 똑
같은 방식으로 이해하며, 우리는 명제가 옳다는 것을 알든 모르든 정확
하게 똑같은 방식으로 이해한다. 그러므로 명제는 그른 명제일 때조차
도 의미를 가져야 하며, 그래서 명제는 그 명제를 옳게 만들 수 있는 상
황이 확인되지 않았을 때조차도 그 상황을 구체적으로 알려줄 수 있어
야 한다. 우리는 실제로 존재하는 대상들을 대신하는 요소들을 가지고
실제로 존재하지 않는 상황의 모형을 만든다(4.031).[16] 그렇다면 명제는

대상들을 대신하는 이름들로 이루어진 모형으로 생각할 수 있으며, 명제가 의미하는 것—그 명제를 옳게 만들 상황—은 그 이름들의 의미와 그 이름들이 배열된 방식에 의해서 확정된다. 바로 그 방식으로 그른 명제가 만들어질 수 있으며, 그로써 옳거나 그른 명제들을 주장할 수 있는 언어가 가능하게 되는 것이다.

지금까지의 주장은 "논리적 복잡성"을 전혀 갖지 않은 단순한 명제들에 대해서 아주 잘 들어맞지만, 우리가 일상생활에서 사용하는 "Few people love no one." (사랑하는 사람을 하나도 갖지 않은 사람은 거의 없다.)과 같이 "논리적으로 복잡한 명제들"에 관해서는 어떻게 설명해야 하는가? 이런 명제들에 직면하면 지금까지의 설명은 우리를 궁지에 빠뜨린다.

"내 근본 사상"

비트겐슈타인은 이제 스스로 "내 근본 사상"이라고 부른 생각을 도입한다. 그건 "논리 상항(논리적 낱말)은 (세계 속의) 어떤 것도 대표하지 않는다."는 생각이다(4.0312).[17] 비트겐슈타인이 사용한 독일어 "ver-treten" (대표하다, 대행하다, 대리하다, 등등)을 나는 영어 "stand in for" (대표하

---

16) 4.031 In a proposition a situation is, as it were, constructed by way of experiment.

Instead of, 'This proposition has such and such a sense', we can simply say, 'This proposition represents such and such a situation'.

17) 4.0312 The possibility of propositions is based on the principle that objects have signs as their representatives.

My fundamental idea is that the 'logical constants' are not representatives; that there can be no representatives of the *logic* of facts.

다, 대역하다)로 번역했는데, 우리는 이 낱말을 경찰이 범행을 재구성해보
는 경우에 여자 경찰은 피해자로서 그리고 남자 경찰은 가해자로서 "대
리 역할을 한다"(stand in for)고 말하는 방식으로 사용할 수 있다. 4.0312
의 첫 번째 문장은 단순한 관계 명제, 예컨대 "John loves Mary."(존은 매
리를 사랑한다.)와 같은 관계 명제를 살펴보면 가장 쉽게 이해할 수 있다.
우리는 이 관계 명제가 존이-매리를-사랑하는-상황을 구체적으로 알
려준다고 생각할 수 있는데, 그 방법은 이 관계 명제를 "존"이란 이름은
존이란 사람을 대신하고 "매리"라는 이름은 매리라는 사람을 대신하며,
존이-매리를-사랑하는-상황은 두 이름이 일정한 관계를 유지하고 있
다는 사실 — 영어의 경우에 "loves"라는 낱말의 양쪽에 놓여 있다는 사
실 — 에 의해서 대표된다는 식으로 그 상황을 재구성해서 보여주는 단
순한 모형으로 생각하는 것이다. 이것이 바로 비트겐슈타인이 "명제 기
호"가 존이-매리를-사랑하는-상황을 구체적으로 알려줄 수 있다고 주
장하는 방식이며, 따라서 우리는 그 명제 기호에서 무엇이 주장되고 있
는지 말할 수 있다.

　그렇지만 이런 설명은 단순한 관계 명제 또는 주어-술어 명제에만
적용되는 것으로 보이며, 이 때문에 비트겐슈타인의 "명제에 관한 그림
이론"은 오직 가장 단순한 명제 즉 "요소 명제"(4.21 이하 참조)에만 해당
되는 이론이라고 때로 주장되었다. 하지만 명제가 그림이라는 주장이
완전히 일반적인 주장이라는 비트겐슈타인의 논증은 아주 명백하며, 따
라서 명제가 그림이라는 주장은 임의의 논리적 복잡성(任意의 論理的 複雜性,
arbitrary logical complexity)을 지닌 명제 모두에 적용될 수 있어야 한다.
"명제에 관한 그림 이론"을 요소 명제에만 제한하는 것은 비트겐슈타인
이 "내 근본 사상"이라 부른 착상에서 시작한 그의 사고 속에 있으나 파
악하긴 쉽지 않은 본질적 요소를 놓치게 된다.

   이 점을 이해하기 위해서 우리는 이 장의 1절에서 검토했던 1.2에 대한 논평을 상기할 필요가 있다. 그 논평은 만일 우리가 논리적으로 복잡한 명제―한 개 이상의 "논리 상항" 즉 "그리고" "아니" "약간의" "모든" 같은 논리적 낱말을 한 개 이상 사용하고 있는 명제―를 살펴보면, 그러한 명제는 그 상태 그대로 옳을 수는 없으며, 만일 옳다면, 항상 논리적으로 단순한 옳은 명제들의 어떤 조합 덕분에 옳게 된다고 말했었다. 그래서 "존은 매리를 사랑하거나 케이트를 사랑한다."는 선언 명제(選言命題, disjunctive proposition)는, 만일 옳다면, "존은 매리를 사랑한다."가 옳거나, "존은 케이트를 사랑한다."가 옳은 덕분에 옳다. 그러나 이 말은 상황의 그림으로서의 명제에 관한 지금까지의 설명이 선언 명제에는 들어맞지 않는다는 것을 의미한다. 현재 상태로는 우리가 존은-매리-또는-케이트를-사랑한다라는 "선언 사실"이 실제로 있다고 생각할 경우에만 지금까지의 설명이 유지된다고 할 수 있다. 그렇다면 그런 선언 사실은 그 특징들 중에 "또는"이 대표하는 특징을 반드시 갖고 있어야 할 것이다. 하지만 논리 상항은 (세계 속의) 어떤 것도 전혀 대표하지 못한다는 간단한 상식이 이것은 잘못된 설명이라는 것을 알려준다. 그러므로 그림으로서의 명제에 관한 설명이 단순한 요소 명제만이 아니라 보편적으로 적용될 수 있으려면, 우리는 "논리적 장치"가 명제로 하여금 그림으로서의 기능을 계속 발휘하도록 할 수 있는 방식을 밝히는 완전히 다른 설명을 마련해야 한다.

   이 문제에 대한 비트겐슈타인의 답은 "명제의 논리적 복잡성"은 그 명제가 대표하는 "상황의 논리적 복잡성"을 반영해야 한다는 것이다. 명제는 그것이 대표하는 상황과 "똑같은 논리적 다양성"(the same logical multiplicity)을 가져야 한다. 이것은 명확하게 설명하기가 매우 어려운 생각이다. 그래서 나는 다수의 논리 상항을 포함하는 명제가 대표하는 상황과 똑같은 논리적 다양성을 소유한다는 생각의 응용 가능성에 관한 복잡한 설명을 다루기 전에 위의 구절에 관한 비교적 단순한 설명으로 부터 시작하고자 한다.

논리적 다양성

비트겐슈타인은 2.16에서[18] 그림 일반에 대해 도입했던 생각을 4.04 에서는[19] 특별한 경우의 명제들에 적용한다. 그 생각은 그림이 정확하게든 부정확하게든 어떤 상황을 대표할 수 있기 위해서는 그림과 그것이 대표하는 것이 어떤 것을 공유해야 한다는 것이다. 이보다 앞에 있는 구절에서는 비트겐슈타인이 "회화적 형식"이나 "논리적 형식"에 관해 말했지만 여기서는 "논리적 다양성"이라는 다른 어구를 사용하고 있다. 만일 우리가 4.04의 어법에 의해서 가장 직접적으로 암시된 경우를 살펴본다면 그 요점이 무엇인지 아주 쉽게 깨달을 수 있다. 가령 두 대상이 어떤 관계에 있다—예컨대 두 남자가 싸우고 있다—는 것을 표현하고자 한다고 해보자. 우리는 이 일을 자연주의적 그림으로 표현할 수 있을 텐데, 그 그림은 그것이 대표하는 상황과 공유하는 일련의 특징을 갖는다. 이 공통 특징들 가운데 많은 것이 문제의 관계를 대표하는 그림의 본질적 요소가 아니므로, 나는 "두 남자가 싸우고 있다는 명제"를 비롯한 비자연주의적 표현 기법들을 대신하도록 사용할 수 있다. 이러한 비

---

18) 2.16   If a fact is to be a picture, it must have something in common with what it depicts.

19) 4.04   In a proposition there must be exactly as many distinguishable parts as in the situation that it represents.

The two must possess the same logical (mathematical) multiplicity. (Compare Hertz's *Mechanics* on dynamical models.)

자연주의적 표현에서는 그 공통 특징들 가운데 많은 것이 사라지겠지만, 그 그림이 문제의 상황을 대표할 수 있기 위해서 유지되어야 하는 일련의 특징은 남아 있다. 특히 그 상황은 두 사람을 포함하고 있기 때문에 그 표현 속에 두 개의 요소—두 사람 중의 하나를 각각 대표하는 요소—는 반드시 있어야 하며, 또 그 상황은 두 사람이 일정한 관계에 있기 때문에 두 요소 역시 그에 해당하는 관계를 유지해야 한다. 명제의 경우에는 두 남자는 두 개의 이름일 것이고, 그 두 이름은 "A와 B가 싸우고 있다."는 문장 속에서 제각기 자신의 상대적 위치를 차지할 것이다.

그러나 요소들에 관한 이런 식의 조사에 의해서 논리적 다양성에 관한 비트겐슈타인의 생각의 전모를 설명하려는 시도는 전혀 가망이 없는 일이다. 이제 한 예로 "(우주 비행사의) 예정 행동 시간표"가 일련의 사건 연대를 대표하는 경우를 생각해보자. 이 경우 시간 관계는 종이에 인쇄된 문구들의 공간 관계가 대표할 것이다. 이러한 표현은 종이에 인쇄된 문구의 행들이 시간 계열과 똑같은 기본 위상(基本 位相, basic topology)을 공유하기 때문에 가능하다. 우리는 한 사건이 다른 두 사건 사이에 일어난다는 것을 한 사건을 대신하는 문구를 다른 두 개의 사건을 대신하는 두 개의 문구 사이에 놓음으로써 표현할 수 있다. 따라서 그 표현은 오직 우리가 예정 행동 시간표상의 문구 행들 사이의 관계와 일련의 사건 시점들 사이의 관계를 둘 다 이해할 수 있기 때문에 가능하며, 또한 그 표현과 그에 의해 표현된 것에 공통하는 것은 우리가 어떤 표현 기법을 택하더라도 유지되어야 한다.

그렇지만 4.0411은 비트겐슈타인이 훨씬 더 복잡하고 어려운 생각도 추구하고 있음을 보여준다.[20] 명제와 그에 의해 대표된 상황이 논리적 다양성을 공유한다는 이 생각은 논리 상항들이 작동하는 방식에 대한 이

해로 확장될 수 있다. 비트겐슈타인은 4.0411에서 양화 표기법(量化 表記法, quantification notation)이 (명제의) 일반성(一般性, generality)을 표현하기에 적절하기 위해서 확실한 특징을 갖게 되는 방식을 밝히고 있다. 이 문단을 해석할 때에 이 문단은 일반 명제가 그것이 대표하는 상황과 똑같은 논리적 다양성을 갖게 되는 방식을 예증하고 있다는 사실을 명심해야 한다. 이 대목에서 우리는 비트겐슈타인이 사용하는 "상황"(狀況, situation, Sachlage)이란 말의 의미, 즉 "상황은 실제로 존재하는 사태들과 실제로는 존재하지 않는 사태들이다."라는 말을 상기해야 한다. 현재의 목적을 위해서 [톰이 방에 있다], [딕이 방에 있다], [해리가 방에 있다] 등등이 2절 서두에서 간략하게 설명했던 그런 의미에서 단순한 사태들이라고 가정해보자. 그렇다면 "톰이 방에 있다", "딕이 방에 있다", "해리가 방에 있다" 등등의 단순한 요소 명제들이 곧바로 이 사태들의 모형 역할을 할 수 있다. 이제 우리가 [어떤 사람이 방에 있다]는 상황과

---

20) 4.0411 If, for example, we wanted to express what we now write as '$(x).fx$' by putting an affix in front of 'fx' — for instance by writing 'Gen. fx' — it would not be adequate: we should not know what was being generalized. If we wanted to signalize it with an affix '$_g$' — for instance by writing '$f(x_g)$' — that would not be adequate either: we should not know the scope of the generality-sign.

If we were to try to do it by introducing a mark into the argument-pieces — for instance by writing

'$(G,G).F(G,G)$'

—it would not be adequate: we should not be able to establish the identity of the variables. And so on.

All these modes of signifying are inadequate because they lack the necessary mathematical multiplicity.

[만일 톰이 방에 있다면, 딕은 방에 있지 않다]는 상황을 생각하고 있다고 가정하자. 첫 번째 상황은 앞의 단순한 사태들 가운데 하나가 실제로 존재하는 경우에만 실제로 존재할 수 있을 것이고, 두 번째 상황은 [톰이 방에 있다]는 사태가 실제로 존재하지 않거나 [딕이 방에 있다]는 사태가 실제로 존재하지 않을 경우에만 실제로 존재할 수 있을 것이다. 다시 말하면 그 상황의 존재 여부는 사태들의 어느 조합이 실제로 존재하는가에 달려 있다. 그래서 우리는 그 사태들 가운데 하나를 언어가 대표할 수 있도록 명제를 만들게 되는데, 그 명제는 요소 명제들에 부여되는 진리치들(진리성과 허위성)의 어느 조합이 그 명제를 옳게 만들고, 어느 조합이 그르게 만드는가를 보여주는 명제다. "논리적 장치의 기능"은 요소 명제들에 부여되는 진리성과 허위성의 올바른 조합, 즉 그 논리적으로 복잡한 명제를 옳게 만드는 조합을 정확하게 골라내는 것인데, 이 일은 이 모든 과정의 토대가 되는 실제로 존재하는 사태와 실제로는 존재하지 않는 사태의 올바른 조합을 정확하게 반영하고 있다. 우리의 과제는 이 사고 과정을 명확하게 보여주는 표기법, 다시 말해 어떤 명제의 논리적 복잡성이 그 명제가 대표하는 상황의 논리적 복잡성을 반영한다는 사실을 표면에 드러내어 보여주는 표기법을 개발하는 것이다(5.475 참조).[21] 그러한 표기법을 사용하는 "명제 기호"는 (그 "명제 기호"로 주장되는) 명제가 그것이 대표하는 상황과 공유하는 것을 보여줄 것이다.

---

21) 5.475 All that is required is that we should construct a system of signs with a particular number of dimensions — with a particular mathematical multiplicity.

철학은 탐구 활동이다

4.1은 우리가 지금까지 도달한 결론을 요약해서 보여주는데,[22] 그다음에 비트겐슈타인은 이 결론이 철학의 본성에 관해서 암시하는 내용에 대한 의견을 삽입해놓았다. 그는 4.11에서 옳은 명제들 전체를 자연 과학 전체와 동일시하면서 시작한다.[23] 이 구절은 『논리철학론』을 논리 실증주의(論理 實證主義, Logical Positivism)의 선구자로 보려고 하는 사람들의 지지를 받을 만한 몇 안 되는 구절 가운데 하나다. 하지만 그 점은 현재의 맥락에서 주목하려는 논점이 아니며, 실증주의자들의 생각과는 달리, 의미에 관한 설명에 인식론적 기준을 끌어들이는 것은 비트겐슈타인의 의도일 수 없다. 그런 의도는 지금까지 우리가 살펴본 모든 내용과 전혀 조화를 이룰 수 없을 것이다. 오히려 이 구절의 진짜 취지는 만일 명제들이 실제로 존재하는 사태와 실제로 존재하지 않는 사태를 대표한다면, 명제들이 옳은가 그른가를 발견하기 위해서는 그것들과 관련 있는 사태들이 실제로 존재하는가 실제로 존재하지 않는가를 확인하기 위해 우리가 명제들을 실재와 비교해보아야 한다는 것이다. 하지만 이 일은 경험적 탐구의 임무이고, (우리가 일상의 주변에서 보고 듣는 것을 모두 포함하도록 넓게 해석한) 여러 가지 자연 과학의 임무이다. 그러므로 철학이 자연 과학들 가운데 하나가 아니라면(4.111),[24] 명제를 만

---

22) 4.1　Propositions represent the existence and non-existence of states of affairs.

23) 4.11　The totality of true propositions is the whole of natural science (or the whole corpus of the natural sciences).

24) 4.111　Philosophy is not one of the natural sciences.
　　　　　(The word 'philosophy' must mean something whose place is above or below the natural sciences, not beside them.)

들어 주장하는 것은 전혀 철학의 임무일 수 없다(4.112).[25] 그러면 철학
에 남는 것은 새로운 진리를 발견해서 인류의 지식에 추가하는 것이 아
니라 오직 우리가 안다고 여기는 것을 명료하게 만드는 일인데, 가장 먼
저 해야 할 일은 철학적 문제들을 일으킨 오해들을 제거하는 일이다. 그래
서 비트겐슈타인은 평생 동안 그랬던 바와 같이 특정한 과학적 발견, 예
컨대 자연 선택에 의한 다윈의 진화론[26] 같은 것을 철학적 탐구에 관련
시키려는 사람들을 멀리하였다.

이것은 비트겐슈타인의 철학 개념이 철학의 임무는 오직 사고의 혼란
을 제거하는 일만 해야 한다고 보는 순전히 소극적이고 부정적인 개념
이라는 뜻인가? 이 문제에 대한 전반적인 논의는 7절에 이를 때까지 미
루어두겠는데, 여기서는 비트겐슈타인이 다음의 말로 이 논의를 마무리
짓기 때문에 이 문제가 제대로 나타나지 않는다는 점만 언급하겠다.

> 4.115　철학은 우리가 명료하게 말로 표현할 수 있는 것을 제시
> 함으로써 말로 표현될 수 없는 것을 알려줄 것이다.[27]

---

25) 4.112　Philosophy aims at the logical clarification of thoughts.
　　　　Philosophy is not a body of doctrine but an activity.
　　　　A philosophical work consists essentially of elucidations.
　　　　Philosophy does not result in 'philosophical propositions',
　　but rather in the clarification of propositions.
　　　　Without philosophy thoughts are, as it were, cloudy and indis-
　　tinct: its task is to make them clear and to give them sharp boun-
　　daries.
26) 4.1122　Darwin's theory has no more to do with philosophy than any
　　other hypothesis in natural science.
27) 4.115　It(Philosophy) will indicate [*bedeuten*] the unsayable by presenting
　　what can be said clearly.

그리고 이 말과 함께 비트겐슈타인은 "언어로 표현될 수 없는 것"으로 화제를 돌린다.

보여주기와 말하기

우리는 4.12에서 『논리철학론』 전체의 주제들 가운데 하나로 되돌아 온다. 그 주제는 명제가 실재를 대표하기 위해서는 실재와 반드시 공유해야 하는 논리적 형식은 언어 안에서는 표현되지 못하고 전시될 수 있을 뿐이라는 주장, 즉 언어의 작동 방식이 보여준다는 주장이다. 실재에 관하여 어떤 주장을 하기 위해서는 언어가 실재와 공통 형식을 공유해야 한다. 하지만 바로 그 이유 때문에 언어는 실재가 그 형식을 갖는다는 사실을 언어로 표현할 수 없다는 것을 미리 전제해야 한다.

4.12   논리적 형식을 언어로 표현하기 위해서는 우리가 명제와 함께 논리의 영역 바깥의 어떤 곳, 즉 세계 바깥의 어떤 곳에 자리를 잡을 수 있어야 한다.[28)]

4.1212 우리가 (색깔처럼) 직접 보아야만 알 수 있는 것은 언어가 대신 알려줄 수 없다.[29)]

이 생각은 비트겐슈타인이 대상과 사태의 "형식적 속성"(形式的 屬性, formal property) 또는 "내적 속성"(內的 屬性, internal property)이라고 부른 것

---

28) 4.12   … To be able to represent the logical form, we should have to be able to place ourselves with propositions beyond logic, that is, beyond the world.

29) 4.1212 What *can* be shown, *cannot* be said.

에 관한 논의로 자연스럽게 이어진다. 이 내적 속성은 대상이나 사태가 소유하지 않는다고 도저히 생각할 수 없는 속성이다(4.123).[30] 만일 어떤 속성이 대상의 내적 속성이라면, 그 대상을 생각하는 것은 그 대상이 그 속성을 갖고 있다고 생각하는 것이다. (우리는 소크라테스가 현명하거나 현명하지 못하다고 생각할 수 있지만, 소크라테스에 관해 생각하는 것 바로 그 사실에 의해서 소크라테스를 인간이라고 생각하는 것이다.) 이 대목에서 비트겐슈타인의 관심이 집중되어 있는 단순한 대상의 경우에는, 어떤 대상의 내적 속성은 사태를 형성하는 적절한 방식으로 다른 대상과 결합할 수 있는 가능성일 것이다(2.0121 참조).[31] 그렇다면 그러한 내적 속성이나 형식적 속성의 소유는 언어가 대신 알려줄 수 없고 우리가 직접 보아야만 알 수 있는 전형적인 경우일 것이다. 그래서 어떤 대상이 어떤 형식적 속성을 갖고 있다는 사실을 우리에게 언어로 표현하지 않고 직접 보여줄 수 있는 것은 그 대상의 이름이 의미있게 등장하는 일련의 명제이다. 이런 방식으로 대상의 형식적 속성은 우리가 만들어 쓰는 그 대상의 이름의 사용이 보여준다.

---

30) 4.123 A property is internal if it is unthinkable that its object should not possess it.

(This shade of blue and that one stand, eo ipso, in the internal relation of lighter to darker. It is unthinkable that *these* two objects should not stand in this relation.)

(Here the shifting use of the word 'object' corresponds to the shifting use of the words 'property' and 'relation'.)

31) 2.0121 ⋯ If I can imagine objects combined in states of affairs, I cannot imagine them excluded from the *possibility* of such combinations.

형식적 개념

이 관점에 입각해서 비트겐슈타인은 4.126에서 형식적 개념(formal concept)과 진짜 개념(genuine concept)의 구별을 도입한다.

이제 어떤 사람이 범주들에 관한 이론이나 논리적으로 다른 종류의 것들에 관한 이론을 개발한다고 가정해보자. 프레게가 함수와 대상을 만들어낸 경우나 비트겐슈타인이 대상, 사태, 수, 등등을 만들어낸 경우가 바로 그런 실례다. 이런 경우에 그것들이 논리적으로 다른 종류의 것임을 것을 알려주는 표지는 그것들을 대신하는 기호들이 의미있게 사용될 수 있는 일련의 명제일 것이다. 그렇다면 이 다른 범주들 — 즉 함수, 대상, 사태, 등등 — 을 지칭하는 데 사용되는 낱말은 표면의 겉모습에도 불구하고 진짜 개념을 지칭하는 낱말로서의 기능을 수행하지 못하며, 그래서 만일 우리가 그런 낱말을 진짜 개념을 지칭하는 것으로 취급하게 되면 심각한 철학적 혼란에 빠진다고 비트겐슈타인은 역설하고 있다.

이 사실은 형식적 개념을 포함한 일반 명제(一般 命題, general proposition)를 살펴보면 가장 분명하게 드러난다. 보통 사람들은 다음과 같이 추리할 수 있다고 생각할 것이다. "우리는 '책상 위에 책들이 있다.'(There are books on the table.)를 전제로 삼아 '책들이 있다.'(There are books.)고 추리할 수 있다. 따라서 여러 가지 비슷한 점에 의거해서 'F인 책들이 있다.' (There are books which are F.)를 전제로 삼아 '대상들이 있다.'(There are objects.)고 추리할 수 있다." 그렇지만 비트겐슈타인은 "F인 책들이 있다." (There are books which are F.)의 논리적 형식과 "F인 대상들이 있다."(There are objects which are F.)의 논리적 형식은 전혀 다르며, 그래서 정확한 논리적 표기법에서는 두 진술이 시각적으로 구별될 수 있는 다른 번역 문장 즉 다른 형식문(形式文, formula)으로 표기되어야 한다고 역설한다. "대상들(사물들)이 있다."(There are objects (things).)는 진술이 의미있는 문장이라고 말하는 것은 "대상"이란 낱말이 기능하는 방식을 오해했기 때문이며, 그래서 우리가 "F인 대상들이 있다."(There are objects which are F.)와 같은 문장의 표층 문법에 의해서 오도된 것이다. "F인 대상들이 있다."(There are objects which are F.)는 문장은 완전히 이치에 맞는 문장인 반면에 "대상들이 있다."(There are objects.)는 문장은 그저 헛소리다. 따라서 "책상 위에 책들이 있다."는 문장은 양화 표기법에서 "$(\exists x)(Bx \,\& \, Tx)$"로 번역되지만, "F인 대상들이 있다."는 문장은 "$(\exists x)(Ox \,\& \, Fx)$"가 아니라 단순히 "$(\exists x)(Fx)$"로 번역되어야 한다.

형식문 "$(\exists x)(Ox \,\& \, Fx)$"는 오직 "대상"이란 낱말이 형식적 개념이 아니라 진짜 개념을 나타낼 경우에만 적합한 번역 문장이라 할 수 있다. "대상"이란 낱말은 형식적 개념을 나타내기 때문에, 이 낱말의 기능은 양화의 치역(量化의 値域, a range of quantification)을 구체적으로 알려주는 것이며, 그래서 우리는 "$(\exists x)(Fx)$"를 "무언가가 F다."(Something is F.)라고 읽어야지 "어떤 사물이 F다."(Some thing is F.)라고 읽어서는 안 된다.[32] "F인 대상들이 있다."(There are objects which are F.)는 문장을 "$(\exists x)(Ox \,\& \, Fx)$"(대상이면서 F인 것이 있다.)로 번역하는 것은 오직 우리가 대상의 영역보다 더 넓은 영역의 양을 표시하는 경우에만 이치에 맞는 형식문일 수 있는데, 만일 "대상"이란 낱말이 형식적 개념을 나타낸다면 그보다 더 넓은 영역은 존재할 수 없다. 우리는 "대상"이란 낱말이 나타내는 것과 같은 형식적 개념은 오직 "모든 것"(everything)과 "어떤 것"(something)

---

32) 만일 "Nothing is F."(어떤 것도 F가 아니다.)라는 문장을 "No thing is F."(사물 아닌 것이 F다.)라고 읽는다면, 이 문장은 "Anything (or 'Any thing') which is F is not a thing."(F인 것은 무엇이든 사물이 아니다.)과 똑같은 뜻이라서 터무니없는 말이 된다.

이란 낱말과 객관적인 상관 관계에 있다고 말해야 한다. 이것이 바로 "그러므로 형식적 개념을 나타내는 표현은 **명제 변항**(命題 變項, proposi-tional variable)이다."라는 비트겐슈타인의 주장의 요점이다. 하지만 "F인 대상들이 있다."(There are objects which are F.)는 문장의 정확한 번역 문장이 단순히 "$(\exists x)(Fx)$"라면, "대상들이 있다."(There are objects.)는 문장만 분리해서 형식문으로 번역할 수 없으며, 따라서 "책상 위에 책들이 있다."(There are books on the table.)는 전제에서 '책들이 있다.' (There are books.)는 결론에 도달하는 추리와 "F인 책들이 있다."(There are books which are F.)는 전제에서 "대상들이 있다."(There are objects.)는 결론에 도달하는 추리가 보여주는 겉보기 유사성은 실은 착각이라는 것이 밝혀진다.

이런 까닭에 비트겐슈타인은 "대상들이 있다."는 문장은 단지 헛소리일 뿐이고, 그래서 우리가 "대상들이 있다."는 말로 표현하고자 하는 것은 실은 언어로 표현될 수 없는 것이며, 오직 대상들을 가리키는 고유 이름과 대상을 값으로 취하는 변항들이 언어 속에서 제 기능을 발휘하는 방식에서 우리가 볼 수 있는 것일 뿐이라고 결론을 내린다. 예컨대 우리가 "적어도 두 개의 대상이 있다."는 말로 표현하고자 하는 것은 어쨌든 언어 속에서 두 개의 이름이 사용되는 방식이 우리에게 보여주는 그것이다, 등등.

비트겐슈타인은 이제 "명제의 일반 형식"이 있다는 주장으로 나아가는데, 이 일은 "요소 명제"라는 개념을 도입하면서 시작된다.

요소 명제

앞에서 4.04~4.0411을 검토할 때에 우리는 비트겐슈타인이 논리적으로 복잡한 명제는 논리적으로 단순한 명제들이 결합되어 만들어진다는 것을 밝힘으로써 논리적으로 복잡한 명제가 그림이라고 설명하고자 하는 것을 살펴보았다("논리적 다양성" 참조). 그는 이제 4.21에서 (약간 뒤늦게) 그러한 단순한 명제들을 언급하기 위해 "요소 명제"(要素 命題, elementary proposition)라는 개념을 도입하는데,[33] 우리는 이미 앞에서 때로 필요한 대목에서 요소 명제에 관해 언급한 적이 있었다. 맨 처음에 우리는 요소 명제의 특징을 "논리적 복잡성이 전혀 없는 명제", 바꿔 말하면 "논리 상항 즉 논리적 낱말을 전혀 사용하지 않고 만들어질 수 있는 명제"라고 묘사하였다. 비트겐슈타인이 세웠던 프로그램은 논리적으로 복잡한 명제가 일련의 논리적으로 단순한 명제와 유지하는 관계에 의해서 논리적으로 복잡한 명제의 의미를 설명하는 것이다. 하지만 비트겐슈타인은 이미 살펴본 바와 같이 어떤 명제의 겉보기 논리적 형식을 그 명제의 진짜 논리적 형식을 알려주는 확실한 안내자로 취급하지 않고 있다. 따라서 어떤 명제가 겉보기에 논리적 복잡성이 없는 것으로 보인다는 사실은 숨겨진 논리적 복잡성이 분석에 의해서 발견될 수 없다는 것을 보증하지 못한다. 만일 표면의 문법적 단순성이 진짜 논리적 단순성을 보장하지 못한다면 우리는 무엇이 진정한 요소 명제이고 무엇이 진정한 요소 명제가 아닌지 가려낼 수 있는 다른 기준(基準, criterion)을 마련할 필요가 있다. 이와 똑같은 문제에 직면했을 때에 러셀은 자신의 "논리 원자주의" 버전에서 다음과 같은 인식론적 기준을 채택하였다. 즉 요소 명제 또는 (러셀의 용어에 따르면) "원자 명제"(原子 命題, atomic proposition)는 자기가 직접 지각하는 것들의 이름들로 이루어지는

---

33) 4.21   The simplest kind of proposition, an elementary proposition, asserts the existence of a state of affairs.

명제이며, 데카르트 식의 의심조차 전혀 불가능한 명제라고 규정하였
다. 비트겐슈타인은 이 기준을 잘못된 답이라고 생각하여 동의하지 않
았다.[34] 필요한 것은 인식론적 기준이 아니라 명제의 의미를 진리-조건
에 의해 밝히려는 설명이 이 세계에 실제로 존재하는 엄연한 구체적 현
실을 직접 언급하는 일련의 명제를 근거로 삼을 수 있게 해주는 기준,
따라서 어떻게 명제들이 세계가 존재하는 방식에 의해서 옳거나 그르
게 되는가를 설명하는 기준이다. 그러므로 비트겐슈타인은 요소 명제
가 완벽하게 확정적인 의미를 가져야 한다는 것, 다시 말하면 요소 명제
는 완벽하게 구체적인 명제이어야 하고, 단 하나의 구체적 사태를 정확
하게 대표하는 명제이어야 한다는 것을 요소 명제의 확실한 징표로 제
안하고 있다. (이미 검토한 3.23~3.24에 관한 논의를 참조하기 바란
다.) 이렇게 해서 비트겐슈타인의 프로그램은 이제 임의의 명제의 의미
(sense of arbitrary proposition)를 그 명제가 방금 살펴본 그런 요소 명제들
과 유지하는 관계를 설명함으로써 설명하는 것으로 바뀌게 되었다.

진리치표

바로 위의 설명에 비추어보면, 어떤 명제를 이해하는 것은 만일 그
명제가 옳다면 실제로 성립하는 사실을 아는 것이고, 이 세계와 직접 관
계를 맺는 것은 요소 명제들이며, 따라서 다른 모든 명제에 진리성과 허
위성을 부여하는 것은 요소 명제들의 진리성과 허위성이기 때문에, 우

---

34) Cf. his letter to Russell at the end of 1913 (*Notebooks*, p. 129): 비트겐슈
타인은 이 편지에 "… 당신의 '기술 이론' 은—비록 개체에 대한 원초 기호
가 당신이 생각하고 있는 것과 전혀 다른 원초 기호일지라도—정말로 의
심의 여지없이 올바릅니다."라고 썼다.

리의 과제는 요소 명제들의 진리성과 허위성의 어느 조합이 어떤 임의의 명제를 옳게 만들고, 어느 조합이 그 임의의 명제를 그르게 만드는가를 보여주는 방식으로 그 임의의 명제의 의미를 설명하는 것이다. 그러므로 비트겐슈타인은 4.31에서 "n개의 요소 명제에 진리성과 허위성을 정확하게 할당할 수 있는 방법"을 누구나 쉽게 이해할 수 있는 방식으로 간명하게 제시하고 있다.[35] 그래서 적어도 유한개의 요소 명제를 가진 경우에는 단순히 그 요소 명제들의 진리치 조합들 가운데 어느 진리치 조합이 주어진 명제를 옳게 만들고 어느 진리치 조합이 그르게 만드는가를 표시함으로써 임의의 명제의 진리-조건을 표현할 수 있다.

이 방법은 비트겐슈타인으로 하여금 — 4.442에서 조건 진술의 형식문 "$p \supset q$"를 실례로 들어 설명하고 있는 바와 같이 — 곧바로 진리치표를 발명하도록 이끌었다. 진리치표는 포스트(Emil Post, 1897-1954)도 명제 논리학(命題 論理學, propositional logic)의 모든 형식문의 논리적 격위를 결정하는 단순한 기법을 마련하기 위해 독자적으로 발명했었다. (명제 논리

---

35) 4.31 We can represent truth-possibilities by schemata of the following kind ('T' means 'true', 'F' means 'false'; the rows of 'T's and 'F's under the row of elementary propositions symbolize their truth-possibilities in a way that can easily be understood):

p	q	r
T	T	T
F	T	T
T	F	T
T	T	F
F	F	T
F	T	F
T	F	F
F	F	F

p	q
T	T
F	T
T	F
F	F

p
T
F

학의 형식문은 그 속의 주연결사(主連結辭) 밑에 오직 진리치 T만 연속될 경우에 논리적 진리이다.) 비트겐슈타인은 나중에 누가 진리치표를 먼저 발명했는가에 관해 질문을 받았을 때에 자신은 그 질문에 별로 흥미를 느끼지 못한다고 대답했는데, 그 까닭은 자기가 발견한 것은 진리치표 자체가 아니라 진리치표를 언어를 위한 **명료한 표기법**으로 사용할 수 있는 가능성이라고 생각했기 때문이다. 이 표기법에 관한 생각은 비트겐슈타인이 4.442에서 예시했던 가능성을 말하는데, 단순히 "$p \& q$"라는 명제를 "$p \& q$"의 진리치표로 대체할 수 있다는 생각이다.

그래서 4.442의 예를 보면

"p	q	"
T	T	T
F	T	T
T	F	
F	F	T

는 명제 기호이다.

비트겐슈타인이 지적했던 대로 이 **명제 기호**는 "$(TT-T)(p, q)$" 또는 "$(TTFT)(p, q)$"로 압축될 수 있다. 만일 이 명제 기호가 임의의 명제의 진리-조건을 보여주는 표기법으로서 보편적으로 작동한다면 이 책의 다음 절에서 설명되는 내용을 극적으로 압축해서 보여준다고 하겠다. 다음 절에서 비트겐슈타인은 주어진 n개의 요소 명제를 가지고 T들과

F들로 만들어지는 2^n개의 모형 명제 전체를 만들어내는 기계적 방식을 고안해냄으로써 명제의 일반 형식을 확인하게 되는데, 그 명제의 일반 형식은 우리에게 모든 가능한 명제를 제공할 것이다. 그렇지만 진리치표 표기법은 오직 유한개의 요소 명제가 있을 때에만 쓸모가 있을 뿐이다. 그러므로 여기서는 "무수히 많은 요소 명제가 있는 경우"를 미해결의 상태로 남겨둔다 할지라도, 나중에 비트겐슈타인이 "명제의 일반 형식"에 대한 마지막 설명을 개발할 때에는 진리치표 표기법을 5.502에서 도입하는 훨씬 더 강력한 N-연산자로 대치하지 않을 수 없게 된다. 지금 상태로는 우리가 기껏해야 "명제의 일반 형식"을 표현하는 표기법의 첫 번째 근사치를 살펴본 셈이다.

항진 명제와 모순 명제

진리치표 표기법은 논리학의 진리들에 관한 비트겐슈타인의 설명에 열쇠를 제공하는 두 가지 "극한의 경우" 또는 "퇴화의 경우"를 만들어 낸다. 어떤 명제가 압축된 진리치표 표기법으로 표현될 때에, 요소 명제들의 목록에 진리치가 어떻게 할당되더라도 전체 명제의 최종 진리치에는 모두 T만 나타나는 경우가 있는데, 이런 명제를 "항진 명제"(恒眞 命題, tautology)라 하고, 요소 명제들의 목록에 진리치가 어떻게 할당되더라도 전체 명제의 최종 진리치에는 모두 F만 나타나는 경우가 있는데, 이런 명제를 "항위 명제"(恒僞 命題, contradiction)나 "모순 명제"(矛盾 命題, contradiction)라고 한다. 논리적 진리에 관한 비트겐슈타인의 완전한 설명은 6.1~6.11에서[36] 이루어지기 때문에 지금은 그가 주장하는 요점만 간단

---

36) 6.1   The propositions of logic are tautologies.

히 언급하겠다. (여기서는 항진 명제에 관해서만 한정해서 언급하겠는데, 필요한 변경을 가한다면, 그 내용은 모순 명제에도 적용된다.) 첫째로 항진 명제는 무조건 옳은 명제인데, 이는 진리치표 표기법의 작동 방식에서 필연적으로 나오는 결론이다. 둘째로 항진 명제는 (이 세계에 관해서) "아무 것도 알려주지 않는다." ("내가 비가 오거나 오지 않는다는 것을 안다 할지라도, 나는 날씨에 관해서는 아무 것도 알지 못한다 (4.461).")[37] 그래서 비트겐슈타인은 항진 명제가 (이 세계에 관한) 의미를 갖지 못하는 명제(senseless, [sinnlos])로 본다. 셋째로 하지만 항진 명제는 헛소리(nonsense, [Unsinn])는 아니다. 항진 명제는 기호 체계 즉 언어의 일부분이다(4.4611).[38]

독자는 우리의 언어가 작동하는 방식이 다음과 같은 결합을 허용한다고 가정하고 "의미 없음"(senselessness)과 "헛소리"(nonsense)의 차이를 비교해볼 수 있을 것 같다. 즉 만일 의미있는 명제와 항진 명제의 결합이 허용된다면 그 결과로 만들어진 명제는 원래의 의미있는 명제와 똑같은 명제를 주장할 것이다("p & tautology" = "p"). 그러나 의미있는 명제와 헛소리를 결합한다면 그 결과는 의미있는 명제가 만들어지는 것이 아니라 단지 헛소리일 것이다("p & nonsense" = "nonsense").

   6.11   Therefore the propositions of logic say nothing. (They are the analytic propositions.)

37) 4.461 Propositions show what they say: tautologies and contradictions show that they say nothing.

         ......

       (For example, I know nothing about the weather when I know that it is either raining or not raining.)

38) 4.4611 Tautologies and contradictions are not, however, nonsensical. They are part of the symbolism, much as '0' is part of the symbolism of arithmetic.

마지막으로, 항진 명제 속에서는 "실재를 대표하는 관계들이 서로를 무효화하기" 때문에 "항진 명제는 실재의 그림이 아니다." 항진 명제가 그림이 아니라고 말하는 것은 항진 명제의 명제로서의 자격을 위태롭게 만드는 것 같지만, 항진 명제를 그림이라든가 그림이 아니라고 말하는 것은 용어 선택의 문제이다. 우리는 이 문제를 화가가 일련의 초상화를 그리는데, 개개의 초상화는 모델의 자세한 모습을 이전의 초상화보다 조금씩 적게 보여주다가 마침내는 모델의 모습을 전혀 보여주지 못하는 "최소한의" 초상화 즉 백지 화폭에까지 도달하는 경우와 비교해볼 수 있다. 대개는 백지 화폭은 초상화가 아니라고 말하는 것이 자연스럽다고 하겠지만, 어떤 사람은 그 화가가 선택한 표현 기법에 의해 허용되는 초상화의 "극한 경우"라고 말할 수도 있을 것이다.

명제의 일반 형식

비트겐슈타인은 다음 절의 주제를 논의하기 위한 토대가 마련되었다는 소견을 말하는 것으로 이 절을 마무리 짓는다. 그는 "명제의 최고로 일반적인 형식"이 어떠한 것인지 설명하고, 4.5에서 왜 그러한 형식이 있어야 하는가에 대한 논증을 간략하게 제시한 다음,[39] 명제의 일반 형

---

39) 4.5   It now seems possible to give the most general propositional form : that is, to give a description of the propositions of *any* sign-language *whatsoever* in such a way that every possible sense can be expressed by a symbol *satisfying* the description, and every symbol satisfying the description can express a sense, provided that the meanings of the names are suitably chosen.

      It is clear that *only* what is essential to the most general propositional form may be included in its description — for otherwise

식이 실제로 있다는 것은 명제의 형식을 미리 예견할 수 없는 명제는 있
을 수 없다는 사실의 필연적 결과라고 주장한다.

그 논증을 자세히 검토하기 전에 여기서는 이 구절에 관해서 두 가지
사항을 분명히 확인해두고자 한다. 첫째 사항은 비트겐슈타인이 명제
의 일반 형식 같은 것을 가정하는 것이 아니라 실제로 있다고 주장하는
논증을 제시하고 있다는 것이다. 이 점은 언급할 가치가 있다. 그 이유
는 『철학적 탐구』에서 비트겐슈타인이 이전의 입장에 관해서 크게 오도
하는 인상을 주고 있기 때문인데, "명제"라는 낱말과 "게임"이란 낱말
을 비교하면서 다음과 같이 말하고 있다.

"게임들은 공유하는 무언가를 가져야 한다, 그렇지 않으면 그것
들을 '게임'이라 할 수 없을 것이다."라고 말하지 마라. ─ 오히려
그 게임들 모두가 무언가를 공유하고 있는지 게임들을 살펴보라.[40]

비트겐슈타인이 『논리철학론』을 쓸 때에는 그가 나중에 암시하는 방식
으로 명제의 일반 형식이 반드시 있어야 한다고 단순하게 생각하지 않
았다.

둘째 사항은 4.5의 마지막 진술이 ─ 어떤 자연스런 영어 번역에서나
마찬가지로 ─ 비트겐슈타인이 도달하려고 분투하는 목표에 관한 진술

---

it would not be the most general form.

The existence of a general propositional form is proved by the fact that there cannot be a proposition whose form could not have been foreseen (i.e. constructed). The general form of a proposition is: This is how things stand.

40) Wittgenstein, *Philosophical Investigations*, §66.

로서는 놀랄 만큼 평범하고 어리석게까지 보인다는 점이다. 우리는 어쩌면 독일어 "*sich verhälten*"을 번역할 때에 영어로는 전달되지 않는 이 낱말의 함축적 의미를 취해서 그 마지막 문장을 "이것이 사물들이 배열되는 방식이다."로 번역해야 할 것 같다. 그러면 그 대목의 의미는 만일 우리가 "명제의 일반 형식"을 확보한다면 임의의 명제에 대해서 그 명제가 옳기 위해 세계 속에 사물들이 배열되어야 하는 방식을 "명제의 일반 형식"이 보여준다는 것이라고 생각할 수 있다.

　그 논증의 기본 취지는 만일 앞에서 내가 비형식적으로 규정했던 언어의 작문 기능(낱말 합성 기능)의 특징을 상기한다면 다음과 같이 분명하게 말할 수 있을 것이다. "우리가 낯선 명제를 이해할 수 있는 까닭은 우리에게 익숙한 구성 요소들이 익숙한 방식으로 결합되어 만들어졌기 때문이다." 만일 언어의 작문 기능이 응용을 필요로 한다면 문장의 부분들을 결합시키는 "익숙한 방식" 같은 것이 반드시 있어야 한다. 이 점은 비트겐슈타인의 말을 빌려서 "명제의 형식을 미리 예견할 수 없는 (다시 말해 미리 구성해볼 수 없는) 명제는 있을 수 없다."고 표현할 수 있다.

　만일 우리가 처음 접하는 명제를 — 그 명제의 의미에 관해 아무런 설명도 듣지 않고 — 이해할 수 있다면, 더 나아가 만일 그러한 명제가 그것이 옳게 되는 것과 관계없이, 즉 세계에 존재하는 사실과 관계없이 의미를 갖는다면, 그 명제는 언어 체계 속에서 차지하는 자신의 위치로부터 의미를 끌어내야 한다. 비트겐슈타인의 "명제의 일반 형식"이란 말은 그러한 언어 체계의 일반 형식을 의미한다. 그 언어 체계는 모든 가능한 명제들이 그 속에서 만들어질 수 있는 체계이다.

　마지막으로, 비트겐슈타인은 4.51에서[41] 명제의 일반 형식을 확립하는 일이 자신의 주요 목표들 가운데 하나, 즉 언어의 한계를 설정하는 일을 성취시키는 방식을 자세히 설명한다. 언어의 한계는 "명제의 일반 형식"이 모든 요소 명제로부터 임의의 명제가 어떻게 만들어질 수 있는가를 보여줌으로써 설정된다는 것이다. 그런 방식으로 만들어질 수 없는 말은 무엇이건 언어의 한계 바깥에 있다고 밝혀질 것이고, 그래서 그것은 헛소리일 것이다.

토론거리

• 명제가 그림이라는 비트겐슈타인의 논증은 얼마나 강하다고 생각하는가?

• 명제의 일반 형식이 있다는 비트겐슈타인의 간략한 논증에 대하여 스스로 논평을 시도해보라.

---

41) 4.51 Suppose that I am given *all* elementary propositions: then I can simply ask what propositions I can construct out of them. And there I have *all* propositions, and *that* fixes their limits.

5절 "명제는 요소 명제들의 진리 함수다"

4.5에서 비트겐슈타인은 "명제의 일반 형식" 같은 것이 반드시 있어야 한다고 주장하였다. 이것은 언어는 그 안에서 모든 명제가 만들어질 수 있는 "단일 체계"일 수 있다는 주장이다. 이 절에서 비트겐슈타인은 그러한 언어 체계의 기본 구조를 묘사함으로써 이 주장의 유효성을 강화하면서 또한 자신의 논리학 개념에 관한 전문적 세부 사항을 설명하려고 노력한다. 『논리철학론』의 토대 역할을 하는 "형식 논리학"은 상당히 단순하므로, 이 절은 "형식 논리학"에 관한 자세한 사전 지식을 전제하지 않는 방식으로 설명하겠다. 진리 함수. 모든 논리는 진리 함수적 논리다. 연산과 함수. 왜 단 하나의 논리 상항만 있는가? N-연산자와 일반성. 동일성. 유아주의와 실재주의.

명제 5는 『논리철학론』 전체에 걸쳐 가장 기본적인 주장들 가운데 하나를 내세운다.[1] 그 주장에 대한 논증은 지금까지 진행된 이야기에 비추어보면 상당히 단순한 논증이고, 그래서 이 절의 목적은 언어로 진술되는 모든 명제에 대해 어떻게 진리 함수적 설명을 제시할 수 있는지 증명하는 것이다. 하지만 우리는 한 명제가 다른 일련의 명제의 "진리 함수"(眞理 函數, truth-function)라는 말이 무슨 뜻인지 먼저 이해해야 한다.

만일 어떤 명제 집합 $\{p, q, r, \cdots\}$ 속의 명제 하나하나에 할당되는 진리치들이 P의 진리치를 결정하기에 충분하다면 명제 P는 명제 집합 $\{p, q, r, \cdots\}$의 진리 함수라고 말할 수 있다. 그래서 만일 우리가 어떤

---

1)   5   A proposition is a truth-function of elementary propositions.
              (An elementary proposition is a truth-function of itself.)

명제의 의미가 순전히 진리-조건들에 의해서 제시될 수 있다는 것을 인정한다면, 명제 집합 $\{p, q, r, \cdots\}$의 진리치들의 어느 조합이 명제 P 를 옳게 만들고 어느 조합이 명제 P를 그르게 만드는가를 정확하게 밝힘으로써 명제 P의 의미를 완벽하게 설명할 수 있는 경우에만 명제 P는 명제 집합 $\{p, q, r, \cdots\}$의 진리 함수라고 말할 수 있다. 따라서 "$p \& q$" 는 p와 q가 둘 다 옳으면 옳게 되고, 그렇지 않은 경우에는 모두 그르게 되기 때문에 p와 q의 진리 함수다. 또 "p는 그르다."("$\sim p$")는 p가 그를 경우에만 옳게 되고, P가 옳을 경우에는 그르게 되기 때문에 "$\sim p$"는 "p"의 진리 함수다. 우리는 이 진리 함수적 관계가 "$p \& q$"와 "$\sim p$"의 의미에 관한 완벽한 설명을 제시하는 것으로 이해할 수 있고, 그래서 "$\&$"와 "$\sim$"은 진리 함수 연결사(眞理 函數 連結辭, truth-functional connective) 라고 부른다. 이와 달리 "때문에"라는 접속사는 진리 함수적 연결사가 될 수 없는데, 그 이유는 "q 때문에 p"가 옳기 위해서는 p와 q가 둘 다 옳을 필요가 있지만, p와 q가 둘 다 옳다는 사실이 "q 때문에 p"가 항상 옳다는 것을 보증하지 못하기 때문이다.

이 단순한 표기법을 비트겐슈타인이 어떻게 사용하는지 이해할 수 있으려면, 이 표기법에 관해서 한 가지 더 알아두어야 할 것이 있다. 통상 설명되는 바와 같이, "명제 논리학"이나 "진리 함수 논리학"(眞理 函數 論理學, truth-functional logic)은 새로운 명제를 형성하기 위해 유한개의 명제를 결합시키는 진리 함수 연결사를 연구한다. (예컨대 "$\&$"는 두 개의 명제를 결합시켜서 세 번째 명제를 만든다.) 그래서 『논리철학론』의 명제 5보다 한참 앞선 부분에서 이 논리학이 실제로 유한개의 명제를 다루는 경우에 적합한 방식으로 설명되었다. 그렇지만 방금 설명한 진리 함수 개념에는 진리 함수가 이처럼 유한개의 명제를 가진 경우에만 적용되도록 제한하는 내용이 전혀 없으며, 또한 하나의 명제가 무한개의 명제들의 진리 함수인 경우를 배제해야 하는 어떠한 제약도 없다. 만일 우리가 비트겐슈타인이 명백하게 그렇게 했던 것처럼 무한개의 요소 명제가 있을 가능성을 허용한다면, 그래서 그러한 무한한 진리 함수를 인정한다면, 우리는 모든 명제가 요소 명제들의 진리 함수라는 주장을 승인할 수 있다. 이제 실제로 이 절에서 진행되는 바와 같이, 비트겐슈타인은 자신의 목적 달성에 본질적 역할을 하는 'N-연산자'(N-operator)를 근본적 연결사로 도입하는데, 만일 이 연산자가 그에 요구되는 역할을 할 수 있다면, 이 연산자는 명제의 수효가 유한개인가 무한개인가에 관계없이 임의의 명제 영역에 적용될 수 있는 "무한 연산자"로 작동할 것이다.

하지만 『논리철학론』의 5절 앞 부분에 나오는 몇 가지 견해는 비트겐슈타인이 명제의 수효가 유한개인 경우와 무한개인 경우의 근본적 차이를 식별하는 데 실패했다는 것을 알려준다. 이 사실은 많은 해설가로 하여금 이 절에 포함된 논리학에 관한 설명이 구제할 수 없을 정도로 잘못되어 있다는 결론을 내리게 만들었다. 진실은 이 절의 앞 부분에 나오는 몇 가지 주장이 잘못된 주장일지라도, 논리학 및 명제의 일반 형식에 관한 그림 전체를 옹호할 만한 것으로 유지하기 위해서 비트겐슈타인이 한 말을 수정하는 일이 그렇게 어려운 일은 아니라는 것이다. 명제의 수효가 유한개인 경우와 무한개인 경우의 근본적 차이에 충분히 주의를 기울이지 못한 비트겐슈타인의 실수의 가장 심각한 영향은 이 절에 나타나지 않고 6.122에[2] 나타나기 때문에, 나는 이 문제에 관한 이 이상

---

2)   6.122   It follows from this that we can actually do without logical propositions; for in a suitable notation we can in fact recognize the formal properties of propositions by mere inspection of the propositions themselves.

의 논의는 그때까지 미루겠다. 여기서는 다만 비트겐슈타인의 주장이 명제의 수효가 유한개인 경우에만 성립하는 현재의 문제점, 특히 5.1 이하의 문단들에만 주목하고자 한다. 그리고 비트겐슈타인의 설명의 진정한 관심사는 이 절의 후반부의 전개에 있고, 또 그 설명이 유한개의 명제만이 아니라 아주 일반적으로 적용될 수 있기 때문에, 5.5 이하의 문단들에 주목하고자 한다.

명제 5를 옹호하는 논증은 이미 앞에서 진행된 이야기들을 실제로 끌어들이고 있는데, 모든 명제가 요소 명제들의 진리 함수라는 주장은 4.21에[3] 진술된 요소 명제란 무엇인가에 대한 설명과 결합되어 서두 문단들로 시작하는 『논리철학론』의 전개 과정 전체로부터 직접 나오는 결론이다. 세계는 사실들 전체라고 설명되고, 사실들은 실제로 존재하는 사태거나 실제로는 존재하지 않는 사태이다. 요소 명제들은 사태들과 "일 대 일 대응 관계"를 맺는 방식으로 이 사태들을 대표하는 명제들이다. 개개의 사태에는 그 사태의 모형 역할을 하는 요소 명제가 있고, 개개의 요소 명제는 정확하게 하나의 사태를 대표한다. 그렇다면 우리가 개개의 요소 명제 모두의 진리치를 알고 있다면 어느 사태가 실제로 존재하고 어느 사태가 실제로는 존재하지 않는지 정확하게 알 수 있을 것이다. 이렇게 되면 우리는 존재할 수 있는 모든 사태를 알게 될 것이고, 그래서 우리는 의미있는 명제라면 어떤 명제에 대해서도 그 명제의 진리치를 확정할 수 있는 모든 정보를 마음대로 확보할 수 있을 것이다. 진리치가 요소 명제들의 진리치에 의해서 결정되지 않는 모든 겉치레 명제는 세계가 존재하는 방식과 일치하지 못할 것이다(4.26).[4] 하지만

---

3)   4.21   The simplest kind of proposition, an elementary proposition, asserts the existence of a state of affairs.

4)   4.26   If all true elementary propositions are given, the result is a com-

이 말은 모든 명제가 요소 명제들의 진리 함수라는 주장과 똑같은 말이다.

그렇다면 이 절의 임무는 우리가 임의의 명제를 요소 명제들의 진리 함수로 표현할 수 있는 표기법을 고안하는 것이다. 이 일은 우리의 생각을 표현하는 일상의 방식에 숨겨져 있던 어떤 것 — 즉 우리 주장의 진리-조건 — 이 곧바로 **명제 기호**(진리치표)로 직접 읽힐 수 있다는 점에서 언어를 위한 **명료한 표기법**을 제공할 것이다.

확률 (개연성)

우리는 5.1 이하의 문단들을 너무 오래 붙들고 있을 필요가 없다. 비트겐슈타인이 왜 상대적으로 곁가지 주제로 간주해야 할 주제에 그처럼 많은 지면을 할애했는지 알기는 어렵다. 언어에 관한 완벽한 설명이라면 어떤 설명이든지 적어도 확률(確率, 蓋然性, probability)을 표현하는 명제들이 어떻게 설명되는지 알려주어야 한다는 것은 분명하지만, 이것이 왜 비트겐슈타인이 수학 전체에 할애한 지면(6.2~6.241)보다 더 많은 지면을 확률에 할애했는지 설명하지는 못한다. 나는 확률에 대한 비트겐슈타인의 설명을 간략하게 소개하고, 그 설명이 부딪히는 난점을 지적하고자 한다.

확률에 관한 비트겐슈타인의 설명은 다음과 같이 진행된다. 우리가 어떤 명제를 요소 명제들의 진리 함수로 표현한다고 가정하자. 그러면 그 명제를 옳게 만드는 요소 명제들의 진리성과 허위성의 약간의 조합

---

plete description of the world. The world is completely described by giving all elementary propositions, and adding which of them are true and which false.

들이 있을 것이다. 그 명제를 옳게 만드는 개개의 조합을 그 명제의 "진리-근거"(眞理 根據, truth ground)라고 부르자(5.101). 이제 두 개의 명제 "p"와 "q"를 살펴보자. 만일 우리가 "$p \& q$"의 진리-근거의 수를 "q"의 진리-근거의 수로 나눈다면, 그 값은 "q"가 옳다고 가정했을 때 "p"가 옳을 수 있는 상대적 확률(개연성)일 것이다.

이 설명에 관해서는 두 가지 점을 언급해둘 가치가 있다.

1. 이 설명은 어떤 명제가 주어지면 그 명제가 옳을 가능성과 그를 가능성은 똑같다는 입증되지 않은 가정을 세워야 한다.
2. 이 설명은 요소 명제가 무수히 많은 경우를 전혀 설명하지 못한다.

연산과 함수

비트겐슈타인은 5.2 이하에서 "함수"(函數, function)와 "연산"(演算, operation)의 근본적 차이를 끌어들인다. 첫째, 앞으로 전개되는 이야기를 이치에 닿게 이해하려면 비트겐슈타인의 용어 사용법을 명심하는 것이 중요한데, 그 까닭은 대부분의 수학적 함수는 비트겐슈타인의 관점에서는 함수가 아니라 연산으로 간주되는 데다가, 또한 이 두 용어를 약간 혼동해서 사용하기도 하기 때문이다. 비트겐슈타인은 진리 함수가 그에게는 가장 중요한 종류의 연산임에도 불구하고 "진리 함수"라는 전통적 용어법을 유지하였다. 『논리철학론』의 이 부분의 주장들을 이치에 닿게 이해하려면, 그가 사용하는 "함수"라는 말을 특별한 종류의 함수 즉 명제 함수(命題 函數, propositional function)를 의미하는 것으로 이해해야 한다. 명제 함수는 상항이 이름들이고 값이 명제 기호들인 함수다. 그래서 명제 함수 "ξ는 현명하다."(ξ is wise.)는 "소크라테스"를 상항으로,

"소크라테스는 현명하다."(Socrates is wise.)를 값으로 취하는 함수다. 반면에 연산은—적어도 비트겐슈타인의 주요한 응용에서는—다른 명제를 만들어내는 명제에 적용된다. (한 예로 "*a*는 사실이 아니다."(It is not the case that *a*.)는 어떤 명제의 부정 명제를 만들어내기 위해 명제에 적용된다.) 비트겐슈타인이 5.2 이하의 문단에서 주장하는 근본 취지는 함수와 연산이 완전히 다른 방식으로 작동한다는 것이다.

비트겐슈타인은 함수는 반복해서 적용될 수 없지만 연산은 반복해서 적용될 수 있다고 말함으로써 차이를 드러내었다(5.251).[5] 우리는 이 말이 뜻하는 것이 명제 함수 "ξ는 현명하다."(ξ is wise.)를 그 값들 가운데 하나 즉 "소크라테스는 현명하다."(Socrates is wise.)에 적용해서 만들어진 "결과"인 "소크라테스는 현명하다는 현명하다."(Socrates is wise is wise.)는 헛소리인 반면에, "*p*가 사실이 아니라는 것은 사실이 아니다."(It is not the case that it is not the case that *p*.)는 완전한 의미를 갖는다는 것이라고 비형식적으로 이해할 수 있다. 그러나 비트겐슈타인의 주장은 이보다 훨씬 더 근본적인 논점에 관한 것이다. 여기서 우리는 "명제 기호"가 복합 대상이 아니라 사실이라는 것을 명심할 필요가 있다(3.14).[6] 그러므로 "명제 함수"는 이름들을 상항으로 취하고, 사실들—"그 이름들에 관한 사실들"—을 값으로 취하는 함수이다. 이 말은 단순히 명제 함수가 사실을 상항으로 취하는 것은 **종류가** 다른 엉뚱한 것을 상항으로 잘못 대입하는 것이라는 뜻이다. 그러므로 비트겐슈타인이 주장하는 요점은

---

5) 5.251 A function cannot be its own argument, whereas an operation can take one of its own results as its base.

6) 3.14   What constitutes a propositional sign is that in it its elements (the words) stand in a determinate relation to one another.
            A propositional sign is a fact.

명제 함수를 그 값들 가운데 하나에 반복해서 적용하는 시도가 "소크라 테스는 현명하다는 현명하다."처럼 뜻도 모를 문장을 만들어낸다는 것 이 아니라 그런 시도에 관해 말하는 것조차도 이치에 닿지 않는다는 것 이다. 그러나 연산은 상항으로 명제를 취하고 값으로 다른 명제를 취하 기 때문에 연산의 반복 적용은 어떠한 문제도 일으키지 않는다.

진리치-연산

이제 진리치-연산(眞理値 演算, truth-operation)이란 생각을 이해하기는 아주 쉽다(5.3).[7] 진리치-연산은 어떤 일련의 명제의 진리 함수에 적용 되어 그 동일한 일련의 명제의 다른 진리 함수를 만들어내는 연산이다. 앞에서 "p & q"를 (TFFF)(p, q)로 썼던 4.442의 표기법을 사용해서 이 명제 즉 "p & q"에 진리치-연산인 부정(否定, negation)을 적용하면 우리

---

7)   5.3   All propositions are results of truth-operations on elementary propositions.

A truth-operation is the way in which a truth-function is produced out of elementary propositions.

It is of the essence of truth-operations that, just as elementary propositions yield a truth-function of themselves, so too in the same way truth-functions yield a further truth-function. When a truth-operation is applied to truth-functions of elementary propositions, it always generates another truth-function of elementary propositions, another proposition. When a truth-operation is applied to the results of truth-operations on elementary propositions, there is always a *single* operation on elementary propositions that has the same result.

Every proposition is the result of truth-operations on elementary propositions.

는 (FTTT)(p, q)를 얻게 된다. 이 경우 T는 모두 F로 그리고 F는 모두 T로 바꾸지만 "p"와 "q"는 원래대로 그냥 두어야 한다. 일반적으로 말하면, 진리치-연산을 적용한 결과는 단지 약간의 F를 T로 그리고 약간의 T를 F로 바꾼 것이다. 그렇다면 어떤 일련의 명제에 진리치-연산을 몇 번이든 계속 적용한 결과는 항상 그 동일한 일련의 명제의 명제 함수일 것이다. 그래서 5.3의 주장은 단순히 우리가 요소 명제들에 진리치-연산을 연속적으로 적용해서 요소 명제들의 모든 진리 함수—즉 모든 명제—를 만들 수 있다는 것이다(5.32).[8] 우리는 5.5에서 비트겐슈타인이 이 주장을 어떻게 강화하는지 보게 될 것이다.[9]

"논리학의 유일한 일반적 원초 기호"

비트겐슈타인은 요소 명제들에 진리치-연산을 유한한 횟수 적용해서 요소 명제들로부터 명제가 만들어지는 방법을 우리에게 알려주는 표기법을 발견하려고 노력하였다. 그러나 그는 또한 그 표기법에 단 하나의 원초 기호 즉 5.502에서[10] 도입하는 'N-연산자' 하나만 사용하고자 하

---

8) 5.32 All truch-functions are results of successive applications to elementary propositions of a finite number of truth-operations.

9) 5.5 Every truth-function is a result of successive applications to elementary propositions of the operation

$$'(-----T)(\xi, \ . \ . \ . \ .)'.$$

This operation negates all the propositions in the right-hand pair of brackets, and I call it the negation of those propositions.

10) 5.502 So instead of '$(-----T)(\xi, \ . \ . \ . \ .)$', I write 'N$(\bar{\xi})$'.

N$(\bar{\xi})$ is the negation of all the values of the propositional variable $\bar{\xi}$.

였다(5.47 참조).[11] 왜 비트겐슈타인은 프레게와 러셀이 논리학 연구에서 택했던 방식을 택하지 않았으며, 왜 자신의 논리학 속에 몇 개의 다른 원초 기호를 도입하지 않았을까? 비트겐슈타인은 논리학 전체를 동질적인 단일체로 만들기 위해서 단 하나의 일관성있는 설명을 제시하고자 하였다. 이제 러셀과 프레게가 했던 것처럼 논리학 속에 일련의 상이한 원초 기호, 예컨대 "만일 …라면 …이다", "또는", "…은 사실이 아니다", "개개의 … 모두", "약간의", "…과 동일하다"를 도입한다고 가정해보자. 그러면 여러 가지 물음이 곧바로 제기된다. 근본적으로 다른 이 관념들은 무언가를 공유하는가? 왜 논리학의 기초 개념으로서 다른 흥미로운 "논리 상항들"을 택하지 않고 바로 이것들을 골랐는가? 만일 그것들이 정말로 각기 다른 원초 개념들이라면, 이 개념들 사이의 논리적 상호 관계의 복잡한 그물은 어떻게 설명해야 하는가? 또 이 개념들의 다른 하위 개념들을 선택할 수 있고, 그 하위 개념들로 나머지 개념들을 정의하는 방식도 많이 있다(5.42).[12] 프레게와 러셀의 방법 대신에 비트겐슈

---

11) 5.47   It is clear that whatever we can say *in advance* about the form of all propositions, we must be able to say *all at once*.

An elementary proposition really contains all logical operations in itself. For '*fa*' says the same thing as

$$'(\exists x) . fx . x = a'.$$

Wherever there is compositeness, argument and function are present, and where these are present, we already have all the logical constants.

One could say that the sole logical constant was what *all* propositions, by their very nature, had in common with one another.

But that is the general propositional form.

12) 5.42   It is self-evident that $\vee$, $\supset$, etc. are not relations in the sense in

타인이 주장하고 있는 것은 논리학의 진짜 원초 개념은 "어떤 명제들을 그보다 논리적으로 더 복잡한 명제들로 만들기 위해 그 명제들을 결합시키는 개념"이라는 것인데, 이 절의 핵심 주장을 이루는 이 개념은 그 명제들의 진리 함수를 형성하기 위해 명제들을 결합시키는 일반적 개념을 뜻한다. 그렇다면 프레게와 러셀의 논리학에 등장하는 "논리 상항들"은 모두 이 일반적 개념의 특수한 경우들이라고 설명될 것이다. 그러므로 비트겐슈타인은 일련의 명제의 모든 가능한 진리 함수를 정의할 수 있는 "논리적 장치 속의 유일한 핵심 부분" 즉 'N-연산자'를 고안하려고 노력하였다. 논리적 장치의 이 핵심 부분은 실은 "진리 함수적 중합 명제"(眞理 函數的 重合 命題, truth-functional compound proposition)를 만들어내는 일반적 개념으로서의 "단 하나의 논리 상항"이 아니라, 일련의 명제의 모든 가능한 진리 함수가 "논리적 장치 속의 유일한 핵심 부분"의 용어들로 정의될 수 있기 때문에 그 "단 하나의 논리 상항"을 대표하도록 사용될 것이다.

비트겐슈타인이 오직 "논리적 장치 속의 유일한 핵심 부분"만 사용해서 논리학 전체를 구성하려고 노력했던 특별한 이유가 하나 더 있는데, 그것은 5.451의 배후에 놓여 있는 관심사다.[13] 이 문단의 공격 목표가

---

which right and left etc. are relations.

The interdefinability of Frege's and Russell's 'primitive signs' of logic is enough to show that they are not primitive signs, still less signs for relations.

And it is obvious that the '⊃' defined by means of '~' and '∨' is identical with the one that figures with '~' in the definition of '∨'; and that the second '∨' is identical with the first one; and so on.

13) 5.451 If logic has primitive ideas, they must be independent of one another. If a primitive idea has been introduced, it must have

러셀과 "『수학 원리』(1910)에 원초 논리 상항이 도입된 방식"이라는 것을 안다면 우리는 이 문단의 요점을 아주 잘 이해할 수 있다. 화이트헤드와 러셀은 원초 논리 상항으로 'ᐯ'(또는)과 '∼'(…은 사실이 아니다)을 도입해서 최초로 명제 논리학을 구성하였다. 그 단계에서는—두 사람이 아직 일반성에 대한 기호를 전혀 도입하지 않았기 때문에—'∼'은 양화사의 사용을 포함하지 않은 기호들의 조합을 이용해서 도입할 수밖에 없었다. 그런 다음 『수학 원리』의 *9에서 화이트헤드와 러셀은 양화사를 도입하고, 두 양화사 가운데 하나와 부정 기호를 둘 다 포함하는 명제들의 의미를 설명하고 있다. 그리고 나서 두 사람은 그러한 기호들의 조합이 의미하는 바를 정의한다. 비트겐슈타인은 '∼'을 그런 식으로 조각으로 나누어 도입한 일에 대한 반론을 5.451에서 분명하게 전개하고 있다. 우리는 이 문제의 핵심을 단순하게 "이 나중의 단계에서 정의(定義, definition)가 할 수 있는 역할이 있는가?"라는 물음으로 드러낼 수 있다. 부정 기호는 그것이 처음 도입될 때 가졌던 의미를 갖거나(이 경우에는 부정 기호와 양화사의 조합의 의미는 처음에 설명되었던 부정 기호의 의미에 따라 이해된

---

been introduced in all the combinations in which it ever occurs. It cannot, therefore, be introduced first for *one* combination and later re-introduced for another. For example, once negation has been introduced, we must understand it both in propositions of the form '∼p' and in propositions like '∼(p∨q)', '(∃x).∼fx', etc. We must not introduce it first for the one class of cases and then for the other, since it would then be left in doubt whether its meaning were the same in both cases, and no reason would have been given for combining the signs in the same way in both cases.

(In short, Frege's remarks about introducing signs by means of definitions (in *The Fundamental Laws of Arithmetic*) also apply, mutatis mutandis, to the introduction of primitive signs.)

다), 아니면 상당히 다른 의미를 가질 것이다(이 경우에는 동일한 부정 기호를 사용하는 것은 혼동을 일으킨다). 비트겐슈타인은 논리학의 모든 원초 기호를 순서를 정해 단계별로 도입하지 않고 전체를 통째로 한 번에 도입해야만 이런 상황을 피할 수 있다고 주장하고 있다. 우리는 "논리적 장치의 단 하나의 핵심 부분" ─ N-연산자 ─ 를 도입하고, 그 N-연산자에 의해서 러셀의 논리학에 설정되었던 모든 원초 기호를 설명함으로써 이 일을 아주 간단히 할 수 있다.

쉐퍼의 논리적 연결사 "|"

비트겐슈타인이 N-연산자를 어떻게 사용하려고 하는지 이해하기 위한 예비 작업으로 우리는 "쉐퍼의 논리적 연결사"('|')를 검토하는 일을 먼저 할 필요가 있다. 쉐퍼(Henry Maurice Sheffer, 1882-1964)는 1913년에 단 하나의 논리적 연결사만 사용하여 명제 논리학 ─ 유한개의 명제들의 명제 함수만 다루는 논리학의 한 부분 ─ 의 모든 표현을 구성할 수 있다는 것을 증명하였다. 만일 "$p|q$"가 "p도 q도 옳지 않다."(neither … nor …)를 의미한다면, 우리는 명제 논리학의 모든 연결사를 오직 이 연결사만 사용하여 정의할 수 있다는 것을 증명할 수 있다. 쉐퍼의 업적을 증명하기는 아주 쉽지만, 여기서는 다른 논리적 연결사들이 "$p|q$"에 의해서 어떻게 정의될 수 있는지 그저 실례만 제시하겠다. "p는 사실이 아니다."는 "p도 아니고, p도 아니다."와 동등하다. 다시 말하면 "$\sim p$" = "$p|p$"다. "$p \vee q$"는 "p도 아니고 q도 아니라는 것은 사실이 아니다."와 동등하다. 즉 "$p \vee q$" = "$(p|q)|(p|q)$"다, 등등. 비트겐슈타인은 요소 명제들에 단 하나의 진리치-연산을 반복해서 적용하여 요소 명제들의 모든 명제 함수를 구성하고자 하였다. 쉐퍼의 업적은 단지 유한개의 명제

들의 진리 함수에 관한 것이었지만, 비트겐슈타인은 무한히 많은 명제들의 진리 함수들도 처리할 수 있는 방법을 필요로 하였다. 그러므로 비트겐슈타인은 "…도 …도 아니다"의 "무한 연속어"(無限 連續語, infinite analogue) 즉 "N-연산자"를 도입하면서 쉐퍼의 업적이 무한의 경우에도 인정된다고 증명 없이 가정하였다. (이 가정이 옳다는 것은 직관적으로 명백하다.) 우리는 이 "…도 …도 아니다"의 "무한 연속어"를 "어떤 것도 … 아니다"(None of …)라는 연산자로 생각할 수 있는데, 이 연산자는 (명제가 무수히 많을 수 있는) 어떤 명제 영역에 적용되면 그 영역 속의 어떤 명제도 옳지 않다는 명제를 만들어낼 것이다.

변항은 모두 명제 변항이다

우리는 이제 오해를 일으키는 자리인 3.314에서 비트겐슈타인이 말한 "개개의 변항은 모두 명제 변항으로 해석될 수 있다."는 주장으로 되돌아가야 한다. 비트겐슈타인이 "완전한 일반성을 갖춘 명제 변항 개념"을 필요로 하는 것은 3.314에서가 아니라 5.501에서이며,[14] 그래서

---

14) 5.501 When a bracketed expression has propositions as its terms — and the order of the terms inside the brackets is indifferent — then I indicate it by a sign of the form '$(\bar{\xi})$'. '$(\bar{\xi})$' is a variable whose values are terms of the bracketed expression and the bar over the variable indicates that it is the representative of all its values in the brackets.

(E.g. if ξ has the three values P, Q, R, then

$$(\bar{\xi}) = (P, Q, R).)$$

What the values of the variable are is something that is stipulated.

비트겐슈타인의 주장과 그것의 중요성은 5.501에서 제대로 평가될 수 있다. 여기서는 우리가 (1) 그 일반 개념이 어떻게 정의되는가, (2) 어떻게 개개의 변항 모두가 그런 방식으로 정의된 명제 변항으로 해석될 수 있는가, (3) 왜 이 주장이 비트겐슈타인에게 중요한가를 이해할 필요가 있다.

1. 비트겐슈타인의 "명제 변항"은 항상 명제를 값으로 취하는 변항을 뜻한다. 하지만 비트겐슈타인의 "명제 변항"은 모든 명제를 값으로 취하는 변항을 뜻하지 않는다. 비트겐슈타인의 변항 사용 방식에 따르면 명제 변항은 "제한된 영역의 명제들"을 항상 값으로 취한다. 비트겐슈타인이 말한 대로, 우리는 변항의 가능한 값들을 약정함으로써 변항을 약정하기 때문에, 우리가 변항의 값들의 영역 즉 치역을 어떻게 약정하는가는 문제가 되지 않는다(5.501, 3.316~3.317[15] 참조).

The stipulation is a description of the propositions that have the variable as their representative.

How the description of the terms of the bracketed expression is produced is not essential.

We *can* distinguish three kinds of description: 1. direct enumeration, in which case we can simply substitute for the variable the constants that are its values; 2. giving a function fx whose values for all values of x are the propositions to be described; 3. giving a formal law that governs the construction of the propositions, in which case the bracketed expression has as its members all the terms of a series of forms.

15) 3.316 What values a propositional variable may take is something that is stipulated.

The stipulation of values is the variable.

3.317 To stipulate values for a propositional variable is *to give the propo-*

비트겐슈타인은 5.501에서 그러한 영역을 약정할 수 있는 세 가지 방식을 구체적으로 알려주고 있지만, 그가 여기서 약정하는 세 가지 방식이 약정 방식의 전부라고 말하지 않는다는 사실을 주의하는 것이 중요하다. 실제로는 명제 변항의 사용에 관한 비트겐슈타인의 프로그램이 최종적으로 완성되어 논리학 전체에 주어진 논리적 연결사들을 처리하는 일에는 아직 몇 가지 방식에 의한 보완을 필요로 한다. 그렇게 설명된 명제 변항에 적용된 진리치-연산은 어떤 명제를 만들어낼 텐데, 그 명제는 제 자신의 값이 되는 명제들의 진리 함수이다. 그래서 우리는 "$V(\bar{\xi})$"를 일련의 명제들을 치역으로 삼는 어떤 변항이 그 명제들 가운데 적어도 하나는 옳다고 말하는 명제를 만들어내는 진리치-연산으로 취급할 수 있다. 이제 변항 ξ가 두 개의 명제 p와 q를 값으로 갖는다면 "$V(\bar{\xi})$"는 "$p \lor q$"와 동등할 것이고, p든 q든 fx 형식의 명제로 바꾸어 생각할 수 있으므로 "$V(\bar{\xi})$"는 fx 형식의 모든 명제를 값으로 삼을 수 있게 되어 결국 "$V(\bar{\xi})$"는 "$(\exists x)fx$"와 동등할 것이다.

2.   비트겐슈타인이 직접 그런 말을 하진 않았지만, 그가 개개의 변항 모두를 명제 변항으로 해석할 수 있다고 말할 때에 심중에 갖고 있었

---

sitions whose common characteristic the variable is.

The stipulation is a description of those propositions.

The stipulation will therefore be concerned only wich symbols, not with their meaning.

And the *only* thing essential to the stipulation is *that it is merely a description of symbols and states nothing about what is signified.*

How the description of the propositions is produced is not essential.

던 것은 표준 논리학에서의 변항 사용이었지 미분학 같은 수학에서
의 변항 사용이 아니었다. 비트겐슈타인의 기본 취지는 실례를 통해
서 가장 잘 이해할 수 있다. 이제 "$(\exists x)fx$"를 살펴보자. 변항의 통상
적 이해에 따르면, 변항은 문자 "x"이고, 이 변항은 대상을 값으로 취
하므로, 이 명제는 어떤 대상이 속성 f를 갖는다고 말한다. 하지만 우
리는 이 명제를 이와 다르게 해석할 수도 있다. 우리는 문자 "x"를 변
항으로 간주하는 것이 아니라 복합 기호 "fx"를 변항으로 취급할 수
있으며, 이렇게 되면 명제 "$(\exists x)fx$"는 "fx" 형식의 모든 명제를 값으
로 취할 수 있고, 따라서 명제 "$(\exists x)fx$"는 "fx" 형식의 어떤 명제는
옳다라고 말하는 것으로 읽을 수 있게 된다. 얼핏 보기에는 우리가
똑같은 결과에 도달한 것으로 보이지만, 실은 오직 명제 변항만 사용
하는 결과에 도달한 것이다. 이런 방식으로 우리는 모든 변항의 사용
을 명제 변항의 사용으로 대치할 수 있다.

3. 비트겐슈타인이 모든 변항을 명제 변항으로 해석하려고 하는 이유
는 단순하다. 비트겐슈타인은 논리학 전체를 진리 함수적 용어로 설
명할 수 있다는 것을 증명하고 싶었고, 그래서 오직 진리 함수 연산
자들만 사용하여 자신의 논리학을 확립하고 싶었다. 그러나 진리 함
수 연산자들은 항상 명제를 기본 단위로 삼고 명제들의 연산을 수행하
며, 연산되는 명제들의 내부 구조는 무시한다. 그러므로 논리학 속의
변항 사용을 처리할 수 있는 진리 함수 연산자들을 만드는 일은 그
변항들의 값이 항상 명제 단위일 경우에만 가능하다. 따라서 비트겐
슈타인은 변항을 이해하는 통상적 방식으로부터 이탈하지 않을 수
없었는데, 변항을 이해하는 통상적 방식은 명제의 내부 구조를 문제
삼지 않을 수 없기 때문이다.

N-연산자

비트겐슈타인은 5.502에서 N-연산자를 도입한다.[16] N-연산자는 단순히 "쉐퍼의 논리적 연결사(neither … nor …)"('│')의 "무한 연속어"(infinite analogue)일 뿐이다. N-연산자는 어떤 명제 변항에 적용되면 그 변항이 값으로 취하는 명제들의 특별한 진리 함수인 명제, 즉 그 값들의 영역의 모든 명제가 그를 경우에만 옳은 명제를 만들어낸다. 따라서 가장 단순한 경우를 택하기 위해서 만일 우리가 변항 "ξ"가 두 개의 명제 "p"와 "q"를 값으로 갖는다고 가정하면, "$N(\bar{\xi})$"는 "p도 아니고 q도 아니다."와 동등할 것이고, 변항 "ξ"가 단 하나의 명제 "p"를 값으로 갖는다면 "$N(\bar{\xi})$"는 "p가 아니다."와 동등할 것이다. 쉐퍼는 진리 함수 논리학 전체를 자신의 "스트로크 함수"('│' -함수)를 유일한 논리 상항으로 사용하여 정의할 수 있다는 것을 증명하였다. 비트겐슈타인은 이 대목에서 비슷한 결과가 무한개의 명제를 대상으로 하는 진리 함수 논리학에서도 역시 성립한다고 가정하였다.

비트겐슈타인의 다음 과제는 오직 N-연산자만 사용해서 표준으로 인정받는 프레게 논리학 전체를 어떻게 설명할 수 있는가를 밝히는 것이다. 이 과업은 자연스럽게 두 부분으로 나뉜다. 하나는 일반 명제(一般命題, general proposition)를 설명하는 일이고, 다른 하나는 동일성 명제(同一性 命題, identity proposition)를 설명하는 일이다.

---

16) 각주 10 참조.

명제의 일반성

비트겐슈타인은 5.52에서 N-연산자를 사용하여 일반 명제에 관한 설명을 제시한다.[17] 처음에는 이 일이 단순해서 간단히 끝날 것처럼 보이지만, 토론의 이 부분의 배후에는 러셀의 생각과 다른 중요한 견해가 도사리고 있는데, 이 견해는 그 설명에 뒤따르는 많은 견해를 설명해준다. 만일 우리가 어떤 일반 명제 예컨대 "어떤 것은 f다." (Something is f.) 즉 "$(\exists x)fx$"를 N-연산자를 사용하여 표현하려고 한다면 다음과 같은 절차를 밟아야 한다. 먼저 우리는 명제 함수 ξ를 fx 형식의 모든 명제를 값으로 갖는 변항으로 구체화해야 한다. 그리고 나서 N-연산자를 그 명제 변항에 적용하여 fx 형식의 어떤 명제도 옳지 않다고 진술하는 명제, 즉 "어떤 것도 f가 아니다."라는 명제를 만든다. 그다음에 이 명제를 부정하면 우리는 "어떤 것은 f다."라는 명제를 얻게 되는데, 이 명제는 원하던 결과이다. 마찬가지로 "$\sim fx$" 형식의 모든 명제들을 값으로 취하는 변항에 N-연산자를 적용하여 우리는 보편적 일반 명제(普遍的 一般 命題, universal general proposition) "모든 것이 f다." 즉 "$(x)fx$"를 얻을 수 있다.[18]

---

17) 5.52   If ξ has as its values all the values of a function fx for all values of x, then $N(\bar{\xi}) = \sim (\exists x) . fx$.

18) Robert Fogelin은 *Wittgenstein* [2nd edn.; Routledge: London, 1987.] p. 78에서 비트겐슈타인의 N-연산자 사용은 단순한 일반화["$(x)fx$" 또는 "$(\exists x)fx$]를 설명할 수 있지만, 비트겐슈타인의 "명제의 일반 형식"에 관한 설명은 "혼합 다중 일반성"(混合 多重 一般性, mixed multiple generality)["$(\exists x)(y)f(x, y)$"]을 지닌 명제가 만들어지는 과정을 설명하지 못한다고 반론을 주장하였다. 이 점에 관해서는 이 책의 "맥락 원리" 절에 포함되었던 프레게에 관한 토론을 상기할 필요가 있다. 그러한 "혼합 다중 일반 명제"는 만들어질 수 있지만, 오직 두 단계의 과정을 거쳐야만 이루어질 수 있다.

하지만 러셀은 일반 명제에 관한 진리 함수적 설명이 불가능하며, 따라서 특히 비트겐슈타인의 설명을 무효화할 것이라고 확신을 가졌던 논증을 여러 번에 걸쳐 주장하였다.[19] 그 논증은 다음과 같이 진행된다. 이제 우리가 "모든 사람은 죽는다."와 같은 일반 명제를 진리 함수적으로 설명하려고 한다고 가정하자. 그다음에 만일 우리가 톰, 딕, 해리가 이 세상에 있는 모든 사람이라고 가정한다면 진리 함수적 설명을 할 수 있는 유일한 방도는 그 일반 명제가 "톰은 죽는다 & 딕은 죽는다 & 해리는 죽는다."라는 연언 명제(連言 命題, conjunctive proposition)라고 설명하는 것이다. 그러나 이 연언 명제는 톰, 딕, 해리가 이 세상에 있는 모든 사람이라는 가설에 관한 일반 명제와 동등할 뿐이며, 혹시 옳다 할지라도 우연한 진리일 뿐이다. 그러므로 그 연언 명제는 원래의 일반 명제와 논리적으로 동등하지 못하며, 필요한 논리적 동등성을 보장하기 위해서는 우리가 "그리고 톰, 딕, 해리가 이 세상에 있는 모든 사람이다."라는 절을 추가할 필요가 있다. 그러나 이 절 자체가 일반 명제이기 때문에 우리는 일반 명제를 특정한 명제들의 진리 함수로 환원하는 일에 성공할 수 없다. 그러므로 러셀의 경우에는 요소 명제들에 추가해서 적어도 하나의 분석 불가능한 일반 명제와 그것과 일치하는 하나의 환원 불가

첫 번째 단계에서 우리는 N-연산자를 "$(y)f(a, y)$", "$(y)f(b, y)$", "$(y)f(c, y)$" … 등등의 명제를 모두 만들기 위해서 사용한다. 두 번째 단계에서 우리는 그 모든 명제를 값으로 취하는 새로운 명제 변항을 정의하고, 그 명제 변항에 N-연산자를 적용함으로써 "$(\exists x)(y)f(x, y)$"라는 혼합 다중 일반성을 가진 명제에 도달한다. Fogelin은 한 단계 과정에 의해서 "혼합 다중 일반성"을 가진 명제를 만들려고 시도했기 때문에 실패했는데, 한 단계 과정에 의해서는 "혼합 다중 일반성"을 가진 명제가 만들어질 수 없다.

19) See e.g. B. Russell, 'The Philosophy of Logical Atomism' (*The Collected Papers of Bertrand Russell*, vol. 8 [ed. John G. Slater; Allen and Unwin: London, 1986], pp. 164-65, 206-207).

능한 일반적 사실(一般的 事實, general fact)을 인정할 필요가 있었다. 이 논증은 러셀이 맨 처음 『논리철학론』을 읽고 나서 비트겐슈타인에게 제시했던 논평들 가운데 하나인 다음 구절을 설명하고 있다.

또한 우리에게 모든 요소 명제가 주어진다는 명제 역시 인정할 필요가 있다.[20]

러셀의 생각은 요소 명제들의 진리 함수만 가지고는 우리가 일반 명제를 설명할 수 없다는 것이며, 그러므로 가능한 의미있는 명제들의 목록에 적어도 하나의 완벽한 일반적 명제를 추가해야 한다는 것이었다.

비트겐슈타인이 러셀에게 보낸 답변에서 명료하게 밝힌 바와 같이 그러한 추가는 가능하지도 않고 필요하지도 않다.

1. 어떤 명제도 특정한 일군의 명제들이 세계에 관해 성립하는 모든 요소 명제라고 주장할 수 없기 때문에 그런 추가는 불가능하다. 이제 일련의 요소 명제 p, q, r을 가지고 출발해서 p, q, r을 가지고 말할 수 있는 것이 무엇인지 묻는다고 가정해보면, 바로 이 물음에 의해서 우리가 p, q, r을 가지고 말할 수 있는 것의 한계가 설정되어버린다.[21] "p, q, r이 모든 요소 명제다."라는 겉보기에 명제 비슷한 이 주장 자체는 p, q, r의 진리 함수가 아니다. 그러므로 그 주장은 p, q, r을 가지고 말할 수 있는 것의 한계를 넘어버린 것이다. 그것은 언어

20) Wittgenstein, *Notebooks*, p. 131.
21) 4.51   Suppose that I am given *all* elementary propositions: then I can simply ask what propositions I can construct out of them. And there I have *all* propositions, and *that* fixes their limits.

의 작동 방식이 보여줄 수밖에 없는 것을 말하려고 하는 헛소리를 시
도하는 것이다.

2. 일군의 요소 명제들이 이 세계에 관해 성립하는 모든 요소 명제라는
   것을 추가하는 것은 필요하지도 않다. 여기서 우리는 2.021~2.0212
   에서[22] 논의되었던 것, 즉 대상들이 "세계의 실체들"을 형성한다는
   비트겐슈타인의 주장을 상기할 필요가 있다. 『논리철학론』의 대상들
   은 논의할 여지가 없는 것이고, 우리가 상상할 수 있는 모든 세계에
   서 실제로 성립할 수 있는 언어를 위한 필수적인 전제 조건의 역할을
   한다. 그 대상들이 차례차례 일련의 요소 명제를 규정하는데, 이 요
   소 명제들 역시 논의할 여지가 없는 것들이다. 언어는 무조건 대상들
   의 영역을 주어진 것으로 취급하며, 그 대상들과 함께 요소 명제들도
   "이것이 모든 요소 명제다."라고 말할 수 있거나 말할 필요 없이 그
   냥 주어진 것으로 취급한다. 이것이 이 토론 속에 나타나는 5.524의
   요점이다.[23]

   비트겐슈타인은 5.521에서[24] 일반성에 대한 자신의 처리 방법과 러

---

22) 2.021 Objects make up the substance of the world. That is why they
             cannot be composite.
    2.0211 If the world had no substance, then whether a proposition had
             sense would depend on whether another proposition was true.
    2.0212 In that case we could not sketch any picture of the world (true or
             false).
23) 5.524 If objects are given, then at the same time we are given *all*
             objects.
               If elementary propositions are given, then at the same time *all*
             elementary propositions are given.

셀의 처리 방법을 대비시켰다. (비트겐슈타인은 "프레게와 러셀"이라
고 말했지만, 그의 견해는 실제로는 러셀이 『수학 원리』(1910)에서 사용
한 표기법에 가장 정확히 들어맞는다.) 이 구절의 첫 문장은 자신의 절
차를 강조한다. 그는 일반 명제에 대한 자신의 처리 방법에서 두 가지
다른 구성 요소 즉 일반성과 진리 함수를 분리한다. 첫째, 우리는 어떤
형식의 모든 명제를 값으로 취하는 변항을 정의함으로써 일반성 개념을
사용한다. 둘째, 그런 다음 우리는 순수하게 진리 함수적 연산자로서의
N-연산자를 그 변항에 적용한다. 그다음의 두 문단에 나오는 러셀에
대한 불평은 일반적으로 잘못 이해되고 있는데, 그 주된 이유는 이 논점
에 관한 비트겐슈타인의 표현의 어색함이 독자들에게 그가 "…과 연관
시켜서"("in association with" "in Verbindung mit")라는 말로 의미했던 것에 대
한 오해를 초래했기 때문이었다. 비트겐슈타인이 여기서 다시 하고 있
는 불평은 5.451과 관련해 살펴본 불평이다.[25] 러셀은 "진리 함수적 구
성 요소인 일반성"과 "일반성을 나타내는 구성 요소"를 기호로 분리하
지 않았기 때문에 진리 함수 논리학의 기호들 외에 양화사들을 새로운
원초 기호로 도입하지 않을 수 없었다. 그러므로 러셀은 "논리 곱"(logi-
cal product, 연언)과 "논리 합"(logical sum, 선언)의 기호를 포함한 기호 조합
에 대한 양화사들을 도입하지 않을 수 없다고 생각했던 것인데, 비트겐
슈타인은 이 표기법의 불명료한 문제점을 간파해 5.451에서 지적했다.

---

24) 5.521   I dissociate the concept *all* from truth-functions.

        Frege and Russell introduced generality in association with log-
ical product or logical sum. This made it difficult to understand
the propositions "$(\exists x).fx$" and "$(x).fx$", in which both ideas are
embedded.

25) 각주 13 참조.

동일성 명제

비트겐슈타인은 그다음에 5.53~5.5352에서 동일성 문제로 방향을
돌린다. 그는 1913년에 러셀에게 보낸 편지에 이렇게 썼다.

> 동일성은 진짜 악마지만 무한히 중요한 악마입니다. 정말이지 제
> 가 생각했던 것보다 훨씬 더 중요합니다.[26]

비트겐슈타인이 동일성을 "진짜 악마"로 간주한 근본적인 이유는 아
주 분명하다. 1913년에 비트겐슈타인은 이미 사실상 모든 논리적 복잡
성에 관한 진리 함수적 설명, 그러므로 결국 논리학 전체에 관한 진리
함수적 설명을 제시하려 하고 있었는데, 그런데도 동일성은 논리학 전
체에 관한 진리 함수적 설명의 가능성에 명백한 반대 사례를 만들어내
는 것으로 보였다. 한편으로 동일성 기호는 예컨대 "최대한 하나의 사
물이 f다." 즉 "$(x)(y)(fx \& fy \supset x=y)$"라는 명제를 표현하기 위해 필
요하므로 논리학에 필수적인 도구로 보인다. 다른 한편으로 진리 함수
성은 명제들 사이의 관계이고, 그래서 만일 논리학의 모든 장치에 대해
진리 함수적 설명을 하려면, 우리는 그 모든 논리적 장치를 명제 연결사
들과 명제 연산에 의해서 설명할 수 있어야 한다. 그러나 "동일성 기호"
는 전혀 명제 연결사로 보이지 않지만, 우리는 보통 동일성을 관계처럼
간주해서 기호를 부여하고, 게다가 동일성에 대한 직관적 설명은 개개
의 대상 모두가 다른 대상이 아니라 제 자신에 대해 유지하는 관계라고
설명한다. 그러므로 비트겐슈타인은 동일성에 대한 다른 설명을 제시

---

26) Wittgenstein, *Notebooks*, p. 123.

해야 했고, 그래서 동일성에 대한 직관적 설명은 단지 착각이라는 것을
밝혔다. 하지만 그 결과는 동일성에 대해 단지 논리학에 관한 진리 함수
적 설명을 당황스런 반대 사례로부터 방어하려고 고안된 임시 변통의
설명이 아니라, 『논리철학론』의 논증 전개에 사용되는 것과 관계없이
철학적으로 흥미로운 사고 흐름을 보여주는 설명이어야 한다.

비트겐슈타인은 5.5302에서 동일성에 관한 러셀의 설명을 비판하면
서 시작한다.[27] 화이트헤드와 러셀은 『수학 원리』(1910)에서 라이프니츠
(Gottfried Wilhelm Leibniz, 1646-1716)의 "식별 불가능한 것들은 동일하다는
원리"(Principle of the Identity of Indiscernibles)의 변형에 의해서 동일성을 설
명하려고 시도하였다. 두 개의 대상은 모든 요소 속성을 공유할 경우에
만 동일하다고 설명된다. 이 경우 요소 속성들은 원자 명제들─『수학
원리』(1910)에서 비트겐슈타인의 요소 명제와 동등한 명제들─의 진리
함수에 의해서 정의될 수 있는 속성이다. 비트겐슈타인은 5.5302에서
이 설명을 거부하면서 동일성에 대한 자신의 설명을 시작한다. 그의 설
명의 요지는 단순하다. 이름 "a"를 포함한 모든 옳은 요소 명제의 집합
과 함께 모든 그른 요소 명제의 부정 명제를 살펴보자. 이제 이 모든 명
제들 전체에 걸쳐서 이름 "a"에 이름 "b"를 대입한다면, 요소 명제들과
요소 명제들의 부정 명제들의 두 번째 집합을 얻게 된다. 그런데 요소
명제들의 논리적 독립성이 주어지면 이 두 번째 집합의 요소 명제들이
첫 번째 집합의 요소 명제들과 마찬가지로 옳다는 것을 방해하는 것은
아무 것도 없다. 적어도 이 가능성은 순수한 논리적 근거에 입각해서 배
제될 수 없다. 만일 그렇다면 두 개의 다른 대상이 모든 요소 속성을 공

---

27) 5.5302 Russell's definition of '=' is inadequate, because according to
    it we cannot say that two objects have all their properties in com-
    mon. (Even if this proposition is never correct, it still has *sense*.)

유한다는 것은 논리적으로 불가능하므로, 우리는 그러한 공통 속성의
소유를 동일성의 정의로 사용할 수 없다. 러셀은 처음에는 이 비판에 망
연자실했지만[28] 결국에는 비트겐슈타인의 비판이 부당 가정의 오류를
범했다고 생각하였다. 다시 말해서 비트겐슈타인의 정의가 올바르다
할지라도, 두 개의 다른 대상은 모든 요소 속성을 공유할 수 없다고 생
각하였다. 나는 러셀의 응수가 적합하지 않다고 믿지만, 이 토론을 더
이상 추적하진 않겠는데, 그 까닭은 러셀의 이 비판은 더 흥미로운 것
즉 동일성 명제에 대한 비트겐슈타인의 적극적 설명이 준비되어가는 과
정에서 일어난 예비적 토론이기 때문이다.

  그 문제를 이해하기 위한 적합한 출발점은 프레게의 「의미와 지칭」
(意味와 指稱, On sense and Reference, 1892)이라는 논문이다. 이 논문에서 프
레게는 "샛별은 개밥바라기다."(The Morning Star is the Evening Star.)와 "샛
별은 샛별이다."(The Morning Star is the Morning Star.)라는 두 명제의 차이
를 어떻게 설명할 수 있는가라는 문제를 탐구하고 있다. 두 명제 속의
두 개의 이름이 동일한 사물 즉 금성(金星, Venus)을 지칭함에도 불구하
고, 첫 번째 명제는 중요한 천문학적 발견을 기록하는 명제지만, 두 번
째 명제는 자명한 명제다. 프레게가 제시한 답은 이름이—이미 알려져
있는 "지칭 기능"에 추가해서—그 지칭 대상이 우리에게 알려지는 양
태로서의 의미(意味, sense)를 전달하는 "의미 기능"을 갖는 것으로 생각
해야 한다는 것이었다. 러셀과 그를 따른 비트겐슈타인은 그러한 동일
성 명제들의 경우에 적어도 두 이름 가운데 하나는 한정 기술구(限定 記述
句, definite description)의 축약어로 간주할 수 있다고 말함으로써 프레게
의 답에 그럴듯한 해석을 보태었다. 그래서 위의 두 명제 가운데 첫 번

---

28) 『논리철학론』에 실린 러셀의 "머리말"을 보라. p.16.

째 명제는 예컨대 "새벽 하늘에 가장 밝게 빛나는 별은 초저녁 하늘에 가장 밝게 빛나는 별과 동일하다."는 명제와 동등한 명제로 간주할 수 있었다. 이 방식으로 모든 의미있는 동일성 명제는 동일성 기호의 적어도 한쪽은 한정 기술구이거나 한정 기술구의 축약어로 간주할 수 있는 명제라고 설명할 수 있었다.

그다음 1905년에 러셀은 「지시에 관하여」(On Denoting)라는 논문에서 동일성 명제에 대해 다음과 같은 방식의 분석을 제시하였다. 이제 "스콧은 『웨이벌리』의 작가다."라는 명제를 살펴보자. 이 명제는 "스콧이 『웨이벌리』를 썼고, 단 한 사람이 『웨이벌리』를 썼으며, 『웨이벌리』를 쓴 사람이 누구든 그는 스콧과 동일하다."("W(S) & $(x)(y)$ (W(x) & W(y) $\supset x=y$) & (z)(W$(z)\supset z=$S")라는 명제와 동등한 명제라고 생각할 수 있다. 그런데 동일성의 논리적 속성 때문에 러셀이 포함시킨 마지막 절은 중복되는 말이므로, 러셀의 분석은 실제로는 "스콧은 『웨이벌리』의 작가다." $=_{\text{Def}}$ "W(S) & $(x)(y)$(W(x) & W$(y)\supset x=y$)"이어야 한다고 생각할 수 있다. 이 분석은 모든 의미있는 동일성 명제의 정보 내용을 드러내는 방식을 알려준다. 그렇지만 언뜻 보면 이루어진 것이 없는 것처럼 보이는데, 그 이유는 이 정의의 왼쪽과 오른쪽 모두 동일성 기호를 사용하고 있으므로, 결국 동일성을 동일성에 의해서 설명하고 있기 때문이다. 그러나 이 정의의 양쪽은 중요한 차이가 있다. 즉 오른쪽에서는 왼쪽과 달리 동일성 기호가 두 개의 변항 옆에 붙어 있는 양화사들 즉 (x)와 (y)의 범위 안에만 나타날 뿐이다. 이 사실이 의미하는 것은 만일 우리가 동일성 기호의 그러한 사용—동일성 기호가 양화사들의 속박 범위 안에 나타나는 사용—을 설명할 수 있다면, 그 설명을 동일성 기호의 모든 사용에 대한 설명으로 확장할 수 있는데, 그 까닭은 모든 의미있는 동일성 명제가 오직 동일성 기호의 그러한 사용만 나타나는 동일성 명제에 드러난 노선에 따라 분석될 수 있기 때문이다.

이런 과정을 거친 다음에 비트겐슈타인이 제안한 것은 "동일성 기호의 사용"을 양화된 형식문 속의 다른 변항에는 다른 대입만 허용하도록 변항을 읽는 약정으로 대체하자는 것이다(5.532).[29] 이 제안의 취지는 형식문 "$(x)(y)F(x, y)$"로부터 "$F(a, a)$"를 추리할 수 없고 오직 "$F(a, b)$"만 추리할 수 있도록 허용하자는 것이다. 이 약정에 따르면, 이제 "스콧은 『웨이벌리』의 작가다."라는 명제는 동일성 기호를 사용할 필요 없이 단순하게 "$W(S) \& (x)(y) \sim (W(x) \& W(y))$"로 분석될 것이다. 통상적으로 "$(x)(y)F(x, y)$"로 표현되던 형식문은 이 약정 아래서는 "$(x)(y)F(x, y) \& (x)F(x, x)$"로 표현될 것이다. 비트겐슈타인이 말한 바와 같이, 그는 이 방식으로 동일성 기호를 드러나게 사용하지 않고도 동일성 명제를 형식문으로 표현할 수 있었다(5.533).[30]

우리가 이 약정을 채택하면, 겉으로만 명제 비슷한 어떤 명제 예컨대 "모든 것은 제 자신과 동일하다."(Everything is identical with itself.)와 같은 명제는 논리적 형식문으로 표현될 수 없을 것이다(5.534).[31] 그러나 그 약정은 어떤 형태의 동일성 기호를 일상적으로 사용하는 모든 의미있는 명제를 표현할 수 있는 표기법이라고 주장되었기 때문에, 논리적 형

---

29) 5.532   And analogously I do not write '$(\exists x, y) . f(x, y) . x = y$', but '$(\exists x) . f(x, x)$'; and not '$(\exists x, y) . f(x, y) . \sim x = y$', but '$(\exists x, y) . f(x, y)$'. (So Russell's '$(\exists x, y) . fxy$' becomes

$$'(\exists x, y) . f(x, y) . \vee . (\exists x) . f(x, x)' .)$$

30) 5.533   The identity-sign, therefore, is not an essential constituent of conceptual notation.

31) 5.534   And now we see that in a correct conceptual notation pseudo-propositions like '$a = a$', '$a = b . b = c . \supset a = c$', '$(x) . x = x$', '$(\exists x) . x = a$', etc. cannot even be written down.

식문으로 표현될 수 없는 명제들은 바로 그 사실에 의해서 사이비-명제(似而非-命題, pseudo-proposition) 즉 "헛소리"라는 것이 폭로된다. 하지만 그런 명제들이 헛소리라면, 비트겐슈타인은 동일성이 관계가 아니라는 자신의 주장을 밑받침하는 강력한 근거를 확보한 것이 된다(5.5301).[32] 만일 동일성 기호가 관계 표현이라면 비트겐슈타인이 5.534에 나열한 모든 명제들이 의미를 갖는 것으로 보아야 할 것이다.

그러나 바로 그 문맥에서 보면, 5.53 이하의 문단들에서 동일성을 처리한 비트겐슈타인의 처리 방법의 중요성은, 비트겐슈타인이 동일성 기호가 사용된다는 사실은 모든 명제가 요소 명제들의 진리 함수라는 자신의 주장이나 모든 명제를 N-연산자만 사용해서 요소 명제들의 진리 함수로 표현할 수 있다는 자신의 연관된 주장에 어긋나는 반대 사례가 아님을 증명했다는 데에 있다. 우리는 이제 N-연산자를 사용해서 양화사들을 표현하는 방법을 알게 되었다. 그 방법은 단지 변항들을 읽는 새로운 약정을 통합하기 위해 했던 방식에 대한 설명을 채택하는 것이다.

다른 명제를 포함한 듯한 명제

비트겐슈타인이 "명제의 일반 형식"에까지 이르는 사고 과정에서 마

---

32) 5.5301 It is self-evident that identity is not a relation between objects. This becomes very clear if one considers, for example, the proposition $'(x): fx. \supset . x = a'$. What this proposition says is simply that *only a* satisfies the function f, and not that only things that have a certain relation to a satisfy the function f.

Of course, it might then be said that *only a* did have this relation to a; but in order to express that, we should need the identity-sign itself.

지막으로 자세히 검토하는 것은 "(명제의) 내포성"(內包性, intensionality)
이라는 주제다. 어떤 명제가 그보다 더 큰 명제의 구성 요소로 등장하는
방식은 다양한데, 그런 경우에는 그 작은 명제의 출현에 관하여 진리 함
수적 설명이 불가능한 것처럼 보인다. 이런 경우의 가장 익숙한 실례는
"A는 p라는 사실을 믿는다."(A believes that p.)와 같이 **심리적 동사**를 사용
하는 명제들이다. 이러한 명제는 "명제는 다른 명제 속에 오직 진리치-
연산의 근거로만 나타난다."(5.54)[33]는 주장에 어긋나는 반대 사례 아닌
가? 이 물음에 대한 비트겐슈타인의 답변은 이 물음의 불분명한 논점을
드러내어 간명하게 밝히는 것인데, 그의 논평은 아주 분명하다. 그래서
우리가 해야 할 일은 "A는 p라는 사실을 믿는다."(A believes that p.)가
"'p'는 p라는 사실을 말한다."('p' says that p.)라는 형식의 명제라는 것은
"명백하다"고 주장한 비트겐슈타인의 말이 무슨 뜻인지 분명하게 파악
하는 것이다. 여기서 우리는 명제 3과 그 이하 문단들에 전개되어 있는
"사고 작용"(思考 作用, thinking)에 관한 비트겐슈타인의 설명을 상기해야
한다. 비트겐슈타인의 경우에는 A가 p라는 사실을 믿는 것은 A가 마음
속에 하나의 그림, 즉 p라는 사실을 대표하는 명제 기호를 갖는 것이다.
그렇다면 비트겐슈타인의 주장은 "A가 p라는 사실을 믿는다는 주장"이
"그 명제 기호('p')가 p라는 사실을 말한다는 주장"과 똑같은 주장이라
는 것이다. 이 상황에 대해서 비트겐슈타인에게는 "'p'는 p라는 사실을
말한다."('p' says that p.)라는 말이 헛소리이기 때문에 사람이 신념을 갖
는다고 말하는 진술들은 모두 헛소리라는 것을 매우 색다른 방식으로
암시하고 있다고 해설하는 사람도 종종 볼 수 있다.[34] 그러나 우리는 여

---

33)   5.54   In the general propositional form propositions occur in other
           propositions only as bases of truth-operations.

기서 기호(sign)와 상징(symbol)의 차이를 상기해야 한다(3.32).[35] 우리가 A의 마음속에 있는 "p라는 사실을 말하는 명제 기호"에 관해 말하는 경우는 어떤 외국어 기호에 관해 물은 사람에게 해주는 답변과 비교할 수 있다. 그런 경우 우리는 "이 기호는 '모스크바로 가는 길'을 말한다."고 말하는데, 이 답변은 누군가의 설명을 근거로 삼고 있는 경험적 주장일 것이다. 우리가 비트겐슈타인의 설명에 입각한 헛소리를 발언하는 경우는 오직 A의 마음속에 있는 상징에 관해서 "상징이 p라는 사실을 말한다."고 말하려고 시도하는 경우뿐이다.

그렇지만 비트겐슈타인이 말한 바와 같이(5.542),[36] "'p'는 p라는 사실을 말한다."('p' says that p.)가 옳다는 말이 무슨 뜻인지 설명하려 한다면, 그것은 'p' 속의 이름들과 그것들이 지칭하는 대상들의 상관 관계에 관한 문제이지, 'p' 자체와 어떤 것의 상관 관계에 관한 문제가 아니다. 그러므로 "A는 p라는 사실을 믿는다."(A believes that p.)가 완전히 분석된 형태의 명제에는 명제 "p"가 나타나지 않을 것이다. 이 방식으로 명제 "p"가 다른 명제의 구성 요소인 것처럼 보이는 것은 그 다른 명제의 겉보기 형태에서만 그렇게 보일 뿐이라는 것을 밝힐 수 있다.

여기서 비트겐슈타인이 주장하고 있는 것은 아주 개략적이고 매우 불확실하지만, 기본적인 생각은—더 깊이 살펴볼 필요가 있겠으나—분명하다고 할 수 있다. 그 기본적인 생각은 어떤 명제 "p"가 그보다 더

---

34) See e.g. Anthony Kenny, *Wittgenstein* (1973 ; rev. edn ; Blackwell : Oxford, 2006), p. 80.

35) 3.32   A sign is what can be perceived of a symbol.

36) 5.542   It is clear, however, that 'A believes that p, 'A has the thought p', and 'A says p' are of the form "'p" says p' : and this does not involve a correlation of a fact with an object, but rather the correlation of facts by means of the correlation of their objects.

큰 명제의 비-진리-함수적-구성-요소로 보이는 명제가 있지만, 그 더 큰 명제를 "완전히 분석한 형태"에서는 항상 명제 *"p"*가 사라진다는 것이며, 따라서 우리는 비트겐슈타인의 기본 입장에 겉으로만 반대 사례인 것처럼 보이는 명제를 만날 뿐이다.

유아주의와 실재주의

5.6   내 언어의 한계는 내 세계의 한계를 의미한다.

이 5절은 『논리철학론』 전체에서 논의의 여지없이 가장 어려운 주제를 다루고 마무리된다. 이번만은 그 어려움을 비트겐슈타인 탓으로 돌릴 수 없다. 그 어려움은 생각이 지나치게 압축되어 표현되었기 때문이 아니라, 비트겐슈타인이 주장하는 것이 말로 표현될 수 없는 어떤 것, 즉 "유아주의자"가 추구하고 있다고 그가 믿는 "진리"를 우리에게 보여주려는 그의 소망에서 유래하는 것이다(5.62).[37] 이 어려움 때문에 이 주제에 대해 제시하는 내 해석은 이 책에서 내가 제시하는 다른 어떤 해석보다도 더 시험적인 견해라고 하겠다.

첫 번째 물음은 "왜 비트겐슈타인은 유아주의에 관한 이런 여담을

---

37) 5.62   This remark provides the key to the problem, how much truth there is in solipsism.

   For what the solipsist *means* is quite correct; only it cannot be *said*, but makes itself manifest.

   The world is *my* world: this is manifest in the fact that the limits of *language* (of that language which alone I understand) mean the limits of *my* world.

5.621   The world and life are one.

『논리철학론』의 이 자리, 다시 말해 '명제의 일반 형식'의 치밀한 개발 과정의 마지막에 배치했는가?'라는 것이다. 그 답은 "명제의 일반 형식"을 개발하려는 주요한 목적들 가운데 하나가 비트겐슈타인이 그것에 의해서 암암리에 "언어의 한계"를 설정하려는 목표라는 것이다. "명제의 일반 형식"은 언어로 표현될 수 있는 것들 전체에 관한 철저한 설명을 제공하고, 그래서 요소 명제들의 진리 함수로 표현될 수 없는 이른바 추정상의 명제는 어느 것이든 단지 언어에 포함되지 못하는 것이 아니라 아예 언어로부터 제거되어버릴 것이다. "명제의 일반 형식"이 언어의 한계를 보여준다는 말은 바로 이 사실을 뜻하는 것이다.

두 번째 물음은 "여기서 말하는 '유아주의자'는 누구인가?"라는 것이다. 이 물음에 대해서는 우리가 비트겐슈타인이 젊은 시절에 어떤 형태의 선험적 관념주의(先驗的 觀念主義, transcendental idealism), 특히 쇼펜하우어에 열광했었다는 사실과 함께 그의 배경을 기억할 필요가 있다.[38] 우리는 칸트(Immanuel Kant, 1724-1804)가 『순수 이성 비판』의 "범주의 선험적 연역"에서 한 진술을 가지고 시작할 수 있다. 거기서 칸트는 "모든 나의 표상에는 '내가 (그 표상을) 생각한다.'는 자각이 항상 함께 동반되어야 한다. 왜냐하면, 만일 그렇지 않으면, 내가 전혀 생각할 수 없는 무언가가 내 안에 표상으로 나타날 수 있을 텐데, 이 말은 (나의) 표상작용이 불가능하다고 주장하거나, 적어도 나에게는 어떤 표상도 있을 수 없다고 주장하는 것과 똑같은 말이기 때문이다."라고 말했다.[39] 이

---

38) 비트겐슈타인은 5.6 이하의 문단들을 쓸 때에 쇼펜하우어의 말로 알려져 있는 "누구나 자신의 시야의 한계를 세계의 한계라고 잘못 생각한다."는 말을 알고 있었음에 틀림없다.

39) I. Kant, *Critique of Pure Reason* (trans. N. Kemp Smith ; Macmillan : London, 1929), B 131.

에 대한 칸트의 자세한 해설에 너무 얽매이지 않고 생각한다면, 이 말은 결국 세계는 나의 관심 대상인 한 나의 "단일 의식"에 표상될 수 있어야 하며, 또 내가 세계를 경험할 수 있는 조건들에 세계가 복종해야 한다는 것이다. 이런 의미에서 우리는 칸트의 경우에 "세계는 나의 세계다."라고 말할 수 있다. 그다음에 칸트는 "순수 이성의 오류 추리"에서[40] 독자가 (위의 사실에 의해서) 경험의 형이상학적 주체를 확인했다고 생각하는 것은 오류 추리라고 주장하고, "내가 사고에서 참으로 확인하는 모든 것은 오직 '의식의 통일'일 뿐이다."라고 말한다. 만일 우리가 "경험 가능성 조건"에 대한 칸트의 관심을 "세계가 나의 언어에 반영될 수 있는 조건"에 대한 비트겐슈타인의 관심으로 바꾸어 생각한다면 여기까지는 칸트와 비트겐슈타인의 생각이 비슷하며, 그래서 "언어의 한계는 나의 세계의 한계를 의미한다."고 말할 수 있고, 다시 한 번 "중요한 의미에서 주관(主觀, subject)은 없다."고도 말할 수 있다(5.631).[41]

그렇다면 "칸트의 한계"와 "비트겐슈타인의 한계"의 차이는 무엇인가? 전체적으로 살펴보면, 칸트가 세계를 그것에 관한 우리의 판단들이 객관적으로 옳거나 그르게 만드는 것으로 생각했을 때에 그가 경험 속에서 자신의 판단이 옳은지 그른지 말할 수 있는 어떤 방식이 반드시 있

---

40) Ibid., B 399-432.

41) 5.631 There is no such thing as the subject that thinks or entertains ideas.

　　If I wrote a book called *The World as I found it*, I should have to include a report on my body, and should have to say which parts were subordinate to my will, and which were not, etc., this being a method of isolating the subject, or rather of showing that in an important sense there is no subject; for it alone could *not* be mentioned in that book.—

어야 한다는 것을 수반하는 세계를 생각하고 있었다는 점에서 칸트의
한계는 우리의 인식 능력에 설정되었다. 그렇기 때문에 칸트는 "신앙의
여지를 만들기 위해 지식을 거부하는 일"에 관해서 말할 수 있었다.[42]
우리의 지식이 "경험 가능성 조건에 복종하는 세계"에 대해서는 제한되
었지만, 우리는 여전히 "세계 그 자체" 즉 "경험 가능성 조건에 복종하
지 않는 세계"에 관해서는 사색할 수 있었다. 이는 칸트가 경험의 세계
에 한계를 설정했을 때에 그 한계는 우리에게 직접 가해진 **진짜 규제**
(genuine limitation)였다는 것을 의미한다. 이와 대비시켜 보면, 비트겐슈
타인이 "언어의 한계"에 관해 말할 적에는 그 한계가 논리학에 의해서
설정되며, 이 대목에서 "논리학의 공허성"(論理學의 空虛性, emptiness of
logic)이 본래의 특성을 발휘하게 된다. 다시 말하면 나의 언어에 나타나
는 것으로서의 세계에 대비될 수 있는 "세계 그 자체"라는 생각은 비논
리적 세계에 관한 헛된 생각일 것이고, 그래서 비트겐슈타인은 "우리는
자기가 생각할 수 없는 것을 생각할 수 없다. 그러므로 우리는 자기가
생각할 수 없는 것을 말할 수 없다."(5.61)고 강조한 것이다.[43] 이런 방식

---

42) Ibid., B xxx.

43) 5.61   Logic pervades the world: the limits of the world are also its lim-
            its.

            So we cannot say in logic, 'The world has this in it, and this,
            but not that.'

            For that would appear to presuppose that we were excluding
            certain possibilities, and this cannot be the case, since it would
            require that logic should go beyond the limits of the world; for
            only in that way could it view those limits from the other side as
            well.

            We cannot think what we cannot think; so what we cannot
            think we cannot *say* either.

으로 "언어의 한계"는 어떤 종류의 규제(limitation)도 아닌 것이다. 칸트는 선험적 관념주의가 경험적 실재주의(經驗的 實在主義, empirical realism)와 양립할 수 있을 뿐만 아니라 경험적 실재주의를 수반하기까지 한다고 주장할 수 있었던 반면에, 비트겐슈타인은 ─『논리철학론』의 입장에서 보면 ─ 관념주의자의 입장과 실재주의자의 입장의 차이가 간단히 사라진다는 것을 보여주기 위해서 "유아주의와 가장 순수한 실재주의는 실은 똑같은 것"이라는 주장을 엄밀히 확립하는 것으로 마무리 짓고 있다.[44]

토론거리

• 이 절에 나왔던 견해들 중에서 무한히 많은 요소 명제의 존재 가능성을 설명하기 위해서 수정이 필요한 견해는 어떤 견해인가?

• 유아주의자가 추구하는 것들 가운데 정말로 올바른 것은 무엇인가?(5.62)[45]

---

44) 5.64   Here it can be seen that solipsism, when its implications are fol-
          lowed out strictly, coincides with the pure realism. The self of
          solipsism shrinks to a point without extension, and there remains
          the reality co-ordinated with it.

45) 5.62   This remark provides the key to the problem, how much truth
          there is in solipsism.

          For what the solipsist *means* is quite correct; only it cannot be
          said, but makes itself manifest.

          ⋯ this is manifest in the fact that the limits of *language* (of that
          language which alone I understand) mean the limits of *my* world.

6절 "진리 함수의 일반 형식은 $[\bar{p}, \bar{\xi}, N(\bar{\xi})]$이다"

비트겐슈타인은 모든 의미있는 명제를 값으로 취하는 변항을 제시하는 방법을 사용하여 앞 절에서 주장했던 "명제의 일반 형식"에 관해 설명하면서 이 절을 시작한다. 비트겐슈타인은 "명제의 일반 형식"에 의해서 "언어의 한계"를 암암리에 규정한다. "명제의 일반 형식"에 어긋났다고 밝혀질 수 있는 겉으로만 명제처럼 보이는 명제는 바로 그 사실에 의해서 언어의 한계를 벗어난 헛소리라고 폭로된다. 이어서 비트겐슈타인은 이 입장에서 얼핏 보기에 문제가 있는 것으로 여겨지는 일련의 언어 사용 실례를 검토하는데, 그런 실례가 『논리철학론』의 입장과 조화를 이룰 수 있는 방법을 알려주거나, 아니면 헛소리로 간주되어 폐기되어야 하는 이유가 무엇인지 설명한다. 그다음 비트겐슈타인은 6.1 이하에서 논리적 진리와 논리적 허위, 6.2 이하에서 수학적 명제, 6.3 이하에서 과학 이론과 인과 명제, 6.4 이하에서 가치에 관한 진술, 6.5 이하에서 형이상학과 세계 전체에 관한 주장을 검토하는데, 이 6절의 마지막에는 『논리철학론』 자체에 관해서 언급하는 문장이 있다. 이 절을 관통하는 주제는 6.37의 "오직 논리적 필연성만 있다."는 주장이다. 명제의 일반 형식은 우리가 명제들의 진리—조건을 체계적으로 설명할 수 있는 방식을 명확히 알려주는데, 그와 함께 "필연적으로 옳은 명제"이면서 세계에 관해 "사실적 주장"을 하는 명제는 있을 수 없다는 것도 밝힌다.

우리는 이 절에서 주로 논리적 진리를 설명하는 비트겐슈타인의 방법과 형이상학적 탐구에 대해서 "명제의 일반 형식"이 내리는 결론에 집중할 텐데, 그 까닭은 이 두 주제가 『논리철학론』 전체에 걸쳐 밀접하게 얽혀 있기 때문이기도 하고, 비트겐슈타인이 다른 주제들과 관련해서 계속 언급해왔기 때문이기도 하다. 윤리(윤리학)는 아주 간략하게 언급되는데, 기껏해야 몇 행에 걸쳐 생각해보게 될 것이다. 비트겐슈타인이 『논리철학론』 자체에 관해서 언급하고 있는 6.54가 함축하고 있는 의미에 관한 검토는 다음 절로 미루겠다.

앞 절에서 우리는 비트겐슈타인이 N-연산자를 일련의 명제에 관한 모든 가능한 진리 함수를 정의할 수 있는 진리 함수 연산자로 도입하는 것을 보았다. 이제 명제 6에서는 어떻게 모든 명제가 N-연산자만 사용하여 요소 명제들로부터 만들어질 수 있는가를 증명하는 공식(公式) 역할을 하는 형식문(形式文, formula)을 제시한다. 이 형식문을 "명제의 일반 형식"이라 하는데, 개개의 명제 모두가 요소 명제들의 진리 함수로서 체계적으로 만들어질 수 있는 방식을 알려준다. 또한 비트겐슈타인은 그것에 의해서 "언어의 한계"를 설정한다(4.51).[1] 즉 명제 6은 "명제의 일반 형식"을 제시하는데, 그러므로 명제 6에 일치하는 방식으로 분석될 수 없는 겉으로만 명제처럼 보이는 명제는 모두 헛소리라고 폭로될 것이다.

이 절에서 비트겐슈타인은 명제 6의 입장에서 보면 이런저런 방식으로 문제를 일으키는 일련의 실례를 검토하면서 언어의 현상들을 개관하고 있다. 비트겐슈타인은 그런 실례가 『논리철학론』의 입장과 조화를 이룰 수 있는 방법을 알려주거나, 우리가 단지 겉으로만 명제처럼 보일 뿐이고 실은 옳거나 그른 주장을 하는 것과는 다른 방식으로 사용된 "낱말 조합"을 다루고 있다고 알려주거나, 아니면 겉으로만 명제처럼 보이는 그 "낱말 조합"이 전혀 명제가 아니라 실제로는 "낱말들의 무의미한 조합"이라는 것을 폭로한다. 첫눈에는 명제 6이 어떤 명제의 완전

---

1)   4.51   Suppose that I am given *all* elementary propositions: then I can simply ask what propositions I can construct out of them. And there I have *all* propositions, and *that* fixes their limits.

히 분석된 모습을 보여주는 방법에만 관여하고, 비트겐슈타인이 이곳에서 그 분석이 진행되는 자세한 방법을 전혀 말하지 않고 있기 때문에, 이런 일이 불가능한 것처럼 보인다. 우리가 주어진 명제에 대한 분석을 어떻게 시작하는지 모른다면, 분석을 통해서 어떤 명제가 명제 6으로 표현된 패턴(pattern, 본보기 형식)에 적합하도록 만들어질 수 있는지 어떤지를 어떻게 알 수 있단 말인가? 이에 대한 답은 우리가 어떤 겉으로만 명제처럼 보이는 명제가 명제 6에 적합하지 못하게 만들질 수 있다고 생각할 수 있는 간접적 근거를 갖고 있다는 것이다. 그런 간접적 근거들 가운데 가장 단순한 근거는 명제 6이 "필연적인 사실적 진리"(必然的인 事實的 眞理, necessary substantial truth)의 성립 가능성을 완전히 배제한다는 것이다. 다시 말하면 요소 명제들의 진리 함수로서 만들어질 수 있는 필연적 진리(必然的 眞理, necessary truth)는 오직 6.1 이하에서 살펴보게 되는 "논리학의 공허한 진리들"(empty truths of logic)뿐이다. 그런데 이 절에서 비트겐슈타인이 개관하는 명제들은 ─ 겉으로는 다양한 모습을 지녔으나 ─ 모두 직관적 이해에 따라 세계에 관해 주장하는 명제이면서, 혹시 옳다면, 필연적으로 옳아야 하는 명제로 보임에도 불구하고, 공허한 항진 명제(恒眞 命題, tautology)로 보이지 않는다. 따라서 이 절에 일관하는 한 가지 주제는 비트겐슈타인이 6.37에서 주장하는 "오직 논리적 필연성만 있다."는 것이다.[2]

그러나 비트겐슈타인이 곧 논평하게 될 여러 가지 명제를 자세히 살펴보기 전에 먼저 명제 6 자체를 살펴보고자 한다. 비트겐슈타인은 명제 6을 진술하면서 운 나쁘게 큰 실수를 저질렀다. 그 결과 해설가들은

2) 6.37 There is no compulsion making one thing happen because another has happened. The only necessity that exists is *logical* necessity.

비트겐슈타인의 말을 그 상태로 읽으면 어떻게 작동하는지 밝히려고 하거나, 또는 이 일이 이루어질 수 없기 때문에 "명제의 일반 형식"에 관한 비트겐슈타인의 생각 전체에 일관성이 없다고 주장하는 데에 아주 많은 시간을 허비하였다. 비트겐슈타인의 실수를 확인하고 또 그것을 바로잡는 일은 실제로는 비교적 간단한 일이다.[3] 이 논점에 관한 비트겐슈타인의 표기법은 그가 그 표기법 개념을 4.1273에서는[4] 비형식적으로 설명하고, 5.2522에서는[5] 명백하게 형식적으로 설명한 바에 따

----

3) 사실 러셀은 『논리철학론』에 실려 있는 자신의 "머리말"에서(p. 14) 비트겐슈타인이 원래 말했어야 하는 것을 형식적 표기법으로 밝히지는 않았으나 만족스럽게 설명했다. 러셀은 "비트겐슈타인의 기호 표기법에 관한 그 자신의 설명은 이 책에 제대로 완벽하게 제시되지는 않았다."는 재치 있는 말로 암암리에 명제 6의 원문 표현을 바로잡은 셈이었다.

4) 4.1273 If we want to express in conceptual notation the general proposition, $'b$ is a successor of a', then we require an expression for the general term of the series of forms

$$aRb,$$
$$(\exists x):aRx.xRb,$$
$$(\exists x, y):aRx.xRy.yRb,$$
$$\cdots\cdots$$

In order to express tbe general term of a series of forms, we must use a variable, because the concept 'term of that series of forms' is a *formal* concept. (This is what Frege and Russell overlooked: consequently the way in which they want to express general propositions like the one above is incorrect; it contains a vicious circle.)

We can determine the general term of a series of forms by giving its first term and the general form of the operation that produces the next term out of the proposition that precedes it.

5) 5.2522 Accordingly I use the sign $'[a, x, O'x]'$ for the general term of the series of forms $a, O'a, O'O'a, \cdots$. This bracketed expression is a

르면 "형식들의 계열"(series of forms)을 나타내는 표기법으로 구상된 것
이었다.

비트겐슈타인이 5.2522에 제시한 설명은 6.03에 인용한 "자연수"(自然
數, natural number)에 관한 그의 설명에서 완전하게 작동하고 있다. [0, ξ,
ξ+1]이라는 계열 표현은 0, 1, 1+1, 1+1+1, …, 이라는 계열을 만들
며, 이 경우 이 형식문의 둘째 항과 셋째 항은 어떤 수로부터 그 수의
"바로 다음 수"로 나아가는 규칙을 보여준다. 그러나 비트겐슈타인은
5.2521에서 연산(演算, operation) 개념을 도입할 때에 "이와 비슷한 의미
로, 나는 일군의 명제에 연산을 한 번 이상 적용하는 '연속 적용'에 관해
서 말하고 있다."고 말하였다.[6] 비트겐슈타인은 지나가는 말처럼 한마
디 덧붙였지만, 이 확장은 그의 목적에 본질적인 것인데, 그 까닭은 그
에게 가장 중요한 연산자—N-연산자—의 핵심이 단 하나의 명제가
아니라 어떤 명제 영역 전체, 그 영역이 무한히 크더라도 그 영역 전체
에 적용되는 것이기 때문이다. 이것이 바로 비트겐슈타인이 N-연산자
를 다른 명제를 만들어내도록 단 하나의 명제에 적용되는 연산자로서가
아니라, 명제를 만들어내도록 명제 변항에 적용하는 연산자로 정의한
이유다. 그렇지만 비트겐슈타인이 간과한 것은 이 정의가 "형식들의 계

---

variable: the first term of the bracketed expression is the begin-
ning of the series of forms, the second is the form of a term x
arbitrarily selected from the series, and the third is the form of
the term that immediately follows x in the series.

6) 5.2521 If an operation is applied repeatedly to its own results, I speak of
successive applications of it. ($'O' O' O' a'$ is the result of three suc-
cessive applications of the operation $'O' ξ'$ to $'a'$.)

In a similar sense I speak of successive applications of *more
than one* operation to a number of propositions.

열"에 대한 그의 표기법은 그러한 연산을 잘 처리하도록 고안되지 못했다는 것을 의미한다는 사실이었다. 실제로 명제 6의 형식문은 근본적으로 사리에 맞지 않는 표기법이다. 그 표기법은 우리에게 반복 적용 과정을 설명하려는 것이기 때문에, 한 명제로부터 그 계열 속의 그다음 명제로 나아갈 수 있는 규칙(規則, rule)을 제공해야 하고, 그 동일한 규칙이 그 규칙에 의해 만들어진 두 번째 명제에 세 번째 명제를 만들기 위해 적용될 수 있어야 한다. 그러나 비트겐슈타인의 표기법은 이 일을 하지 못한다. 그 대신에 비트겐슈타인의 표기법은 명제 변항으로부터 명제로 나아가는 규칙을 제공한다. 그러므로 우리는 그 규칙을 일단 적용한 다음에는, 그 결과에 동일한 규칙을 직접 적용할 수 없고, 계단식 방식으로 진행할 수밖에 없다. 그 계단식 방식이란 우리가 이미 알고 있는 어떤 일군의 명제를 값으로 취하는 명제 변항을 구체적으로 확인하고 나서, 거기에 N-연산자를 적용하여 새로운 명제를 만들어내고, 다시 우리가 지금 알고 있는 일련의 명제를 값으로 취하는 새로운 명제 변항을 구체적으로 확인하고, … 등등으로 진행되는 방식이다. 이 과정을 비트겐슈타인이 명제 6에서 마음속으로 그렸으리라고 추측되는 단순한 "형식들의 계열"로 환원시키는 간단한 방법은 전혀 없다. 그 대신에 비트겐슈타인이 필요로 하는 것은 명제 개념에 대한 "재귀적 정의"(再歸的 定義, recursive definition)라 하겠는데, 그 정의는 다음과 같이 진행된다.

1. 만일 p가 요소 명제라면 p는 명제다.
2. 만일 $\bar{\xi}$ 명제들을 값으로 취하는 변항이라면 $N(\bar{\xi})$는 명제다.
3. 모든 명제는 (1)과 (2)에 의해서 만들어진다.

비트겐슈타인은 6.001에서 명제 6에 관하여 "모든 명제는 요소 명제들에 N-연산자를 연속해서 적용하여 만들어진 결과다."라고 해설한다. 설령 명제 6이 그 생각을 정확하게 표현하지 못한 실패한 시도를 보여 준다 할지라도, 이 재귀적 정의는 그 생각을 실제로 정확하게 표현하고 있다. 기본 생각은 우리가 요소 명제들을 가지고 시작한다는 것이다. 우리는 요소 명제들의 집합들에 N-연산자를 적용하여 명제들의 새로운 집합들을 만든다. 이 집합을 원래의 요소 명제들의 집합에 더한다. 그리고 이 과정을 요소 명제들의 모든 진리 함수가 만들어질 때까지 반복한다. 이 일은—비트겐슈타인이 5.32에서[7] 알려주는 바와 같이—유한개의 단계를 밟아 이루어질 수 있다.[8]

이런 방식으로 재귀적 정의는 비트겐슈타인의 명제 6이 의도했지만 실패했던 모든 것을 실현시킨다. 재귀적 정의는 모든 가능한 명제—일정한 요소 명제들로 해석되고, 오직 하나의 진리 함수 연산자만 사용하여 만들어지는 명제들—가 그 속에서 제자리를 찾을 수 있는 "체계로서의 언어"를 표현한다. 그 언어 체계는 모든 가능한 명제를 포함하기 때문에, 바로 그 사실에 의해서 암암리에 "언어의 한계"를 설정한다. 그 언어 체계 안에서 만들어질 수 없는 것은 무엇이건 단지 헛소리일 것이다.

위의 말이 너무 강하다면, 재귀적 정의는 적어도 명제 6이 하려고 의도했던 거의 모든 것을 실현시킨다고 할 수 있다. 재귀적 정의는 모든 명제를 단순한 선형 계열로 만들어내지 않는다. 하지만 모든 명제를 선형 계열로 배열하는 가능성에 무슨 철학적 의미를 부여할 수 있는지 깨달

---

7)   5.32   All truth-functions are results of successive applications to elementary propositions of a finite number of truth-operations.

8)   실제로 필요한 단계는 극히 적다. 네 번째 반복 적용 다음에는 모든 진리 함수가 드러날 것이다.

기는 어렵다. 어쨌든 만일 우리가 무한히 많은 요소 명제가 있을 가능성을 인정한다면, 요소 명제들의 모든 진리 함수를 선형 계열로 배열하는 것은 불가능하다. 이유는 단지 그런 진리 함수가 너무 많기 때문이다.

"논리학에 관한 완전한 철학"

비트겐슈타인은 먼저 6.1에서 논리학의 명제들은 항진 명제(恒眞 命題, tautology)라고 주장하면서, 논리학의 명제들의 본성과 격위에 관한 물음으로 방향을 돌린다. 비트겐슈타인이 마침내 『논리철학론』에 도달했던 탐구를 시작한 동기들 가운데 하나는 이 물음에 대한 프레게의 답, 특히 러셀의 답에 대한 불만이었다.

나에게 수학을 정의하는 일에 "항진 명제"의 중요성을 일깨워준 사람은 전에 나한테 배웠던 루트비히 비트겐슈타인이었는데, 그는 이 문제를 계속 연구하고 있었다. 나는 지금 이 문제를 그가 해결했는지 못했는지, 아니 그가 죽었는지 살아 있는지조차 모른다.[9]

러셀은 논리학의 진리의 특성을 "옳으면서 완전히 일반적인 명제"(true

---

9)   B. Russell, *Introduction to Mathematical Philosophy* (Allen and Unwin: London, 1919), p. 205.
[러셀은 이 책을 1차 세계 대전에 대한 반전 운동으로 인해 6개월 동안 감옥에 수감되어 있으면서 썼고, 비트겐슈타인은 1914년 8월에 오스트리아 육군에 자원 입대하여 싸우다가 1918년 11월에 포로로 잡혀 1차 세계 대전이 종전되고 1919년 8월에 석방될 때까지 이탈리아의 코모에 있는 포로수용소에 있었다. 러셀은 전쟁의 혼란 속에서 비트겐슈타인의 안부를 알 수 없었다. ― 옮긴이]

and completely general proposition)라고 설명하였다. 이 정의가 의미하는 것
은 논리학의 진리는 특수한 내용을 전혀 갖고 있지 않고, "$(\exists x)(\exists y)(\Phi)(\Psi)(\sim(\Phi(x, y)\supset\Psi(x, y))\supset\sim(\Psi(x, y)))$"와 같이 오직 논리 상항
과 변항만 포함하고 있는 명제라는 것이다. 러셀은 그러한 명제가 옳을
경우에만 논리학의 진리라고 보았다. 논리적 진리의 특성에 관한 러셀
의 이러한 설명에 대한 비트겐슈타인의 반론은 명료하고 확고한 것이
었다(6.1231~6.1233).[10] 한편으로 세계에 관한 "완전히 일반적이지만 우
연히 옳은 명제"가 없다고 주장할 근거는 전혀 없다. 다른 한편으로 "비
가 오면서 오지 않는다는 것은 사실이 아니다."라는 명제처럼 "특수한
주제에 관한 명제"이면서도 "완전히 일반적인 명제"와 똑같이 논리학
의 진리로 간주되는 명제도 있다. 따라서 이 문제의 해결에 필요한 것은
어떤 명제가 논리학의 진리라는 것을 확인하는 완전히 다른 특정화 기
준(特定化 基準, criterion of specification)을 설정해야 한다는 것이었다. 더 풀
어 말하면, 왜 논리학의 진리들은 필연적으로 옳은가, 왜 우리는 논리학

---

10) 6.1231 The mark of a logical proposition is *not* general validity.

　　　　To be general means no more than to be accidentally valid for all things. An ungeneralized proposition can be tautological just as well as a generalized one.

　　6.1232 The general validity of logic might be called essential, in contrast with the accidental general validity of such propositions as 'All men are mortal'. Propositions like Russell's 'axiom of reducibility' are not logical propositions, and this explains our feeling that, even if they were true, their truth could only be the result of a fortunate accident.

　　6.1233 It is possible to imagine a world in which the axiom of reducibility is not valid. It is clear, however, that logic has nothing to do with the question whether our world really is like that or not.

의 진리들을 선천적으로 알 수 있는가, 그러니까 왜 논리학의 진리들은 필연적으로 옳으면서 선천적으로 알 수 있다는 것이 의심의 여지없이 확실한가를 새로이 설명할 필요가 있었다. 비트겐슈타인은 논리학의 진리를 확인하는 기준으로 항진 명제(恒眞 命題, tautology) 개념을 제안하였다. 이 용어는 비트겐슈타인이 "완전히 공허한 주장" 즉 "아무 것도 말하는 바가 없는 명제"를 가리키는 수사학의 용어를 빌려온 것이다. 논리학의 명제들은 완전한 공허성 대신에, 달리 말하면 세계에 관한 정보 전달을 완전히 포기함으로써 필연성과 선천적 격위를 획득한다. 이 특정화 기준을 옹호하는 논증은 단순하다. 만일 논리학의 명제가 "필연적이면서 선천적인 명제"라면 이 세계가 존재하는 방식과 전혀 관계없이 옳아야 한다. 그러나 논리학의 명제가 이 세계가 존재하는 방식 — 사실들이 성립해 있는 방식 — 과 전혀 관계없이 옳다면, 이 세계가 존재하는 방식에 관해서는 우리에게 아무 것도 알려줄 수 없고, 또 그것들을 옳게 만드는 특수한 "논리적 사실"(論理的 事實, logical fact)을 필요로 하지도 않는다. 논리학의 명제는 "명제가 실제로 퇴화한 경우"에 해당하면서 상징 체계(symbolism)의 한 부분으로 남아 있지만 모든 내용이 비워진 명제이다. 비트겐슈타인이 항진 명제에 관한 진리 함수적 설명을 제시하기 전에도 논리학의 진리의 특징을 항진 명제라고 설명했던 것으로 보이는 사실은 주목할 가치가 있다. "퇴화된 진리 함수" 즉 "일련의 명제에 할당되는 진리성과 허위성의 어느 조합과도 관계없이 옳은 일련의 명제의 진리 함수"라는 생각은 "최초의 생각" 즉 "논리적 진리의 완전한 공허성"이라는 생각을 구체적으로 알려주는 비트겐슈타인의 방식이다.

  이 생각을 배경으로 6.1 이하에서 전개되는 사고의 주요한 흐름은 간명하고 직설적으로 전개된다. 실제로는 비트겐슈타인이 이 사고 흐름의 과정에서 실수로 길을 잃어버렸으나, 논리학에 관한 나중의 발전이

그가 6.122에서[11] 말한 것이 명백히 그르다는 것을 밝혔다. 이것이 비트
겐슈타인의 맹점 — 명제가 유한개인 경우와 무한개인 경우의 근본적
차이를 잘못 평가한 사실 — 이 아주 심각한 결과를 일으킨다는 해설가
들의 이야기의 요지다. 어쨌든 그 결과로 많은 해설가들이 논리학 전체
에 관한 비트겐슈타인의 설명은 잘못된 것이기 때문에, 논리적 진리를
항진 명제라고 진리 함수적으로 설명할 것이 아니라, 논리학에 적합한
이론을 다른 방식으로 찾아야 한다고 결론을 내렸다. 그러나 그것은 상
황을 극단적으로 단순화한 반응이었다. 6.122의 과오가 심각한 것이고
또 비트겐슈타인의 후기 견해들 약간에 심각한 영향을 준다고 할지라
도, 이 절의 주된 논증은 본래대로 유지된다. 그 과오는 단지 비트겐슈
타인이 그 논증으로부터 무모한 결론을 끌어냈다는 것일 뿐이다.

　비트겐슈타인은 6.113에서, 논리학의 진리의 특이한 점은 우리가 논
리적 진리는 오직 상징(symbol)만을 근거로 삼고 옳다고 말할 수 있다는
점이며, 그 사실은 자연스럽게 "논리학에 관한 완전한 철학을 포함한
다."라고 주장한다.[12] 이 주장을 옹호하는 논증은 다음과 같이 진행된
다. 논리학의 명제는 필연적으로 옳다. 다시 말하면 논리학의 명제는 이
세계가 존재하는 방식과 전혀 관계없이 옳다. 그러므로 논리학의 명제

---

11) 6.122　It follows from this that we can actually do without logical propo-
　　　　 sitions; for in a suitable notation we can in fact recognize the for-
　　　　 mal properties of propositions by mere inspection of the proposi-
　　　　 tions themselves.

12) 6.113　It is the peculiar mark of logical proposicions that one can recog-
　　　　 nize that they are true from the symbol alone, and this fact con-
　　　　 tains in itself the whole philosophy of logic. And so too it is a very
　　　　 important fact that the truth or falsity of non-logical proposi-
　　　　 tions *cannot* be recognized from the propositions alone.

의 진리성은 그것이 옳은지 그른지 알아보기 위해 이 세계를 관찰하는 일과 전혀 관련이 없어야 한다(5.551).[13] 논리학의 명제는 실재에 대하여 실재를 대표하는 관계에 있지 않다. 논리학의 명제 속에서는 실재를 대표하는 관계들이 서로가 서로를 무효화시켜 버린다(4.462).[14] 하지만 만일 논리학의 진리가 그런데도 옳다면, 논리학의 진리는 그것이 옳다는 것을 확인하기 위해서 그 명제의 바깥을 살펴볼 필요가 없는 방식으로 옳기 때문일 수밖에 없다. 그러나 그런 일은 논리적 진리 자체가 제 자신의 진리치를 보증하는 방식으로 구성되어 있는 경우에만 이루어질 수 있다. 그러므로 논리적 진리를 표현하는 상징은 그 명제의 진리성을 확인하는 데 필요한 모든 정보를 포함하고 있어야 한다. 이 사실은 "인간의 능력으로는 우리가 매일 사용하는 언어로부터 곧바로 그 언어의 논리학을 파악하는 일이 불가능한" 일상 언어(our everyday language) 속에 숨겨져 있을 것이다(4.002).[15] 그렇지만 만일 우리가 "논리적 문법(論理的

---

13) 5.551   Our fundamental principle is that whenever a question can be decided by logic at all it must be possible to decide it without more ado.

 (And if we get into a position where we have to look at the world for an answer to such a problem, that shows that we are on a completely wrong track.)

14) 4.462   Tautologies and contradictions are not pictures of reality. They do not represent any possible situations. For the former admit *all* possible situations, and the latter *none*.

 In a tautology the conditions of agreement with the world—the representational relations—cancel one another, so that it does not stand in any representational relation to reality.

15) 4.002   Man possesses the ability to construct languages capable of expressing every sense, without having any idea how each word has meaning or what its meaning is—just as people speak without

文法, logical grammar) 즉 논리적 통사론(論理的 統辭論, logical syntax)이 통제하
는 기호-언어(記號-言語, sign-language)"를 구성할 수 있다면, 그 논리학의
명제가 지닌 논리적 형식이 표면에 드러나게 되고, 그래서 표면 아래에
숨겨져 있던 그 명제의 진리-조건이 명백하게 밝혀질 것이다(3.325).[16]
바로 이것이 6.122에[17] 나오는 "(명제를 표현하기에) 적절한 표기법에
서는 우리가 간단한 조사에 의해서 명제의 형식적 속성을 알아볼 수 있
을 것이다."라는 말의 뜻이다. (비트겐슈타인은 그러한 표기법을 발견

---

knowing how the individual sounds are produced.

Everyday language is a part of the human organism and is no less complicated than it.

It is not humanly possible to gather immediately from it what the logic of language is.

Language disguises thought. So much so, that from the outward form of the clothing it is impossible to infer the form of the thought beneath it, because the outward form of the clothing is not designed to reveal the form of the body, but for entirely different purposes.

The tacit conventions on which the understanding of everyday language depends are enormously complicated.

16) 3.325　In order to avoid such errors we must make use of a sign-language that excludes them by not using the same sign for different symbols and by not using in a superficially similar way signs that have different modes of signification: that is to say, a sign-language that is governed by *logical* grammar—by logical syntax.

(The conceptual notation of Frege and Russell is such a language, though, it is true, it fails to exclude all mistakes.)

17) 6.122　It follows from this that we can actually do without logical propositions; for in a suitable notation we can in fact recognize the formal properties of propositions by mere inspection of the propositions themselves.

했다고 주장하지 않았으며, 특히 N-연산자 표기법이 그런 "적절한 표기법"이라고 주장하지 않았다는 사실을 주의해야 한다.)

비트겐슈타인이 잘못을 저지른 것은 이 사고 흐름의 마지막 단계에 서였을 뿐이다. 그가 6.1203에서 자신의 생각을 명제 논리학에는 상당히 성가신 표기법을 사용하여[18] "항진 명제에 양화사가 전혀 나타나지 않는 경우"를 예시하는데, 독자는 그 표기법만 익히면 어떤 명제가 항진 명제라는 것을 정확하게 확인할 수 있다.[19] 그렇지만 비트겐슈타인은

---

18) [이 표기법의 일부를 소개하면 다음과 같다.—옮긴이]

6.1203 In order to recognize an expression as a tautology, in cases where no generality-sign occurs in it, one can employ the following intuitive method: instead of ʻpʼ, ʻqʼ, ʻrʼ, etc. I write ʻTpFʼ, ʻTqFʼ, ʻTrFʼ, etc. Truth-combinations I express by means of brackets, e.g.

and I use lines to express the correlation of the truth or falsity of the whole proposition with the truth-combinations of its truth-arguments, in the following way.

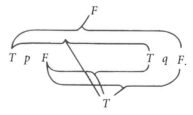

So this sign, for instance, would represent the proposition p⊃q.

19) 이 성가신 표기법의 기원은 6.1203~6.122의 내용이 1913년 11월에 러셀에게 보낸 편지에 적어 보낸 내용을 손질한 것이라는 사실에 의해 설명된

6.122에서 더 이상의 논증 없이 자기가 "항진 명제에 양화사가 전혀 나타나지 않는 경우"를 예로 사용하여 설명했던 내용이 완전히 일반적으로 옳아야 한다고 주장하였다.

하지만 처치(Alonzo Church, 1903-1995)는 1936년에 술어 연산 체계(述語演算 體系, predicate calculus) — 혼합 다중 일반성("(∃x)(y)…"의 형식으로 만들어진 명제)을 지닌 형식문을 포함하는 논리학 체계 — 에 숙달하자마자, 그러한 논리 연산 체계에는 "결정 절차"(決定 節次, decision procedure), 다시 말하면 주어진 형식문이 논리학의 진리인지 아닌지 결정할 수 있도록 해주는 **보편적으로 적용 가능한** 연산 방식이 있을 수 없다는 것을 증명하였다. 비트겐슈인이 제안한 "적절한 표기법"으로 명제를 표현하는 작업과 그 결과로 만들어진 **명제 기호**를 조사하는 과정이 — 이 일이 가능하다면 — 그러한 결정 절차를 정확하게 만들어낸다는 것은 분명하다. 그렇다면 우리는 어떻게 생각해야 할까? 분명히 6.122는 그대로 인정될 수 없다. 따라서 우리는 비트겐슈타인이 이 대목에서 말한 내용 중에서 분명하게 거부해야 할 부분을 버리고, 지극히 설득력있는 부분을 골라내어 유지할 수 있도록 비트겐슈타인의 사고 흐름을 추적해오던 우리의 진로를 조심스럽게 수정해야 한다.

"처치의 정리"(Church's Theorem)는 논리학의 진리의 경우에는 세계를 고려하는 일이 그 명제의 진리치를 결정하는 일과 무관하기 때문에 그 명제 자체가 그것이 옳다는 것을 확정하는 모든 정보를 포함해야 한다는 기본 생각에 영향을 미치지 않는다. 그뿐 아니라 처치의 정리는 그 다음 단계 즉 우리가 그 명제를 그 명제의 진리-조건이 표면에 드러나

다(Wittgenstein, *Notebooks*, pp. 125-29를 보라). 다시 말하면 비트겐슈타인은 이 표기법을 『논리철학론』의 다른 곳에 제시되어 있는 훨씬 더 단순하고 우아한 진리치표 표기법을 개발하기 이전에 사용하기 시작하였다.

도록 "명료한 표기법"으로 표현하는 일에도 영향을 미치지 않는다. 우리는 그러한 표기법 속에서는 그 명제 기호가 "논리학의 명제는 이러하다."는 것을 전시하거나 보여준다는 말까지도 할 수 있다(6.127).[20] 비트겐슈타인이 간과한 것은 일단 요소 명제가 무한히 많이 있다는 것을 인정한다면 무한한 영역을 값으로 취하는 양화(量化, quantification)의 가능성도 인정해야 한다는 것이었다. 그래서 만일 우리가 무한한 영역을 값으로 취하는 "다중 양화사"(多重 量化辭, multiple quantifiers)를 포함한 명제를 취급한다면, 최고로 명료한 표기법조차도 주어진 명제가 항진 명제라는 정보를 우리가 내려다보면서 조사할 수 있는 형태로 전시할 수 없다. 따라서 우리가 항진 명제는 제 자신이 항진 명제라는 것을 보여준다고 계속 말한다 할지라도, 항진 명제는 제 자신이 항진 명제라는 것을 우리가 보자마자 알아볼 수 있는 형태로 보여줄 수는 없다. 그러니까 우리는 단지 항진 명제가 항진 명제라는 것을 보여주는 사실을 추출해내는 방법을 갖고 있지 못할 뿐이다. 이 말은 적어도 이 맥락에서 이런 식으로 사용되는 "보여준다"는 개념은 곧이곧대로 인식론적 개념으로 취급될 수 없다는 뜻이다.

비트겐슈타인은 이 대목의 마지막 공격 목표를 6.127에 제시하고 있다. 그 공격 목표는 비트겐슈타인이 프레게에게서 비롯되었다고 보고 있는 생각이다. 프레게의 생각에 따르면, 기초 역할을 하는 논리적 진리들—논리적 공리들—이 있고, 만일 어떤 명제가 그러한 공리들로부터 논리적 법칙들에 의해 연역될 수 있는 정리라면, 그 명제는 논리적 진리

---

20) 6.127 All the propositions of logic are of equal status: it is not the case that some of them are essentially primitive propositions and others essentially derived propositions.

Every tautology itself shows that it is a tautology.

가 된다. 하지만 비트겐슈타인의 견해에 따르면, 특권을 가진 일련의 논리적 진리나 공리는 있을 수 없다. 논리학의 모든 진리는 정확히 똑같은 방식으로, 다시 말하면 "요소 명제들의 진리 함수들이 퇴화하는 방식"으로 만들어진다. 더 나아가 비트겐슈타인의 견해에 따르면, 논리학의 모든 진리는 명제 기호 자체가 제 자신의 진리성을 보증하는 데 필요한 모든 정보를 포함하고 있고, 또 그 명제 기호가 자신의 밖에 있는 무언가로부터 자신의 논리적 진리로서의 자격을 끌어내어 획득하지 않도록 하는 논리적 진리에만 적합한 표기법으로 표현된 진리이다.

여기서 우리는 다시 "처치의 정리"가 일으킨 어려움에 부딪힌다. 우리는 6.1265를 일부만 옳은 말로 생각할 수 있다.[21] 만일 6.1265의 진술이 논리적 진리는 제 자신의 진리성을 결정하는 데 필요한 모든 정보를 자신 속에 포함하고 있고, 또 그 명제가 논리학의 진리라는 기준으로서 다른 명제들로부터의 연역 가능성이란 생각을 사용하지 않는다면, 그 진술은 유효하다고 인정받을 수 있다. 그렇지만 만일 우리가 "증명"(證明, proof)이란 개념을 어떤 명제가 논리적으로 옳은가 그른가를 "상징의 논리적 속성들을 연산하는 일"(6.126)[22]에 의거해서 항상 말할 수 있다는 것을 뜻하는 인식론적 개념으로 취급하는 것이 자연스럽다면, 우리는 6.1265의 진술이 그르다고 인정해야 한다. 이 말은 "공리적 체계"(公理的體系, axiomatic system)가 비트겐슈타인의 주장에서처럼 없어도 되는 것이 아니라, 적어도 인식론적 도구로서 없어서는 안 된다는 것을 의미한다.

우리는 이 책을 "왜 비트겐슈타인은 아주 초기 단계에서부터 우리로

---

21) 6.1265 It is always possible to construe logic in such a way that every proposition is its own proof.
22) 6.126 One can calculate whether a proposition belongs to logic, by calculating the logical properties of the *symbol*.

하여금 어떤 명제가 논리학의 명제인가 아닌가를 어느 경우에나 말할
수 있게 해주는 표기법이 반드시 있어야 한다고 그처럼 강하게 확신하
게 되었는가?"라는 물음을 검토함으로써, 비트겐슈타인이 논리학을 취
급하는 방법을 살펴보는 것으로 마무리 짓게 될 것이다. 여기서 비트겐
슈타인이 『논리철학론』을 집필하던 당시에 그런 확신을 가진 것은 그에
게 자연스러운 일이었다고 말하는 것은 충분하지 않으며, 비트겐슈타
인이 그런 표기법을 가정하지 않을 수 없었던 것은 놀라운 일이라는 말
은 뒷북치는 때늦은 말일 뿐이다. 이런 말은 비트겐슈타인이 그런 표기
법이 반드시 가능해야 한다고 역설했던 사실을 설명하지 못한다. 나는
비트겐슈타인이 이 대목에서 "정신에 관한 철학"(philosophy of mind)의
주제들을 무심코 드러낸 것이라고 믿고 있다. 4.024에서 그는 "어떤 명
제를 이해하는 것은 그 명제가 옳은 경우에 실제로 성립하는 사실을 아
는 것이다."라고 말했다.[23] 비트겐슈타인이 이 진술을 해석했던 방식은
어떤 명제를 어떻게든지 이해하는 일은 "정신의 눈 앞에"(before the
mind's eye) 그 명제가 옳게 되기 위해 확보되어야 하는 상황을 정렬하는
것을 필요로 한다는 식으로 생각하는 것이었다. 만일 독자가 그렇게 생
각한다면, 항진 명제의 경우에는 그 명제가 옳게 되기 위해 확보되어야
하는 것이 아무 것도 없기 때문에, 그 명제를 이해하는 사람은 누구나 깊
이 생각할 필요 없이 곧바로 그 명제가 항진 명제라는 것을 알 수 있을
것이다. 그러므로 이 대목에서 비트겐슈타인이 했던 실수를 우리도 하

---

23) 4.024　To understand a proposition means to know what is the case if it
is true.

(One can understand it, therefore, without knowing whether it
is true.)

It is understood by anyone who understands its constituents.

게 된다는 것을 이해할 수 있으며, 또한 "논리학에는 뜻밖의 것이 없다."(6.1251)는 말도 이해할 수 있다.[24]

"수학의 명제들은 사이비-명제다"

비트겐슈타인은 6.2 이하 문단들에서 수학의 명제에 관심을 돌리고 있는데, 그의 주된 관심 대상은 "산술학"(算術學, arithmetic)과 "수론"(數論, number theory)인 것으로 보인다. 그가 여기서 말하는 내용은 놀랄 정도로 간략해서 그 상태대로 봐서는 불충분한 말로 보이며, 그의 견해들이 "수학에 관한 철학"(數學 哲學, philosophy of mathematics)으로서 유효하게 존속하기 위해서는 상당히 힘들여 다듬을 필요가 있다.

명제 6.21은 출발점으로 적절하다.[25] 수학의 명제가 사고를 표현하지 못한다고 주장하는 이유는 (비트겐슈타인의 경우에) "사고는 사실의 논리적 그림"이고, 또 "세계는 사실들 전체"라고 말할 때의 "사실"이란 말의 의미로는 "수학적 사실"(數學的 事實, mathematical fact)이 있다고 이치에 닿게 말할 수 없기 때문이다(명제 3). 만일 의미있는 명제가 사실과 일치해야 한다면 수학의 명제는 의미있는 명제가 아니다. 특히 6.2의[26] 첫 문장에 비추어 우리는 비트겐슈타인이 "논리주의"의 어떤 형태—산술학의 진리는 위장된 논리적 진리이고, 그러므로 비트겐슈타인의 입장에서 보면 항진 명제라는 주장—를 옹호할 것이라고 기대할 수 있다.

---

24) 6.1251   Hence there can *never* be surprises in logic.
25) 6.21   A proposition of mathematics does not express a thought.
26) 6.2   Mathematics is a logical method.
        The propositions of mathematics are equations. and therefore pseudo-propositions.

그렇지만 6.22에서[27] 비트겐슈타인은 "항진 명제"와 수학의 "방정식"(方程式, 等式, equation)을 구별하고 있다. 따라서 우리는 "방정식"에 관한 그의 견해를 살펴보아야 한다.

방정식이 수학에서 널리 사용되는 것이 사실이긴 하지만, 비트겐슈타인이 여기서 한 말은 전혀 일반적으로 옳을 수 없다. 수학에는 방정식으로 표현될 수도 없고, 명확한 방식에 따라 방정식으로 변형될 수도 없는 주장이 많이 있다. 예컨대 무한히 많은 소수(素數, prime number)가 있다는 유클리드의 주장이나, 더 간단한 예로 "$2^{10} > 1,000$"과 같은 부등식을 생각해보라. 이 점은 수학에 관한 비트겐슈타인의 견해가 "수학에 관한 철학"으로 유효하게 사용되기 위해서는 반드시 다듬어져야 할 필요가 있는 첫 번째 주요한 사항이다. 밝혀질 필요가 있는 것은 방정식에 관한 비트겐슈타인의 설명이 수학 속에 있는 "방정식이 아닌 주장들"을 다루는 방법을 반드시 포함하도록 확장될 수 있는 방식일 것이다.

다음에 우리는 비트겐슈타인이 "방정식"을 어떻게 생각하고 있는가를 살펴볼 필요가 있다. 중요한 요점은 만일 우리가 방정식에 관해 그가 하는 말을 이치에 닿게 이해하려면 비트겐슈타인은 "방정식"(equation, Gleichung)이란 말로 단순히 "스콧은 『웨이벌리』의 작가다."와 같은 동일성 명제만을 의미하지 않는다는 것을 깨달아야 한다. 동일성 명제는 비트겐슈타인에게 "사이비-명제"가 아닌 것이 확실하며, 비트겐슈타인이 5.53~5.534에서 제시한 동일성 취급 방법과 관련해서 살펴본 노선에 따르는 러셀의 "기술 이론"으로 분석해보면 완전히 의미있는 명제이다. (물론 우리는 비트겐슈타인의 설명에 입각해서 동일성 명제가 단지 겉

---

27) 6.22   The logic of the world, which is shown in tautologies by the pro-
positions of logic, is shown in equations by mathematics.

보기에만 동일성 명제이고, 분석해보면 진짜 형식은 전혀 동일성 명제의 형식이 아니라고 말할 수 있다.) 우리가 비트겐슈타인이 "방정식"이란 말로 의미하는 것을 이해하기 위해서는 되돌아가서 4.241～4.242에 관하여 언급할 필요가 있다.[28] 여기에서 방정식은 오직 ("="의 양쪽에 있는 두 기호가 서로를) "대표하는 장치"로만 설명되고 있는데, 바로 이것이 우리가 "방정식은 사이비-명제다."라는 비트겐슈타인의 주장을 해석할 수 있기 위해서 이해할 필요가 있는 것이다.

비트겐슈타인이 방정식을 "사이비-명제"라고 말하기 때문에, 더 나아가 그가 방정식은 헛소리라고 터무니없는 주장을 하고 있다고 생각하고 싶어질 수 있다. 하지만 그런 생각은 전혀 비트겐슈타인의 생각일 수 없으며, 수학이 헛소리라는 말이 얼마나 직관에 반하는 주장인가는 아예 언급할 필요도 없다. 비트겐슈타인은 우리가 세계와 교섭할 적에 수학의 방정식이 중요한 역할을 한다고 인정하기 때문에 방정식이 헛소리라고 말할 의도를 전혀 갖고 있지 않았다. 그는 또한 수학의 방정식은 "세계의 논리학을 보여준다"고도 말했는데, 헛소리 명제는 이런 일을 결코 할 수 없다. 비트겐슈타인의 말이 의미하는 것은 방정식이 겉으

---

28) 4.241　When I use two signs with one and the same meaning, I express this by putting the sign '=' between them.

So $a=b$ means that the sign 'b' can be substituted for the sign 'a'.

(If I use an equation to introduce a new sign 'b', laying down that it shall serve as a substitute for a sign 'a' that is already known, then, like Russell, I write the equation—definition—in the form '$a=b$ Def.' A definition is a rule dealing with signs.)

4.242　Expressions of the form '$a=b$' are, therefore, mere representational devices. They state nothing about the meaning of the signs 'a' and 'b'.

로 보기에 (직설법으로 표현된) 명제의 형식을 가졌을지라도 옳거나 그르지 못하지만, 우리의 언어 속에서 전혀 다른 기능을 가졌다는 것이다. 그 기능이 무엇인가는 앞에서 검토했던 4.241이 알려주고 있다. 거기서 비트겐슈타인은 자신이 "방정식"을 "정의"(定義, definition)를 표현하는 것으로 사용하고 있음을 설명하려고 하였고, 정의를 "기호들을 다루는 규칙"이라고 좋게 말하고 있다. 다시 말하면 "$a = b$ Def."는 기호 "b" 대신에 기호 "a"를 대입할 수 있도록 허용하는 규칙이어야 한다는 것이다. 그런데 물론 수학의 방정식은 정의가 아니지만 ― 또는 모든 방정식이 정의인 것은 아니지만 ― 비트겐슈타인의 이전의 견해를 근거로 삼아 이 문맥에서 그가 "사이비-명제"라는 말로 의미하는 것이 무엇인지 이해해볼 수 있다. 정의는 전형적으로 직설법 서술 문장으로 표현되고, 그래서 명제 형태의 겉모습을 갖고 있지만 실은 옳거나 그를 수 있는 명제가 아니다. 정의는 우리에게 기호들을 사용하는 규칙을 알려줄 뿐이다. 체스 게임의 규칙집에 나타나는 "주교는 대각선으로만 움직인다."는 문장이 주교 말의 움직임에 의해서 옳거나 그르게 되는 명제가 아니라, 체스 게임을 할 때에 주교 말이 움직일 수 있는 방법을 알려주는 규칙을 표현하는 것과 비슷한 방식으로, 정의는 규칙의 표현이지 명제가 아니다. 이제 정의에 해당하는 설명을 수학의 방정식에 연장해서 적용하면 방정식도 기호들을 조작하는 규칙이 된다. 예컨대 "$7 + 5 = 12$"라는 방정식은 어떤 명제에 "$7 + 5$"가 나타나 있다면 그 대신에 "12"를 대입할 수 있다는 규칙으로 간주할 수 있다. 따라서 우리는 "책이 여기에 7권 있고 저기에 5권 있다."는 명제로부터 "책이 여기와 저기에 $(7 + 5)$권 있다."는 명제로 넘어가고, 그런 다음에 위의 방정식이 허용하는 바와 같이 "책이 여기와 저기에 12권 있다."는 명제를 만들어서 사용할 수 있다.

이 부분에서 비트겐슈타인이 말한 견해의 기본 취지는 자기가 보기에 오직 "응용 수학"(應用 數學, applied mathematics)만 있다는 것, 또는 "응용할 수 있는 수학"만 있다는 것이다. 그러니까 수학의 방정식은 어떤 경험적 명제로부터 — 방금 예시한 바와 같이 기호들의 조작을 수행함으로써 — 다른 경험적 명제를 추리할 수 있는 가능성을 보여주는 것이며, 수학의 방정식은 바로 이 기능을 수행하는 한에서만 중요성을 갖는다는 것이다.

"과학적 필연성"

비트겐슈타인은 6.3 이하의 문단들에서 대체로 "자연 과학"에 관심을 돌리고 있지만, 의지 같은 것에 관해서 생각하는 방식에도 관심을 보이고 있다(6.373). 『논리철학론』의 이 절을 통합하는 것은 비트겐슈타인이 논리적 필연성을 벗어난 필연성들에 입각해서 이루어지는 이야기가 철학 이전의 일상적 사고의 부분인 과학과 그 밖의 곳 어디에 속해야 하는가를 역점을 두어 검토하고 있다는 것이다. 이 논의에 일관하는 주제는 아래의 주장이다.

6.37   오직 논리적 필연성만 있다.[29]

비트겐슈타인은 6.36311에서 "우리는 내일 해가 뜨는지 어떤지 알지 못한다."[30]라고 쓸 때에 데이빗 흄(David Hume, 1711-1776)을 심중에 두

---

29) 6.37   There is no compulsion making one thing happen because another has happened. The only necessity that exists is *logical* necessity.
30) 6.36311 It is an hypothesis that the sun will rise tomorrow: and this

고 있었던 것 같은데, 그에 이어지는 대부분의 문단도 흄을 생각나게 한다. 그렇지만 비트겐슈타인이 과학과 인과 관계에 관해 제시하는 설명의 근거는 흄에서 발견되는 근거와는 전혀 다르다. 특히 6.37의 주장에 대한 정당화 근거는 그림 이론(2.225 참조)과 그에 더해서 이 절의 앞 부분에서 살펴본 바와 같이 그림 이론에 당연히 뒤따르는 논리학의 본성에 관한 성찰이다.

이 대목에서 전개되는 비트겐슈타인의 중요한 주장은 세 단계로 나누어 살펴볼 수 있다.

과학의 "형이상학적 원리들"

비트겐슈타인은 과학이 미리 전제하고 있다고 여겨지는 고도로 추상적인 원리들, 예컨대 "인과 원리"(Principle of Causality)나 "보존 원리"(Principle of Conservation)를 검토하면서 시작한다. 우리는 비트겐슈타인이 6.32~6.36에서[31] 하고 있는 일을 칸트의 "선천적 종합 판단" 또는 적어

---

means that we do not *know* whether it will rise.

31) 6.32 The law of causality is not a law but the form of a law.

6.33 We do not have an a priori *belief* in a law of conservation, but rather a priori *knowledge* of the possibility of a logical form.

6.34 All such propositions, including the principle of sufficient reason, the laws of continuity in nature and of least effort in nature, etc. etc. —all these are a priori insights about the forms in which the propositions of science can be cast.

6.35 Although the spots in our picture are geometrical figures, nevertheless geometry can obviously say nothing at all about their actual form and position. The network, however, is *purely* geometrical; all its properties can be given a priori.

Laws like the principle of sufficient reason, etc. are about the net and not about what the net describes.

도 칸트가 『순수 이성 비판』의 "경험의 유비 추리"에서 주장했던 "선천
적이면서 종합적인 진리들"과 같은 원리를 제거하는 작업으로 간주할
수 있다.[32] 비트겐슈타인은 칸트와의 의견 불일치를 그러한 원리들이
옳지 않다고 주장하는 형태도, 선천적으로 알 수 없다고 주장하는 형태도
취하지 않으며, 단지 그러한 원리들은 실제로 공허해서 이 세계에 관해
아무 것도 알려주지 못한다 — 바꿔 말하면 그러한 원리들은 "순전히 논
리적인 어떤 것"(6.3211)이라고 주장하는 형태를 취한다.[33] 만일 "보존
원리"가 순전히 추상적인 수준 즉 "모든 변화를 통해 보존되는 어떤 것
이 있다."는 수준에 머문다면, 비트겐슈타인이 보기에 이 명제는 이 세
계에 관해서는 아무 것도 알려주지 못하지만 모든 가능한 과학적 이론의
형식에 관해서 어떤 것을 알려줄 수 있다(6.34). 따라서 모든 과학적 이론
은 어떤 "보존 원리"에 통합될 것이고, 만일 우리가 보존되는 것에 관한
설명이 충분히 복잡해지는 것을 허용할 준비가 되어 있다면 그러한 과
학적 이론이 성립할 것이다. 우리가 이 세계에 관한 실질적 주장을 시작
할 수 있는 것은 보존되는 것이 무엇인가에 관하여 단순한 설명이 가능
해야 한다는 그 이상의 요구가 개입할 경우뿐이다.

단순성

그다음에 이어지는 비트겐슈타인의 입장은 다음과 같다. 비트겐슈타

6.36   If there were a law of causality, it might be put in the following
        way : There are laws of nature.
        But of course that cannot be said : it makes itself manifest.

32) Kant, *Critique of Pure Reason*, B208 ff.

33) 6.3211 Indeed people even surmised that there must be *a* 'law of least
        action' before they knew exactly how it went. (Here, as always,
        what is certain a priori proves to be something purely logical.)

인은 인과 법칙들이 있다는 추상적 주장은 우리가 상상할 수 있는 모든 가능한 세계와 조화를 이룰 수 있다고 말하고 있다(6.362).[34] 하지만 과학적 방법—귀납—은 경험과 조화를 이룰 수 있는 일련의 가장 단순한 법칙을 발견하는 것이다(6.363).[35] 그러나 귀납적 추리는 연역적으로 타당한 추리가 아니다. 그러므로 비트겐슈타인은 우리의 경험과 일치한다고 내세울 수 있는 가장 단순한 법칙이 정말로 옳다는 가정에 대한 논리적 정당화는 전혀 불가능하다고 결론을 내리고, 흄을 따라 귀납의 승인은 오직 심리적 정당화만 가능하다고 주장하고 있다(6.3631).[36]

과학적 설명

비트겐슈타인은 6.371에서 자연 법칙이 현상들을 환상(幻像, illusion)이라고 "설명"한다고 주장하고 있다.[37] 우리는 뉴턴의 운동 법칙 같은 자연의 법칙들의 가치를 어떻게 평가해야 하는가? 우리는 한편으로는 자연 법칙이라고 주장되는 뉴턴의 주장을 갖고 있고, 다른 한편으로는 공간과 시간 전체에 퍼져 있는 모든 물체의 모든 특수한 운동을 기술하는 요소 명제들의 진리 함수에 의해서 이루어지는 방대한 기술을 갖고 있

---

34) 6.362   What can be described can happen too: and what the law of causality is meant to exclude cannot even be described.

35) 6.363   The procedure of induction consists in accepting as true the *simplest* law that can be reconciled with our experiences.

36) 6.3631 This procedure, however, has no logical justification but only a psychological one.

It is clear that there are no grounds for believing that the simplest eventuality will in fact be realized.

37) 6.371   The whole modern conception of the world is founded on the illusion that the so-called laws of nature are the explanations of natural phenomena.

으면서, 조사해 보니 이 모든 특수한 운동이 뉴턴의 주장에 따른다고 상
상할 수 있다. 이런 법칙과 현상은 어떻게 다른가? 자연스러운 답은 운
동 법칙이 우리가 우연히 만나는 모든 특수한 운동을 설명한다는 것이
다. 그러나 우리가 검토하고 있는 설명에 따르면 그런 생각은 순전히 착
각이다. 뉴턴의 운동 법칙은 "명제의 일반 형식"에 따라 분석되자마자
방대한 진리 함수에 의해서 무질서한 형태로 우리에게 제시된 것에 관
하여 다른 용어를 사용한 언어적 표현에 지나지 않을 것이다. 그 두 가
지 언어적 표현의 차이는 우리가 뉴턴의 표현을 충분히 이해할 수 있다
는 것뿐이며, 그것이 전부다(6.361 참조).[38]

윤리와 가치

비트겐슈타인은 6.4 이하의 문단들에서 윤리에 관한 물음, 더 넓게 보
면 가치에 관한 물음에 관심을 돌린다. 이 주제와 관련해서 나는 독자에
게 『비망록』에 실려 있는 1916년 7월 14일부터 끝까지의 글들을 읽어보
라고 아주 강하게 권하고 싶다.[39] 이렇게 권하는 이유는 그 글들에 비트
겐슈타인이 명백히 조화를 이룰 수 없는 두 가지 관심을 함께 유지하려
고 시도했던 필사적인 노력에 관한 증언이 실려 있기 때문이 아니라, 오
히려 그 글들이 『논리철학론』 자체의 입장을 명료하게 밝혀준다는 것을
확인하기 바라기 때문이다. 한편으로 『논리철학론』의 핵심 논증들은 어
떤 형태의 "윤리적 허무주의"(倫理的 虛無主義, ethical nihilism)에 도달하는
것 같이 보이는데, 그러나 다른 한편으로 비트겐슈타인은 윤리와 가치

---

38) 6.361   One might say, using Hertz's terminology, that only connexions
            that are *subject to law* are *thinkable*.

39) Wittgenstein, *Notebooks*, pp. 76–91.

와 종교에 관한 물음을 완전히 진지하게 다루고 싶어 했다. 그 결과 비트겐슈타인의 입장은 해석하기 어렵게 되었고, 비트겐슈타인이 일관성 있는 입장에 도달하는 데 성공했는지 어떤지는 의문의 여지가 남아 있다.

"윤리적 명제는 있을 수 없다."(6.42)는 최초의 "부정적 주장"은 비교적 이해하기 쉽다. 이 주장은 "당위"(當爲, ought)를 "사실"(事實, is)로부터 추리할 수 없다는 흄의 직관을 『논리철학론』의 체제 속에서 번역한 견해다. 우리가 모든 사실을 안다고, 바꿔 말하면 모든 요소 명제의 진리치를 안다고 가정해보자. 그렇다 해도 그 모든 사실은 우리가 당연히 해야 하는 것을 결코 명령하지 못할 것이다. 이 경우 "모든 사실" 속에는 다른 모든 사실과 똑같이 인간의 심리와 복지 등등에 관한 사실도 포함될 것이다. 하지만 원천적으로 명제가 할 수 있는 일은 그 사실들을 정확하게 진술하는 것뿐이고, 사실의 진술이 할 수 있는 일은 "명제의 일반 형식"이 우리에게 "명제적 언어"(propositional language)를 가지고 할 수 있도록 허용하는 모든 것일 뿐이다.

그렇지만 비트겐슈타인이 단순히 이 부정적 결론에 머물지 않으려고 한 것은 분명하다. 왜냐하면 그는 아무 것도 표현할 수 없는 명제에 관해 이야기하면서 더 높이 올라가고 있고, 또 세계의 바깥에 있는 "세계의 의미"를 말하기 때문이다. 그러나 이 사고 방식에 도대체 어떤 의미를 부여할 수 있을까? 이 사고 방식은 마치 비트겐슈타인이—5.6~5.64에서 선험적 관념주의를 거부했음에도 불구하고—이제는 윤리적인 것의 자리를 "현상적 의지"(phenomenal will)가 아니라 (본체적) "의지"(the will)에 마련함으로써 선험적 관념주의를 복권시키는 것처럼 보이게 한다(6.423).[40] 이 일은 곧바로 칸트의 "본체 개념의 적극적 사용"을 떠올리게 한다. 『비망록』의 다음 구절을 살펴보자.

"생각하는 주관"은 단지 환상인 것이 확실하다. 그러나 "의지를 일으키는 주관"은 실제로 존재한다.

만일 의지가 실제로 존재하지 않는다면, 세계의 중심도, 우리가 "나"라고 부르는 윤리의 당사자도 없어질 것이다.

좋거나 나쁠 수 있는 것은 본질적으로 "나"이지 "세계"가 아니다.

나, 나는 지극히 신비로운 것이다.[41]

만일 이것이 선험적 관념주의라면, 비트겐슈타인은 칸트보다 훨씬 더 불안정한 입장을 취하고 있다고 할 수 있다. 칸트의 본체적 세계는 지식(知識, knowledge)의 범위를 벗어나긴 하지만 사고(思考, thought)의 범위를 벗어나지는 않는다. 그러나 비트겐슈타인의 한계를 벗어나면 어떠한 사실도 없고, 그래서 그 한계 너머에 있는 것에 관한 이야기는 그저 헛소리에 지나지 않는다.

철학의 물음들

비트겐슈타인은 6.5의 문단들에서 마지막으로 철학의 영역에서 다룬다고 전통적으로 생각해왔던 일련의 물음들에 관심을 돌린다. 다시 말하면, 우리가 그 물음의 답을 찾는 데 어떠한 과학적 탐구도 전혀 관련

---

40) 6.423   It is impossible to speak about the will in so far as it is the subject of ethical attributes.

And the will as a phenomenon is of interest only to psychology.

41) Wittgenstein, *Notebooks*, p. 80.

없다는 것을 알 수 있는 물음들이 있는 것으로 보인다. 그것은 우리가 모든 과학적 물음의 답을 알고 있다 하더라도, 그러니까 모든 요소 명제의 진리치를 알았다 하더라도 여전히 남아 있는 물음들이다.

6.5 만일 답이 (언어로) 표현될 수 없다면 물음도 (언어로) 표현될 수 없다.[42]

"명제의 일반 형식"이 우리에게 모든 가능한 명제를 요소 명제들의 진리 함수로서 제공한다는 사실에 비추어보면, 요소 명제들의 어떤 가능한 진리 함수도 답이 될 수 없는 물음에는 그 물음의 답이 될 수 있는 명제가 없다는 것을 알 수 있다. 그러므로 6.5 이하의 문단들의 주된 취지는 전적으로 부정적인 것으로 보인다. 나중에 논리 실증주의자들이 그랬던 바와 같이, 비트겐슈타인이 주장하고 있다고 생각되는 것은 우리가 "인생의 의미는 무엇인가?"와 같은 물음에 대해 할 수 있는 모든 일은 그 물음이 헛소리라는 것을 폭로하는 것뿐이라는 것이다. 그러므로 우리는 이런 탐구에서 손을 떼고 거부해야 한다.

하지만 문제가 그처럼 단순하지 않다. 6.5 이하의 문단들의 중간에 가면 다음 진술이 나온다.

6.522 말로 표현할 수 없는 것이 정말로 있다. 그것은 제 자신을 보여준다. 그것은 신비로운 것이다.[43]

---

42) 6.5   If an answer cannot be expressed, neither can the question be expressed.
43) 6.522   There is indeed the ineffable. This *shows* itself; it is the mystical.

끈질기게 이어지던 부정적인 이야기 속에 다른 시각에서 보고 있는 이 문단의 침입은 6.5 이하의 문단들에 대한 순전히 우상 파괴적 독해가 비트겐슈타인의 의도와 맞지 않을 수 있다는 것을 암시한다. 어쨌든 다른 독해가 가능하다. 비트겐슈타인이 예컨대 인생의 의미라는 문제는 그 문제 자체가 사라지는 것으로 보인다고 말할 때에, 처음에는 그가 "인생의 의미는 무엇인가?"라는 물음은 어리석은 물음이고, 실은 헛소리 물음이므로, 우리가 이 사실을 깨닫기만 하면 그 물음에 더 이상 시달리지 않게 된다고 말하는 것처럼 들린다. 그러나 비트겐슈타인은 또한 "인생의 의미를 가진 사람들은 명료하게 깨닫는다."는 말도 하고 있는데, 이 말은 확실히 그 사람들이 무언가를 깨달았고, 더 나아가 이 물음이 어리석은 물음 이상의 어떤 것이라는 것을 암시한다. 이 해석에 따르면, 그 사람들이 깨달은 것은 말로 표현할 수 없고, 오직 직접 보고 깨달아야 하는 어떤 것이어서, 그 사람들이 배운 것의 그 부분은 그들이 깨달은 것을 사람의 말로 표현할 수 없다는 바로 그 인식이다. 그 물음이 실제로 헛된 것이라 할지라도, 그 물음을 추구하는 일은 지성의 진정한 걱정거리, 다시 말하면 그 물음에 곧바로 답을 제시하여 진정시킬 수는 없지만, 말로 표현될 수 없는 어떤 것을 보여줌으로써 진정시킬 수 있는 지성의 진정한 걱정거리라는 것이다.

만일 이것이 비트겐슈타인의 의도였다면, 인생의 의미와 같은 쟁점을 가지고 검토해본 바와 같이, 어쨌든 그 어려움은 말로 표현될 수 없는 것을 보여준다고 가정된 그것이 대체 무엇인지 이해하는 일이다. 이보다 앞에서 비트겐슈타인은 "보여주기/말하기의 구별"을 사용하면서 우리의 언어가 작동하는 방식이 보여주는 것에 관해 논의했는데, 그 경우에는 그 언어에 정통한 우리의 사용 능력이 언어가 보여주는 것을 우리 모두가 암암리에 알고 있다는 것을 보여주었다. 그렇지만 지금의 경

우에는 우리의 언어 사용 능력의 자리를 차지하는 것이 무엇인지 깨닫기 어렵다.[44]

그러나 어쩌면 비트겐슈타인은 위에서 살펴본 문단들에 대해서 순전히 부정적 독해를 바랐던 것은 아닌가 하는 생각이 든다. 그 문단들이 결국 이끌고 간 문단은 가장 흥미를 일으키는 문단이다. 해설가들을 난감하게 만들기로 유명한 6.54에서 비트겐슈타인은 그[비트겐슈타인]를 이해하는 사람은 누구나 마침내 『논리철학론』의 명제들 자체가 헛소리라는 것을 깨달을 것이라고 주장하였다.[45] 이 역설적 주장이 최근 몇 년 동안 논쟁의 중심에 있었던 사실은 이해할 만하다. 이 문단을 둘러싸고 진행된 토론은 대체로 "이 문단에서 비트겐슈타인이 한 말은 『논리철학론』 전체의 해석에 어떤 영향을 미치는가?"라는 물음에 집중되었다. 나는 마지막으로 다음 절 전체를 이 물음에 대하여 어떤 답들이 가능한지 검토하는 데 할애하려고 한다. 여기서는 지금까지 이 책의 앞 부분에서 설명한 내용으로부터 비트겐슈타인으로 하여금 이처럼 명백히 터무니없는 주장을 하도록 만든 생각들을 끌어내어 모아보는 것으로 이 절을 마무리하고자 한다.

---

44) 많은 대화에서 비트겐슈타인은 시(詩, poet)가 말로 표현될 수 없는 것을 보여준다고 말하였다. 보여주기 개념의 이 사용법은 그가 보여주기/말하기 구별을 맨 처음에 도입했던 전기의 논리적 주장과는 현저한 차이가 있다고 하겠다.

45) 6.54   My propositions serve as elucidations in the following way: anyone who understands me eventually recognizes them as nonsensical, when he has used them—as steps—to climb up beyond them. (He must, so to speak, throw away the ladder after he has climbed up it.)

　　　　He must transcend these propositions, and then he will see the world aright.

언어의 가능성을 위한 조건

우리는 첫 번째 실례로서 『논리철학론』을 "언어는 어떻게 가능한가?"라는 물음에 대한 선험적 탐구라고 생각해볼 수 있는데, 이 물음은 적어도 부분적으로는 "세계가 언어로 묘사될 수 있기 위해서는 어떠해야 하는가?"라는 물음으로 해석될 수 있다(2.0211 참조).[46] 하지만 만일 우리가 『논리철학론』의 탐구 계획을 이런 식으로 해석한다면 곧바로 아주 명백한 어려움에 빠지게 된다. 이런 탐구의 결과가 세계는 이러이러해야 한다고 기술될 수 있다는 결론에 어쨌든 도달했다고 가정해보자. (기술 가능한 세계는 p, q, r이 모두 옳아야 하는 세계이어야 한다.) 그런데 이 세계에 관한 말하기(saying)는 금방 모순에 빠지게 되는데, 그 까닭은 우리는 이제 "p, q, r 가운데 적어도 하나는 그른 명제인 세계"라는 기술을 만들 수 있는데, 가정에 의해서 이 기술은 기술 불가능한 세계에 관한 기술일 것이기 때문이다.

언어와 세계의 "적합성"

『논리철학론』은 언어가 실재와 관계를 맺는 방식, "언어가 곧장 실재에까지 도달하는" 방식에 관하여 주장하고 있는데(2.1511),[47] 그런 방식으로 지금 내 앞에 있는 특정한 상황은 특정한 명제 "p"를 옳게 만드는 상황이 된다. 우리가 하고자 하는 것은 지금 내 앞에 있는 상황이 명제 "p"와 "적합하다"는 것이 명백해지는 그런 방식으로 지금 내 앞에 있는 상황을 기술하는 것이다. 하지만 만일 우리가 명제 "p"를 옳게 만드는

---

46) 2.0211 If the world had no substance, then whether a proposition had sense would depend on whether another proposition was true.

47) 2.1511 *That* is how a picture is attached to reality; it reaches right up to reality.

사태를 구체적으로 알고자 한다면, 명제 "p"를 명확하게 말하기 위해 사용한 낱말들과 정확하게 똑같은 낱말들을 사용하여—또는 그와 논리적으로 동등한 일련의 낱말을 사용하여—그 사태를 구체적으로 표현하는 것 외에는 다른 방도가 없다.

"언어를 실재와 비교하는 일"에 대해 이야기할 때에 우리는 그 언어를 배울 적에 체험했던 어떤 것에 관하여 말하는데, 그 어떤 것은 우리가 명제를 세계와 실제로 비교하는 방식에 드러나 보이게 된다. 그러나 우리가 특정한 명제의 진리성을 확인하려고 할 적에는 우리가 찾고 있는 "언어와 실재의 관계"를 알려주는 기술을 언어 안에서 제시하려는 시도는 성공할 가망이 없다.

형식적 개념

4.26을 검토할 때에 우리는 비트겐슈타인이 형식적 개념(대상, 수, 등등)과 진짜 개념(책상, 의자, 등등)의 차이를 역설하는 것을 살펴보았고, 또 그 구별의 당연한 결과로서 "…은 대상이다"라는 표현을 진짜 술어인 "…은 책상이다"와 동등한 술어로 사용할 수 없다는 주장을 살펴보았다. 따라서 이 두 가지 개념의 혼동은 항상 헛소리를 만들어내게 된다. 그렇지만 이 구별을 결정할 적에 비트겐슈타인은 자신이 정한 금지사항을 스스로 어긴다는 것을 발견하였다. 그가 4.126에서 하고 있는 그런 주장은—잘 생각해보면—바로 그 주장을 하는 방식 때문에 헛소리인 것으로 판명된다.

"6.37 … 오직 논리적 필연성만 있다"

"명제의 일반 형식"에 의해서 허용되는 유일한 논리적 진리들은 공허한 항진 명제이다. 『논리철학론』 자체의 주장들은 실제로 존재하는 사태들의 조합에 따라 옳거나 그르게 되는 "우연한 사실에 관한 명제"로 간주될 수도 없고, "공허한 항진 명제"로 간주될 수도 없다. 『논리철학론』 자체의 주장들은 "필연적이면서 선천적인 진리"로 제시되었다고 생각되기 때문에 "명제의 일반 형식"의 범위 밖으로 쫓겨나야 하며, 따라서 그 주장들은 헛소리다.

절대적으로 일반적인 주장

우리가 요소 명제 p, q, r을 가지고 이 세 명제의 모든 진리 함수를 만든다고 가정해보자. 만일 이 세 개의 명제가 우리 마음대로 사용할 수 있는 유일한 언어적 자원이라면, 그 모든 진리 함수는 말로 표현될 수 있는 것의 한계를 우리에게 제시할 것이다. 그런 언어적 자원이 주어져 있다면, 우리는 p, q, r이 요소 명제라는 생각, 또는 아예 요소 명제들이 있다는 생각을 표현할 방도가 없을 것이다. 이 말은 만일 "명제의 일반 형식"이 위와 같이 설명되는 것이라면 우리는 일련의 명제가 모두 요소 명제라는 말과 동등할 수 있는 명제를 결코 만들 수 없을 것이다. 마찬가지로 우리는 일련의 대상이 실제로 존재하는 모든 대상이라든가, 일련의 사실이 실제로 성립하는 모든 사실이라든가, 더 나아가 아예 "명제의 일반 형식"이 명제의 일반 형식이라는 말조차도 할 수 없을 것이다. 그러나 만일 비트겐슈타인이 언어의 한계를 설정하려고 한다면, "사실들 전체"(1.1)라는 생각과 "모든 요소 명제"(4.52)라는 생각을 가지고 그 작업을 해야 하는 것은 『논리철학론』을 저술한 비트겐슈타인의 목적에 절대적으로 필요하다. 따라서 비트겐슈타인의 설명은 끊임없이 말로 표현할 수 있는 것의 한계를 넘어서 딴길로 빗나간다.

언어가 실재와 공유하는 것

마지막으로, 비트겐슈타인의 설명에 따를 때에 누구도 그것에 관하여 말할 수 없는 것 하나는 비트겐슈타인이 『논리철학론』 전체에 걸쳐 명백하게 주장하고 있는 "명제들이 실재와 공유하는 논리적 형식"(4.12) 바로 그것이다.

어쨌든 이 모든 방식으로, 비트겐슈타인은 자신의 기준에 따르면 누구도 말로 표현할 수 없어야 하는 수많은 것을 『논리철학론』 전체에 걸쳐서 말하고 있는 것이 분명하다. 그런 식으로 하는 말은 반드시 헛소리이게 마련이다. 비트겐슈타인은 6.53에서 철학을 가르치는 "단 하나 참으로 올바른 방법"은 소크라테스 식 조산술의 실천일 것이라고 말했다.[48] 철학을 가르치는 사람은 "철학적인 이야기"를 전혀 하지 말고, 학생들로 하여금 그들이 "어떤 형이상학적인 것"에 관하여 말할 때에는 언제나 자신이 사용한 기호들 가운데 어떤 기호에 의미를 전혀 부여하지 못한다는 사실을 스스로 깨닫도록 도와주어야 한다는 것이다. 하지만 비트겐슈타인은 『논리철학론』에서 이 방법을 사용하지 않은 것이 분명하고, 그 자신의 설명에 비추어보면 변칙적인 일을 한 것이 분명하다. 우

---

48) 6.53   The correct method in philosophy would really be the following: to say nothing except what can be said, i.e. propositions of natural science—i.e. something that has nothing to do with philosophy—and then, whenever someone else wanted to say something metaphysical, to demonstrate to him that he had failed to give a meaning to certain signs in his propositions. Although it would not be satisfying to the other person—he would not have the feeling that we were teaching him philosophy—*this* method would be the only strictly correct one.

리가 『논리철학론』을 이해하게 될 방식이 남겨져 있는 그 문단이 다음 절의 주제다.

토론거리

- 어떤 명제가 논리학의 진리인지 아닌지를 "단순한 조사"에 의해서 항상 말할 수 있게 해주는 표기법이 있을 수 없다는 사실이 논리학에 관한 비트겐슈타인의 설명을 얼마나 손상시키는가?

- "과학적 설명들"은 설명인가?

- 윤리에 관한 비트겐슈타인의 설명은 옹호할 수 있는 견해인가?

7절 "말할 수 없는 것에 관해서는 말하려 하지 마라"

『논리철학론』의 마지막 7절은 이 문장 하나로 되어 있지만, 이 한 문장을 한 절로 삼은 것은 적절하다고 할 수 있다.[1] 그 까닭은 이 문장이 비트겐슈타인의 사고 전체가 대단원을 맺는 결론이면서, 철학의 불확실한 본성을 지적하는 『논리철학론』의 사고 가닥들을 통일시킬 뿐만 아니라, 『논리철학론』의 주장에 비추어보면 누구도 말할 수 없는 것을 정작 비트겐슈타인 자신이 『논리철학론』에서 어떻게든 말하려고 시도하는 것 같다가, 결국에는 『논리철학론』의 문장들이 헛소리라고 주장하게 되는 이 책의 핵심적인 "역설"을 보여주기 때문이다. 이 문제는 『논리철학론』에 관한 최근의 논쟁에서 가장 중요한 주제로 다루어지고 있는데, 이 안내서는 그 논쟁을 판결하려고 시도하지 않고, 지금까지 주장된 여러 가지 해석 방식을 자세히 소개하고자 한다.

앞 절의 마지막에서 비트겐슈타인으로 하여금 자신의 명제들이 헛소리라고 말하도록 몰아댄 『논리철학론』 속의 여러 가지 주제를 개관하였으므로, 이제 우리의 마지막 과제는 비트겐슈타인이 『논리철학론』에서 자신의 명제들이 헛소리라고 말한 사실이 『논리철학론』을 이해하는 데 어떤 의미를 갖는지 살펴보는 것이다.

보기에 따라서는 『논리철학론』의 결론은 명제 7이 보여주는 바와 같이 간단명료하다. 우리는 논증에 의거하는 방식으로 탐구해왔기 때문에, 철학적 이론을 제공하는 일은 불가능하다는 것, 적어도 비트겐슈타인이 『논리철학론』에서 집중적으로 관심을 가졌던 그런 물음의 답을 마

---

1) 7 What we cannot speak about we must pass over in silence.

련하려는 철학적 이론을 제공하는 일은 불가능하다는 것을 알게 되었다. 이 불가능성이 우리가 "오직 보아야만 알 수 있는 것"―"언어의 한계", "명제의 일반 형식", "세계의 본질", 등등―을 보았고, 그와 동시에 우리가 본 것을 말로 표현할 수 없다는 것과 그것을 말로 표현하려는 시도는 모조리 헛소리 문장만 만들어낸다는 것을 깨달았기 때문인지, 아니면 그와 달리 단지 어떤 방식으로 그런 것들에 관해 말하려는 것은 쓸데없다는 것과 우리가 볼 수는 있지만 말로 표현할 수 없는 것이 있다는 말까지도 착각이므로 포기해야 한다는 것을 깨달았기 때문인지에 관해서는 잠시 동안 검토를 미루겠다. 어느 방식을 거치든 "요점은 그 문제들이 최종적으로 해결되었다는 것이다."(머리말, p. 29) 그러므로 우리는 철학적 이론을 구성하려는 시도를 단념하고, 오직 우리가 말할 수 있는 것 즉 "자연 과학의 명제들"을 말하면서 사는 것으로 만족해야 한다(6.53). 그러나 이런 식으로 보면 『논리철학론』의 결론이 간단명료할지라도, 다른 방식으로 보면 『논리철학론』의 결론은 우리를 매우 난감하게 만든다.

비트겐슈타인은 분명히 언어에 관해 설명하였고, 또 언어가 모든 의미론적 역설(意味論的 逆說, semantic paradox)이 해결되도록 세계와 관계를 맺는 방식에 관해 설명하였다. 그는 의미론적 역설에 관한 해결책을 "곧장" 제시한 것이 아니라, 의미론적 역설들이 아예 생길 수도 없고, 또 의미론적 역설들은 단지 "언어의 한계"를 벗어난 헛소리일 뿐이라고 제거해버릴 수 있게 해주는 "명제의 일반 형식"에 관한 설명에 의거해서 설명하였다. 그러나 그렇게 설명하는 과정에서 비트겐슈타인은 어느 모로나 원래의 역설들만큼이나 역설적인 문제점에 대한 토론에 휘말리게 되었다. 우리는 그가 제시하는 해결책이 무엇인지 깨닫자마자 바로 그것을 증거로 삼아 그 해결책 자체는 진술될 수 없다는 것을 깨달게 된다. 그 역설은 비트겐슈타인이 자기가 주장하고 있는 것은 말로 표현될 수 없다고 틀림없이 말한 것으로 생각된다는 사실에 의해서 분명히 악화되며, 그래서 또한 우리는 비트겐슈타인을 이해했다고 생각하자마자, 그가 분명히 제안한 입장을 한편으로는 옹호하면서 동시에 다른 편으로는 반대하게 된다. 이 점을 러셀은 다음과 같이 지적하였다.

> (비트겐슈타인의 입장을 받아들이는 것을) 망설이게 하는 것은 결국 비트겐슈타인이 말로 표현할 수 없는 것에 관해서 어떻게든 많은 말을 하고 있다는 사실이다.[2]

이제 『논리철학론』으로부터 다음의 세 가지 주장을 인용하여 나란히 나열해놓으면, 그 세 가지 주장이 분명히 모순되는 삼각관계를 형성하므로, 비트겐슈타인이 처한 역설적 상황이 잘 드러난다.

비트겐슈타인은 『논리철학론』의 "머리말"에서 그 책에 관해 두 가지 주장을 하였다.

> 이 책에는 사고들이 표현되어 있다. … 내 생각에는 이 책이 전달하는 진리들의 진리성은 논쟁의 여지없이 명확한 것으로 보인다.[3]

명제 4에서는 다음과 같이 주장한다.

---

2) Russell, Introduction to the *Tractatus*, p. 22
3) Wittgenstein, *Tractatus*, Preface, p. 29.

사고는 의미있는 명제다.[4]

또한 6.54는 이렇게 주장한다.

　나[비트겐슈타인]를 이해하는 사람은 누구나 결국 [내 명제들이] 헛
소리라는 것을 깨달을 것이다.

이 세 가지 주장 사이의 긴장은 명백하다. 또한 비트겐슈타인이 단지 부
주의해서 이런 주장들을 했던 것이 아니라, 우리로 하여금 그 긴장에 직
면하도록 하려는 의도를 틀림없이 갖고 있었다는 것도 똑같이 명백하
다.

　이 문제를 어떻게 이해해야 하는가에 관해서 상당한 논쟁이 있었다
는 것은 놀라운 일이 아니며, 적어도 이른바 "새로운 비트겐슈타인"을
지지하는 일군의 철학자들은 『논리철학론』과 관련된 모든 중요한 사안
이 이 물음에 대한 답에 의해서 결정된다고 주장한다.[5] 나는 이제 살펴
볼 다섯 가지 해석 방식 가운데 어느 하나가 『논리철학론』을 이해하는
올바른 방식이어야 한다고 믿긴 하지만, 단순히 내가 좋아하는 해석만
제시하는 것은 『논리철학론』을 안내하는 이 책의 목적에 맞지 않는 일
이다. 그 대신에 나는 이 역설을 이해하는 여러 가지 방식을 간략하게
소개하면서 각 해석 노선이 부딪히는 난점을 살펴보고자 한다. 그러니

---

4)　우리는 이 주장을 5.61의 "우리는 생각할 수 없는 것을 생각할 수 없다. 따
　　라서 우리가 생각할 수 없는 것은 말할 수도 없다."라는 단호한 주장과 연결
　　시켜 이해해야 한다.

5)　Principally, Cora Diamond and James Conant (see, e.g., A. Crary and R.
　　Read [eds.], *The New Wittgenstein* [Routledge: London, 2000]).

까 어느 해석이 진실에 가장 가까운가를 결정하는 것은 독자가 해야 할 일이다. 아래에 간략하게 소개하는 해석 방식들은 제각기 상당한 어려움에 직면하게 되므로, 그 가운데 어느 것이 올바른 해석인가를 결정하는 일은 단지 그러한 난점을 검토하면서 사색하는 철학적 작업을 위한 예비적인 준비일 뿐이다.

나는 먼저 다섯 가지 가능한 반응을 개략적으로 소개하겠는데, 처음 두 가지 반응은 여러 가지 점에서 가장 자연스러운 반응이지만 부정적인 반응이다. 이 두 반응은 둘 다 6.54의 주장을 "비트겐슈타인이 제 자신이 헛소리임을 알려주는 이론을 만들어 제시했다는 것보다 비트겐슈타인이 빗나갔다는 것을 보여주는 더 확실한 증거가 무엇인가?"라고 "귀류 논증"(歸謬 論證, reductio ad absurdum)으로 해석하지만 설명하는 방식은 서로 다르다. 이 두 해석 어느 것도 비트겐슈타인 자신의 입장이 아닌 것은 분명하지만, 우리가 "비트겐슈타인이 『논리철학론』에서 제거하려고 하는 것은 무엇인가?"라고 해석을 직접 문제 삼는 물음만이 아니라, 더 나아가 "우리는 『논리철학론』에 어떤 반응을 보여야 하는가?"라는 철학적 물음에 관심을 가져야 하는 것도 분명하다.

다른 세 가지 해석은 『논리철학론』의 원문을 직접 해석하는 세 가닥의 사고 흐름을 보여준다. 나는 이 세 가지 해석 어느 것에 대해서도 일부러 그 해석을 주장한 사람의 이름을 언급하지 않았는데, 그 까닭은 가능한 한 그 세 가지 해석을 꾸밈없이 단순하게 제시하고 있기 때문이다. 만일 해석가들이 실제로 한 말을 자세히 전달한다면, 그 세 가지 해석은 상당한 의견 차이를 드러낼 것이고, 그 의견 차이의 대부분은 우리가 이 문제에 관해서 부딪히는 어려움들을 극복할 수 있다는 식으로 꾸며진 조건들을 설명하는 말일 것이다. 따라서 독자는 아래에 소개하는 다섯 가지 해석 가능성에 대하여 올바른 해석을 발견할 수 있는 해석 경향이나 해석 방향으로 생각하는 것이 좋을 것이다. 그런 관점에서 보면 대부분의 해설가들이 제시하는 설명은 아래 다섯 가지 해석 노선 가운데 어느 한 노선의 변주곡이라는 것을 알 수 있을 것이다.

1. 비트겐슈타인 자신이 생각했던 것이 무엇이든 간에 6.54의 주장은 그가 『논리철학론』 전체에 걸쳐 논리학과 언어에 관해 제시했던 설명에 관한 "귀류 논증"을 만들고 있다.

2. 오히려 위의 귀류 논증을 반대로 뒤집어 생각해보면, 위의 귀류 논증이 비트겐슈타인이 빗나갔다는 주장을 반드시 수반한다는 점을 근거로 해서, 우리는 비트겐슈타인의 설명이 자기가 앞에서 해왔던 말을 실제로 금지한다는 비트겐슈타인의 결론에 대해 다른 견해를 제시할 수 있다.

3. 6.54의 주장이 비트겐슈타인에게는 중요했을지라도, 우리는 그 주장을 곁가지 주제로 취급할 수 있다. 만일 『논리철학론』의 마지막 절을 화려한 수사학적 장식 문장으로 간주한다면, 우리는 6.54의 주장이전에 진술된 부분들에서 많은 이익을 얻을 수 있고 또 많은 문제에 대해 토론을 할 수 있다.

4. 이와 반대로, 6.54의 주장이 『논리철학론』 전체의 핵심 요점을 포함한다면, 그 밖의 모든 것은 결국 그 주장에 도달하기 위해 진행되는 것으로 간주된다. 그 작업 과정은 치료 기능을 발휘한다. 『논리철학론』은 독자를 속여서 그 책의 내용이 마치 언어와 세계의 관계에 관한 이론인 것처럼 『논리철학론』을 읽게 만든다. 드디어 마지막에 이

르러 독자는 그러한 이론은 제 자신을 파괴한다는 것을 깨닫게 되고, 그래서 독자가 심사숙고해온 명제들은 스스로를 헛소리라고 비난하게 된다. 이 일을 통해서 독자는 그러한 이론을 구성하려는 충동이 어리석다는 것을 깨닫게 된다.

5. 비트겐슈타인은 『논리철학론』 전체에 걸쳐 "논리학의 본성"과 "언어가 세계와 맺는 관계"를 설명하였다. 그의 주요한 관심사들 가운데 하나는 우리로 하여금 이와 관련해서 생기는 철학적 물음들에 대한 답은 언어로 표현될 수 없는 것 즉 우리가 말할 수 없는 것이지만, 우리의 언어 사용에 드러나 보이는 것이라는 점을 깨닫게 하려는 것이었다. 그러므로 비트겐슈타인은 겉보기에 이런 물음에 답하는 것으로 보이는 진술에 "전혀 의미를 가질 수 없는 문장"을 사용하도록 끊임없이 강요당하였다. 이 헛소리 문장 — 제 자신의 주장에 비추어 헛소리라고 비난받는 문장 — 의 사용을 통해서, 비트겐슈타인은 "우리가 직접 보아야만 알 수 있는 것"과 "왜 직접 보아야만 알 수 있는 것은 말로 표현될 수 없는가"를 둘 다 깨닫도록 도와주려고 노력하였다. 비트겐슈타인이 우리로 하여금 깨닫게 하려고 노력하고 있다는 것을 깨닫자마자 — 우리가 그를 이해하자마자 — 우리는 자신의 철학적 문제들에 대한 답을 말하려는 시도를 포기하게 된다.

1. "귀류 논증" 해석

비트겐슈타인이 이런 사정을 다 알고서 『논리철학론』을 편집한 것이 분명하고, 또 독자를 이 역설적 입장에 직면하게 만드는 것이 그의 주요한 목표들 가운데 하나였다 할지라도 — 그 자신이 어떤 생각을 가졌던

가에 관계없이─우리에게 명백한 것은 이 경우를 "귀류 논증"으로 생각할 수 있다는 것이다. 어떤 이론이 완전하게 만들어지자마자 바로 그 이론을 헛소리라고 주장할 수밖에 없게 되는 이론보다 더 터무니없는 것이 있을 수 있을까?

이것이 많은 독자가 자연스럽게 보일 수 있는 반응이라는 사실에도 불구하고, 여기서는 간략하게만 살펴보고자 한다. 이 반응에 대해 지적해야 할 중요한 사실은 어쨌든 이 상태로 놓고 본다면 그것은 피상적인 반응이라는 것이다. 이 해석은 비트겐슈타인을 그가 『논리철학론』 전체에 걸쳐 옹호했던 입장에 도달하게 했던 『논리철학론』의 핵심 논증들에 퇴짜를 놓으려는 진지한 시도를 동반하는 경우에만 존경할 만하다. 이 대목에서 6.54에 등장하는 비트겐슈타인의 말에까지 도달하는 논증들은 『논리철학론』 속의 가장 강한 논증들에 둘러싸여 있다는 것을 주목해야 한다. 『논리철학론』에는 어떤 점에서 보든 작은 결함이 많이 있고, 표현된 생각들 가운데 약간은─옹호될 수 있는 것일지라도─널리 지지를 받지 못할 만한 견해이다. 그렇지만 "직접 보아야만 알 수 있고 말로는 표현할 수 없는 어떤 것"이 있다는 비트겐슈타인의 강한 주장의 배후에 있는 생각들은 비트겐슈타인이 가장 중요하게 여기는 생각들에 둘러싸여 있을 뿐만 아니라, 어떠한 피상적인 반론도 무시할 수 없는 심오한 철학적 통찰을 포함하고 있다.

2. "상위 언어"로 올라가는 해석

이 해석을 검토하기 전에 『논리철학론』의 "머리말"에서 러셀이 처음 주장했던 제안을 예비적으로 살펴볼 필요가 있다.

개개의 언어는 모두 … 바로 그 언어로는 말할 수 없는 어떤 구조를 갖고 있지만, 그 첫 번째 언어의 구조를 다루면서 그 자체의 새로운 구조를 갖고 있는 다른 언어가 있을 수 있는데, 언어의 이 계층 체계에는 어떤 제한도 있을 수 없을 것이다.[6]

비트겐슈타인이 러셀의 "머리말"의 독일어 번역을 읽고 나서 화를 내는 반응을 보이고, 러셀이 쓴 글은 "수박 겉핥기식 이야기와 오해뿐"이라고 비난했던 이유의 대부분이 "머리말" 마지막에서 러셀이 주장한 이 제안 때문이었다는 것은 의심의 여지가 없다.[7] 러셀이 주장하고 있는 제안이 비트겐슈타인의 관점에서는 "수박 겉핥기식 이야기"라 할지라도, 그것은 적어도 고려해볼 만한 자연스러운 제안이다. "직접 보아야만 알 수 있고 말로는 표현될 수 없는 어떤 것"이 있다는 생각을 맨 처음 도입하는 2.172에서,[8] 비트겐슈타인은 만일 어떤 그림이 어떤 상황을 묘사할 수 있기 위해서 그 그림이 묘사하는 상황과 "어떤 것"(형식)을 공유해야 한다면, 그 그림이 묘사할 수 없는 것 하나는 그 상황이 그 형식을 갖고 있다는 것이라고 주장하였는데, 그 까닭은 묘사되는 상황의 형식을 그림이 반영하는 것은 어쨌든 "그림이 그 상황에 관한 그림이기 위한 조건"이기 때문이다. 그 대신에 그림은 그 형식을 (거울처럼) 반영한다. 이것은 명제의 경우도 마찬가지여서, 명제 자체는 그것이 대표하는 상황과 어떤 논리적 형식을 공유한다고 스스로 말할 수 없고, 다만 명제 자체가 그 형식을 드러내어 보여준다. 러셀의 생각은 다음과 같

---

6) Russell's Introduction, p. 23.
7) Wittgenstein, *Notebooks*, p. 132.
8) 2.172 A picture cannot, however, depict its pictorial form: it displays it.

다고 할 수 있다. 어떤 명제든 실재를 묘사하기 위해서 실재와 공유해야 하는 것을 그 명제 자체가 말할 수는 없지만, 왜 다른 명제가 첫 번째 명제는 드러내어 보여줄 수밖에 없는 것에 관하여 말할 수 없단 말인가? 일반적으로 말하면, 혹시 어떤 언어가 무언가에 관하여 말할 수 있기 위한 전제 조건 때문에 그 언어로 말할 수 없는 어떤 것들이 있다 할지라도, 왜 첫 번째 언어에 관하여 이야기하는 다른 언어로 그것들에 관해서 말할 수 없어야 한단 말인가? 비트겐슈타인은 언어가 실재에 관하여 말하는 방식과 똑같은 방식으로 언어 자체에 관해 말하려고 시도하기 때문에 "보여주기/말하기"의 어려움에 빠져 있을 뿐이다. 따라서 우리는 비트겐슈타인의 말하기 방식을 "언어에 관하여" 명료하게 말하는 방식으로 대치시켜야 한다. "7은 수다."라는 말은 비트겐슈타인이 제시하는 이유들 때문에 헛소리임에 반하여, 우리는 이 말을 "'7'은 숫자다."라는 말로 듣기 때문에 이치에 닿는 말로 생각할 수 있으며, 그래서 이 말은 비트겐슈타인이 오직 보아야만 알 수 있다고 주장하는 것에 관하여 말하는 간단한 경험적 명제이다.

　이 주장은 비트겐슈타인이 보기에는 단지 요점을 놓친 채 얼버무려 넘기는 이야기에 지나지 않을 것이다. 나는 아래에 러셀의 반응이 부적절하다고 생각하는 이유를 설명하고자 한다.

　상위 언어의 명제는 비트겐슈타인이 말로 표현될 수 없다고 주장한 것을 말하는 데 성공하는가?

　『논리철학론』의 불확실한 명제들에 대한 이 "상위 언어 해석"(上位 言語 解釋, metalinguistic interpretation)은 우리가 『논리철학론』의 불확실한 명제들을 주장할 때에 말하려고 하는 내용과 똑같은 내용을 말하는가? 분명히 "7은 숫자다."라는 명제는 경험적 명제로 간주될 수 있고, 이는 고

고학자가 어떤 서판(書板, tablet)에 적힌 표지들을 문자라고 확인하고 나서 "이 표지들은 숫자다."라고 말하는 경우와 비교될 수 있다. 그래서 우리는 "'눈은 하얗다.'는 눈이 하얄 경우에만 옳다."는 문장이 한국어에 관한 의미있는 명제라고 인정한다. 그러나 우리가 『논리철학론』에서 만나는 그런 문장들을 상위 언어로 번역한 문장이 완전히 이치에 닿게 이해되는 만큼 그 상위 언어 문장들이 비트겐슈타인이 자신의 명제들로 말하려고 했던 것을 말한다고 상정하는 것은 착각이다. 그러한 방식으로 취급되면 상위 언어 문장들은 곧바로 경험적 문장이 되어버리고, 그래서 그 상위 언어 문장들은 단지 특정한 언어에 관한 평범한 명제가 되어버리고 만다. 그 상위 언어 문장들이 비트겐슈타인의 명제들을 대신하는 것처럼 보이는 이유는 우리가 그 상위 언어 문장들을 다른 방식으로 듣기 때문이다. 비트겐슈타인의 용어 사용법에 따르면(3.32)[9] 우리는 그 상위 언어 문장들을 기호(sign) 즉 책에 인쇄된 잉크 자국 "7"에 관한 문장이 아니라 상징(symbol) 즉 특정한 의미로 사용된 기호에 관한 문장으로 듣게 된다. 그러나 만일 우리가 "7은 숫자다."라는 명제를 상징에 관해 말하고 있는 문장으로 취급한다면 "…은 숫자다"라는 술어는 형식적 개념으로 간주되어야 하고, 따라서 그 문장은 우리가 애초에 출발했던 명제와 똑같은 정도로 불확실한 문장이 되어버리기 때문에 우리는 아무 것도 한 것이 없다. 상위 언어 노선에 따른 해석은 우리에게 항상 "사용된 기호의 우연한 특징"에 관한 사실 즉 철학과 전혀 관계없는 사실을 이야기할 뿐이다. 하지만 비트겐슈타인은 오직 상징의 본질인 논리적 특징에만 관심이 있을 뿐이다.

---

9) 3.32 A sign is what can be perceived of a symbol.

하나의 언어인가, 여러 언어가 있는가?

러셀은 비트겐슈타인이 어떤 특정한 언어의 구조에 관여하고 있는 것처럼 말하고, 그 때문에 그 특정한 언어를 검토하는 말들에 대하여 두 번째 언어로 이야기하는 것이 이치에 닿는다고 생각하였다. 그러나 비트겐슈타인의 관심은 이와 완전히 달랐다. 그는 "언어는 어떻게 가능한가?" 또 "언어가 성립하기 위해 반드시 충족되어야 하는 조건은 무엇인가?"라고 묻고 있다. 거의 같은 방식으로 러셀이 "유형 이론"을 개발했을 때에 그는 어떤 특정한 언어에서 인정되는 "유형 제한"에 관심을 가진 것이 아니라, 집합에 관해 언급할 수 있는 어느 언어에서나 존중되어야 하는 제한이라고 생각하였다. 혹시 우리가 첫 번째 언어에 관해 언급하는 두 번째 언어를 구성한다 할지라도, 첫 번째 언어로 말할 수 없다고 주장되는 것은 두 번째 언어로도 말할 수 없는 것으로 그대로 반영될 것이다.

3. "6.54"를 무시하는 해석

프랭크 램지의 가장 훌륭한 저작 대부분은 『논리철학론』 그리고 비트겐슈타인과의 토론에서 직접 영감을 얻은 것인데, 그런데도 램지는 우리가 "볼 수는 있지만 말로 표현할 수 없는 것"이 있다는 생각에는 상관하고 싶어 하지 않았다. 램지의 논문들은 비트겐슈타인이 자신의 명제들을 헛소리라고 했던 주장을 완전히 무시한다면, 얼마나 많은 철학적 통찰을 순수하게 곧이곧대로 『논리철학론』을 읽음으로써 끌어낼 수 있는가를 예증하고 있다. 램지는 이 과정에서 자신이 『논리철학론』을 곧이곧대로 해석하는 것이 아니라 무언가 얻을 것이 있는 비트겐슈타인의 생각들에서 덕을 입고 있다는 것을 자각하고 있었다. 하지만 램지의

예가 시사하는 것은 6.54를 무시하고서도 『논리철학론』을 해석할 수 있
다는 가능성이다. 해석가들 중에는 6.54를 무시하고 『논리철학론』을 해
석하고 있다고 스스로 명백하게 말하지 않으면서도 그런 식으로 해석
하는 사람이 많이 있다는 것은 확실하다. 우리는 그러한 해석 절차에 대
한 여러 가지 변호를 생각해볼 수 있다. 첫째로, 그런 해석 절차가 가능
하다는 것은 너무나 분명하다. 왜냐하면 비트겐슈타인이 말한 것에 관
해서 옹호하든 반대하든 6.54와 관계없이 토론하는 데 아무런 문제가
없다고 생각되기 때문이다. 둘째로, 『논리철학론』의 주요 부분들 전체
를 이치에 닿고 일관성있게 해석할 수 있게 해주는 다른 대안이 실제로
없다고 생각된다. 이것은 『논리철학론』의 핵심 요점이 『논리철학론』의
명제들이 헛소리라는 사실에서 발견된다고 정력적으로 주장하는 사람
들에 대해서조차 옳은 말이다. 우리가 『논리철학론』의 명제들이 헛소리
라고 깨닫는 것은 뒷북치는 때늦은 지혜에 따르는 것일 뿐이다. 셋째로,
명제 7로 나아가지 않고 명제 6에서 멈춘 1916년에 만들어진 『논리철
학론』 버전 ― 그 이후의 버전과 똑같이 명제 6 이하의 문단들에 지금의
자료를 포함하고 있는 버전 ― 이 있었다고 믿을 강력한 근거가 있다.
이 1916년 버전의 명제 6 이하의 문단들 속에는 그보다 앞에 진술된 부
분들보다 덜 만족스러운 자료가 많이 들어 있고, 그보다 앞에 진술된 부
분들과 통합되기 어려운 자료도 많이 들어 있다. 비트겐슈타인이 윤리
에 관해 말하고 있는 이 구절들에 대해서 어떤 논평을 할 수 있든 간에,
대부분의 해설가들은 『논리철학론』 속의 그 구절들을 ― 이 견해들에 대
한 비트겐슈타인 자신의 평가에 개의치 않고 ― 철학적으로 정말 흥미
로운 것에 비해 그다지 중요하지 않다고 간주해서 완전히 무시하였다.
그렇다면 왜 6.54를 똑같은 방식으로 취급하지 못한단 말인가? 우리가
이 접근 방식이 지닌 가장 어려운 난점에 부딪히는 것은 이 대목이다.

윤리에 관한 비트겐슈타인의 견해와 6.5 이하의 문단들 사이에는 매우 중요한 차이가 있다. 『논리철학론』 속의 그보다 앞선 부분은 비트겐슈타인이 윤리에 관해 말할 것이라고 예상하게 하는 내용을 전혀 갖고 있지 않으며, 실제로 6.5 이하의 문단들은 그보다 앞서 진행된 이야기와 가장 조화를 이루기 어려운 하나의 독립적인 절을 형성하고 있다. 비트겐슈타인이 6.5 이하의 문단들과 특히 6.54에서 제시한 생각들은 모두 신중하게 다듬어 제시한 것이고, 『논리철학론』의 주된 토론의 자연스러운 귀결로서 나타난 것이다. 우리가 앞 절에서 6.54에 대한 논평으로 나열되었던 견해들을 자세히 살펴보면, 그 모든 견해가 『논리철학론』의 중심을 이루는 문제들을 다루고 있다는 것을 알 수 있다. 윤리에 관한 비트겐슈타인의 견해와는 달리 6.5 이하의 문단들에서는 비트겐슈타인이 『논리철학론』 전체에 걸쳐 주장했던 핵심 입장의 마지막 결론들을 꾸밈없이 제시하고 있다. 비트겐슈타인이 강조했던 바와 같이, 만일 그가 "명제의 일반 형식"을 수립한 목적들 가운데 하나가 "언어의 한계"를 설정하는 것이었다면, 비트겐슈타인이 언어의 한계를 설정하는 데 이용하는 명제들은 끊임없이 제 자신이 설정하는 언어의 한계를 넘을 수밖에 없게 되고, 따라서 언어의 한계 바깥으로 쫓겨나기 때문에 헛소리가 되어버린다. 따라서 6.54는 우리가 비트겐슈타인이 했던 일을 제대로 파악하지 못해서 우리의 입장을 끝까지 유지하지 못할 경우에만 무시할 수 있는 것으로 보인다.

4. "치료적" 해석

이제 살펴보아야 하는 해석은 최근에 많은 관심을 끌고 있다. 그것은 『논리철학론』에 대한 이른바 "새로운 비트겐슈타인주의자의 해석"이다.[10] 이 해석이 앞에서 설명한 해석들과 명확히 다른 점은 6.54를 『논리철학론』 전체에 대한 이해 문제를 해결하는 열쇠로 간주한다는 것이다. 이 해석은 『논리철학론』이란 책이 두 가지 구성 요소, 즉 비트겐슈타인의 "머리말"과 6.5 이하의 문단들(특히 6.54)로 이루어진 체제(體制, frame)와 그 체제 속에 포함된 『논리철학론』의 나머지 부분으로 구성되어 있다고 생각하고, 그 체제가 비트겐슈타인의 탐구 계획 전체를 이해할 수 있도록 안내한다고 주장한다. 그들은 『논리철학론』의 주요 부분 속의 명제들이 헛소리라는 비트겐슈타인의 주장을 정말로 진지하게 받아들이고, "헛소리"라는 말이 정말로 헛소리 — 뭐가 뭔지 알 수 없는 횡설수설 — 를 의미한다고 강조해서, (헛소리에 대한 이해 같은 것은 없으므로 마침내 독자가 『논리철학론』의 명제들이 아니라 비트겐슈타인이란 사람을 이해하게 되면) 그 명제들이 이치에 닿게 이해되는 의미를 갖는다는 착각이 일소될 것이기 때문에 『논리철학론』의 목표가 성취된다고 주장한다. 『논리철학론』은 다음과 같이 진행되어 『논리철학론』과 작별을 고하게 되는 "치료 목적"을 갖고 있다. 최초에 독자는 『논리철학론』이 명제들에 대한 설명이자 명제들이 세계와 관계를 맺는 방식에 관한 설명으로 곧이곧대로 읽도록 부추김을 받는다. 이 설명들은 마지막에 제 자신의 말에 의해서 실패로 끝나면서 헛소리라고 폭로된다. 독자는 이 점을 깨닫자마자, 그 명제들을 겉으로 보기에 그 명제들이 종사하는 것처럼 보였던 그런 종류의 탐구를 추진했던 충동이 어리석은 것이라는 것을 깨닫게 된다. 그다음에 독자는 우리의 일상 언어에 기초를 제공하는 형이상학 이론을 만들려는 욕구를 포기하고, 일상 언어에 다시

---

10) For a representative set of articles, see Crary and Read, *The New Wittgenstein*.

만족하게 되어 "세계를 올바르게 보게" 된다. 『논리철학론』에 대한 "전통적 해석"은 어떻게든 『논리철학론』이 명백하게 제시하는 주요 견해와 그 견해를 표현하는 문장들은 헛소리라는 주장을 둘 다 승인할 수 있다는 일종의 "이중 사고"(二重 思考, double-think)가 가능하다고 맨 먼저 주장하였다. 우리는 비트겐슈타인이 굳게 결심한 상태였고, 그래서 "사다리를 버리라"는 그의 말은 정확히 그 굳은 결심 즉 『논리철학론』 주요 부분의 문장들에서 무언가 의미를 발견하려는 시도를 단념해야 한다는 결의를 나타낸 것이라는 사실을 처리해야 한다. 특히 우리는 "직접 보고 알 수는 있지만 말로 표현할 수 없는 어떤 것"이 있다는 착각을 극복해야 한다.

『논리철학론』을 해석하는 이 방식은 얼핏 보기에 그럴듯한 주장 대부분을 다음에 살펴볼 해석 방식 — 지지자들이 "전통적 해석"이라 부르는 방식 — 을 충분히 만족스러운 버전으로 설명하기 어렵게 만드는 난점들로부터 끌어내고 있다. 그 전통적 해석이 직면하는 난점들을 최소로 줄일 수 없다면, 나는 이 "치료적 해석"이 그 자체의 더 큰 난점들에 부딪힌다고 생각한다.

외부의 증거

언뜻 보면 이 치료적 해석은 반론에 의해서 반박될 수 없는 것처럼 보일 수 있는데, 왜냐하면 『논리철학론』에서 이 해석에 정면으로 모순되는 것으로 보이는 문단들 — 예컨대 비트겐슈타인이 "직접 보고 알 수는 있지만 말로 표현할 수 없는 어떤 것"이 있다고 강조하는 문단들 (4.121, 4.1212, 6.522)[11] — 은 버려야 할 사다리의 발디딤 가로장이므로,

---

11) 4.121   Propositions cannot represent logical form: it is mirrored in

치료적 해석은 그 문단들을 간단히 버릴 수 있기 때문이다. 하지만 "새로운 비트겐슈타인" 해석이 직면하는 극복하기 어려운 난점은 비트겐슈타인 자신이 『논리철학론』에 관해서 말을 하거나 글을 쓴 방식에 의해 형성된 『논리철학론』 외부의 모든 증거와 일치할 수 없다는 것이 명백하다는 사실이다. 치료적 해석을 명백하게 지지하는 비트겐슈타인의 견해는 거의 찾을 수 없지만 이 해석과 모순되는 견해는 많이 있다. 이것은 비트겐슈타인이 『논리철학론』에 관한 준비 작업을 했던 『비망록』, 러셀과 램지에게 『논리철학론』에 관해 설명한 방식, 그가 1930년대 초에 『논리철학론』의 생각들을 발전시키고 수정했던 일을 살펴보아도 옳은 말이고, 또 1930년대 이후에 『논리철학론』의 생각들에 대해서 예전에 주장했던 생각일 뿐이라고 공격한 방식을 살펴보아도 옳은 말이다. 실제 증거를 하나만 제시하겠다. 비트겐슈타인은 『논리철학론』에 관해 러셀이 제기한 여러 가지 질문에 답하는 편지에서, 러셀이 제시한 "모든 요소 명제가 주어진다고 주장하는 명제도 반드시 만들어질 수 있어야 한다."는 반대 의견에 대하여 다음과 같이 답하고 있다.

그런 명제를 만드는 일은 아예 불가능하기 때문에 전혀 필요하

---

them.
　　What finds its reflection in language, language cannot repre-
sent.
　　What expresses *itself* in language, *we* cannot express by means
of language.
　　Propositions *show* the logical form of reality.
　　They display it.
4.1212　What *can* be shown, *cannot* be said.
6.522　There are, indeed, things that cannot be put into words.
　　They *make themselves manifest*. They are what is mystical.

지 않습니다. 그런 명제는 없습니다! 모든 요소 명제가 주어진다는 것은 요소 의미를 갖고 있으면서 주어지지 않는 명제는 전혀 없다는 사실이 보여줍니다.[12]

이것은 비트겐슈타인이 "직접 보고 알 수는 있지만 말로 표현할 수 없는 어떤 것"이 있다고 정말로 믿지 않았다면 이해할 수 없는 말이다. 그러나 이것은 『논리철학론』을 이해하는 치료적 해석과 조화를 이루기 어려운 이런저런 견해에 관한 한 가지 문제 제기에 지나지 않는다. 치료적 해석에 맞도록 읽기 어려운 견해들은 수도 많고 다양하기도 하다.

"체제"란 무엇인가?

치료적 해석은 비트겐슈타인이 우리에게 **스스로** 이야기한 약간의 견해를 "체제"라고 뽑아내어 전적으로 의존하면서, 그 약간의 견해를 마지막에 독자가 헛소리라고 깨닫게 되는 다른 명제들과 대비시키고 있다. 실제로 그 체제는 비트겐슈타인의 "머리말"과 6.5 이하의 문단들만으로 간단히 구성되는 것이 아니라, 『논리철학론』 전체에 흩어져 있는 예컨대 4.111~4.112 또는 5.4733 같은 다른 문단들도 포함되어야 구성될 수 있다.[13] 우리는 왜 그 견해들이 뽑힐 수 있는가, 그리고 왜 비트겐

---

12) Wittgenstein, *Notebooks*, p. 131.
13) 4.111   Philosophy is not one of the natural sciences.
           (The word 'philosophy' must mean something whose place is
           above or below the natural sciences, not beside them.)
     4.112   Philosophy aims at the logical clarification of thoughts.
           Philosophy is not a body of doctrine but an activity.
           A philosophical work consists essentially of elucidations.
           Philosophy does not result in 'philosophical propositions', but

슈타인은 그 견해들을 "헛소리 명제들 사이에" 분명히 무질서하게 흩뿌려놓았는가에 대한 조리정연한 설명을 찾아볼 수 없다. 이 사실은 특히 4.111~4.112와 관련해서 심각한 문제를 일으키는 것으로 보이는데, 이 문단들에 대한 자연스러운 이해에 따르면 그 문단들은 4.1의 명제에서 시작된 사고 흐름의 전개 과정의 한 부분으로, 그리고 헛소리라고 거부되어야 하는 명제들을 포함한 논증의 결론으로 나타나 있다. 이 문제에 대한 답이 체제에 해당하는 것으로 뽑힌 견해들은 단지 해석자들의 취향에 맞서서 뽑혔다는 것이 아니라면 차라리 상당히 나은 답일 것이다.

또한 다시 6.5에서 6.54까지 배열된 문단들 — 지금 검토하고 있는 치료적 해석에 지지를 보내기 때문에 그 방식으로 가장 읽기 쉽게 배열된 문단들 — 을 잇달아 읽어보면, 우리는 그 중간에서 비트겐슈타인이 말로 표현될 수 없지만 제 자신을 보여주는 것이 있다고 주장하는 6.522

---

rather in the clarification of propositions.

   Without philosophy thoughts are, as it were, cloudy and indistinct: its task is to make them clear and to give them sharp boundaries.

5.4733 Frege says that any legitimately constructed proposition must have a sense. And I say that any possible proposition is legitimately constructed, and, if it has no sense, that can only be because we have failed to give a *meaning* to some of its constituents.

   (Even if we think that we have done so.)

   Thus the reason why 'Socrates is identical' says nothing is that we have not given *any adjectival* meaning to the word 'identical'. For when it appears as a sign for identity, it symbolizes in an entirely different way—the signifying relation is a different one—therefore the symbols also are entirely different in the two cases: the two symbols have only the sign in common, and that is an accident.

를 발견하게 된다. 만일 "새로운 비트겐슈타인 해석"에 따른다면, 6.5 이하의 문단들은 독자에게 『논리철학론』을 이해하는 방식을 알려주려는 의도로 전개되어야 하는데, 6.522의 견해의 갑작스런 침입은—치료적 해석에 맞게 생각하려면 단지 헛소리를 던져넣은 것이어야 하므로—비트겐슈타인이 『논리철학론』의 그 문단들을 미친 소리처럼 보이도록 조직하는 방식을 보여준다고 말해야 할 것이다. 이쯤에서 우리는 6.5 이하의 문단들을 이해하는 다른 방식을 찾아보는 것이 훨씬 더 현명하다고 생각된다.

"치료"는 어떻게 이루어지는가?

"새로운 비트겐슈타인주의자들"이 거부하고 있는 "전통적 해석"의 세부 사항을 제대로 채우는 일이 아무리 어렵다 하더라도, 전통적 해석에 따라서 『논리철학론』을 작동시키려는 방식의 주요 특징을 간략하게 설명하는 일은 비교적 쉽다. 비트겐슈타인은 말로 표현될 수 없지만 언어가 작동하는 방식이 보여주는 어떤 것을 우리에게 전달하고 싶어 했다. 이 일을 위해서 비트겐슈타인은 말로 표현될 수 없는 것에 관한 말처럼 보이는 말을 하면서, 그런 말에 의해서 우리를 오직 보아야만 알 수 있는 것으로 이끌고 간다. 우리는 비트겐슈타인이 우리의 주의를 집중시키려고 하는 그것을 깨닫자마자 비트겐슈타인이 사용했던 문장들에 의해서 올바르게 표현될 수 없었던 그것을 깨닫게 되고, 그뿐 아니라 오직 보아야만 알 수 있는 그것을 말로 표현하려는 문장은 모조리 진실을 왜곡한다는 것을 깨닫는다. 실은 우리의 주의를 끌어당기던 바로 그것이 우리의 주의를 그것에 집중시키려고 사용되었던 문장들을 헛소리라고 폐기 처분하는 것이다. 하지만 우리가 지금 검토하고 있는 치료적 해석에 따르면, 이 전통적 해석에는—아직 자세히 설명되지 않았는데

도—결함이 있는데, 그 결함을 개선할 방도가 막연하다. 우리는 『논리
철학론』의 명제들이 헛소리라는 것을 깨닫게 된다는 말을 어떤 의미로
이해해야 하는가? 이 물음에 대한 유일한 답은 『논리철학론』의 명제들
을 진지하게 취급한다면 그 명제들은 어떻게든 스스로를 반박하거나
스스로 제 자신이 헛소리임을 암시하는 명제라고 생각하는 것이다. 하
지만 이 답은 전통적 해석이 "진지하게 취급한다"는 어구를 어떤 의미도
전혀 갖지 못한 문장들에 적용하는 경우에 "진지하게 취급한다"는 어구가
무슨 뜻인가를 설명하는 일에서 부딪히는 어려움 — 또한 "진지하게 취
급한다"는 어구가 그러한 명제들이 무언가를 의미하는 명제라고 말하는
것을 뜻한다는 것에 의해서 생기는 어려움 — 과 똑같은 어려움에 부딪
히게 된다. 그러나 이 어려움은 제쳐둔다 할지라도, 문장이 스스로를 반
박한다거나 제 자신이 헛소리임을 암시한다는 사실은 그 문장들이 헛
소리라는 것을 밝히지 못한다. 기껏해야 그 사실은 그 문장들이 그른 문
장이라는 것을 밝힐 뿐이다.

　그러나 그러한 물음들에 만족스런 답이 제시될 수 있다 하더라도 답
을 찾아야 하는 진짜 물음이 남아 있다. 그것은 "『논리철학론』의 명제들
이 무슨 이유 때문이든 간에 헛소리라고 밝혀진다는 사실이 어떻게 무
슨 치료 효과를 일으키는가?"라는 물음이다. 철학의 역사에는 결국 스
스로를 반박하는 형이상학 이론들, 제 자신의 말에 의해서 헛소리라고
밝혀지는 이론들까지도 드물지 않았다. 특히 검증 원리(檢證 原理, The
Varification Principle)에는 이 원리가 유의미성을 설정할 때에 사용한 그
용어로 제 자신의 유의미성을 설명하기 어렵다는 난점이 붙어다녔다.
하지만 누구도 치료적 해석이 『논리철학론』에 부여하는 역할과 비슷한
논리 실증주의(論理 實證主義, Logical Positivism)의 치료 역할을 발견한 적이
없다.

가치 판단

이것이 난점인지 아닌지는 어떤 사람이 『논리철학론』 속에 있는 귀중한 것에 관해 내리는 판단에 달려 있다. 하지만 이것이 수많은 철학자가 치료적 해석을 거부할 뿐만 아니라 적의를 나타내는 주된 이유라는 것은 의심의 여지가 없다. 어느 해석에 따르더라도 비트겐슈타인은 『논리철학론』의 전개 과정에서 다수의 실수를 저질렀지만, 그 실수들은 비트겐슈타인이 상당수의 심오한 철학적 쟁점과 싸우고 있다는 것을 이해할 수 있도록 나타나 있다. 『비망록』을 읽어본 사람은 누구나 명제의 본성과 논리학의 본성을 명료하게 해결하려고 고심하는 강렬한 열정에 감명을 받을 것이다. 그리고 이 노력의 성과는 『논리철학론』의 주요 부분에 구체적으로 진술된 심오한 철학적 통찰들 전체에 걸쳐 드러나 있다. 비트겐슈타인이 우리를 오직 기묘한 치료 활동이란 이름을 빌어 그 모든 것을 내버리라고 초대했다고 상정하는 것은 비트겐슈타인이 "지적 자살"을 했다고 생각하느냐고 우리에게 묻는 것과 마찬가지라고 할 수 있다. 실제 상황과 비교해보면 치료 활동이 매우 하찮은 것으로 보일 수 있다는 것은 확실하다. 또한 치료 활동이 거의 효과가 없다는 것도 확실하다. 비트겐슈타인은 1929년에 철학에 다시 돌아오자마자 곧바로 논문을 썼는데,[14] 그 논문에서 비트겐슈타인은 아무 일도 없었다는 듯이 "치료되었으면" 당연히 내버렸어야 할 그런 종류의 탐구를 계속하였다. 게다가 비트겐슈타인은 『논리철학론』 전체 어디에도 그러한 탐구에 불확실한 점이 있다고 암시하는 말조차 하지 않은 채 그 탐구를 계속하였다.

---

14) L. Wittgenstein, 'Some Remarks on Logical Form', *PAS Supp.* vol. 9 (1929): 162-71.

5. "전통적" 해석

나는 이 해석을 "전통적 해석"이라 부르는데, 이유는 방금 살펴본 "새로운 비트겐슈타인주의자들"이 이 명칭을 지어 사용하기 때문이다. 하지만 이 명칭으로 말미암아 이제 살펴볼 입장의 몇 가지 버전을 제안한 해설가들 사이에 무시할 수 없는 다양성이 있다는 사실을 간과해서는 안 된다. 우리가 충분히 이해할 수 있는 이 다양성은 전통적 해석 입장에서 말할 필요가 있는 것에 관해서 일관성 있는 설명을 제시하기 위해 극복할 필요가 있는 난점들을 다양하게 제시하고 있다. 확실히 전통적 해석은 가장 자연스러운 해석이고, 또 비트겐슈타인이 러셀과의 서신 왕래를 통해서 설명했던 방식과 가장 잘 일치하는 해석이지만, 전통적 해석에서 우리가 부딪히는 어려움들은 매우 심각하다. 앞에서 검토한 네 가지 해석 방식으로 『논리철학론』을 읽으면서 부딪혔던 난점들은 실제로는 단지 전통적 해석이 지닌 난점들 때문에 일어난 것일 뿐이다. 달리 말하면 다섯 가지 해석 방식은 비트겐슈타인이 우리에게 제시한 "고르디우스의 매듭"을 자르는 다양한 방식일 뿐이다. (비트겐슈타인이 『논리철학론』의 이 대목에서 제기한 문제에 대해 자기 자신의 산뜻한 해결책을 갖고 있었다고 생각하는 것은 잘못일 것이다. 오히려 지금 우리가 당혹스럽게 느끼는 것과 똑같이 비트겐슈타인 자신도 당혹스럽게 느낀 역설적 상황에 독자들이 직면하도록 하고자 했다는 것이 훨씬 더 진실에 가까울 것이다.)

전통적 해석에 따르면, 비트겐슈타인에게는 말로 표현될 수 없는 것, 즉 직접 보면 알 수 있지만 말로 표현할 수는 없는 것이 있다. 이것은 우리의 언어 사용 속에 드러나 보이는 것이지만, 그러한 언어 사용에 필요조건으로 전제되는 것이면서도 언어로 말할 수 없는 것이다. 『논리철학론』의 여러 목적 가운데 중요한 목표는 우리로 하여금 "말로 표현될 수 없는 것"과 "그것이 말로 표현될 수 없는 이유"를 동시에 둘 다 깨닫게 하려는 것이다. 우리가 비트겐슈타인의 요점을 파악했다면 "그 사다리를 내버릴 것이다." 다시 말하면, 우리가 파악한 것이 형이상학적 이론의 형태를 취할 수 없다는 것을 깨달을 것이고, 또한 겉으로 보기에 형이상학적 이론의 형태를 취했던 비트겐슈타인 자신의 입장은 단지 극복해야 할 한 단계일 뿐이라는 것을 깨달을 것이다. 비트겐슈타인 자신은 우리를 깨닫게 하려고 계속해서 "언어의 한계"를 넘었던 것이고, 그 결과 "언어의 한계"에 의해서 헛소리라고 폐기 처분되는 문장들을 사용하였다. 일단 비트겐슈타인을 이해했다면, 우리는 말로 표현할 수 없는 것을 말하려고 하는 유혹을 포기할 것이고, "말할 수 없는 것에 관해서는 말하려 하지 마라!"는 비트겐슈타인의 명령에 따를 것이다.

나는 이 전통적 해석이 부딪히는 두 가지 난점을 살펴보고자 한다. 그 두 가지 난점은 흔히 혼합되어 나타나긴 하지만, 두 가지 난점은 분명히 다르므로 각기 분리해서 살펴보는 것이 낫다. "새로운 비트겐슈타인주의자들"은 첫 번째 난점을 가장 빈번히 강조했지만, 실제로는 더 심각한 어려움을 안겨주는 것은 두 번째 난점이다.

헛소리는 헛소리다

만일 우리가 『논리철학론』의 문장들을 헛소리라고 인식한다면, 그 문장들을 이해했다는 착각 이상의 것에 도달했다고 어떻게 주장할 수 있단 말인가? "새로운 비트겐슈타인주의자"이 좋아하는 표현을 사용해서, 만일 우리가 "단호한 태도"를 갖춘 사람이라면, 비트겐슈타인을 이해하자마자 "해야 할 유일한 일"은 비트겐슈타인이 겉으로 보기에만 언어가 세계와 관계를 맺는 방식에 관한 설명을 제시하는 것처럼 사용했

던 이전의 문장들을 뭐가 뭔지 알 수 없는 횡설수설, 즉 겉으로 보기에
만 의미있는 뭔가를 표현하는 척 했을 뿐인 문장이라고 거부하는 것이
다. 이 고발의 내용은『논리철학론』의 문장들에서 무언가를 깨달았다거
나 적어도 비트겐슈타인이 그 문장들에 의해서 우리로 하여금 무언가
를 깨닫게 하려고 노력했다고 주장하는 사람들은 "의미있는 헛소리"가
있다는 터무니없는 생각에 사로잡혀 있다는 것이다.

　이 고발은『논리철학론』에 대한 전통적 해석을 지지하는 사람들이
"의미있는 헛소리"나 "내용있는 헛소리"가 있다고 잘못 믿고 있거나,
적어도 비트겐슈타인이 그 대목에서 생각한 것은 얼마간 심술궂은 풍자
같은 것이라고 잘못 믿고 있다는 것이다. 확실히 어떤 사람도 또는 실제
로 어떤 사람도 "의미있는 헛소리"가 있다고 말하지 않을 것이고, 따라
서 이 고발의 실제 내용은 고발자들이 자각하고 있든 자각하고 있지 않
든 그들이 암암리에 주장하는 것이어야 한다. 여기서 우리는 어떤 문장
의 의미와 그 문장의 사용을 구별하고 그 차이를 명심할 필요가 있다. 논
쟁의 쟁점은 "헛소리 문장이 은밀한 의미를 갖고 있는가?"가 아니라
"우리가 스스로 헛소리라고 인정하는 어떤 문장을 무언가를 전달하기
위해 사용할 수 있는가?"라는 것이다. 두 번째 물음에 대한 사실 그대로
의 답은 의심의 여지없이 "그렇다"이다. 우리는 적절한 상황에서 무언
가를 전달하기 위해 거의 모든 것, 심지어 남의 코를 잡아당기는 것까지
도 이용할 수 있다. 그러나 이것은 너무 서두른 답이다. 우리가 다루고
있는 것은 "언어적 소통"(言語的 疏通, verbal communication)이고, 게다가 만
일 우리가 언어적 소통에서 무언가를 알게 된다면, 그 일은 오직 사용된
말에 의해서—어쨌든 그 말이 뜻하는 것을 명확히 이해함으로써—이
루어진다는 것은 확실하다. 그런 소통은 어떻게 가능할까? 우리는 헛소
리 문장을 어떻게 소통에 사용할 수 있는가? 이에 대한 답의 실마리는

우리 누구나 늘 행하고 있는 사실에서 찾을 수 있다. 언어의 비유적 사용
(比喩的 使用, figurative use)의 실례는 셀 수 없이 많으며, 그런 경우 사용된
문장은 전혀 글자 그대로의 의미를 갖지 않는다. 생각나는 대로 실례를
하나 살펴보기 위해 찰스 디킨스의 소설 『거대한 유산』(Great Expectations)
속의 재거(Jaggers)에 관한 웨믹(Wemmick)의 인물평을 살펴보자.

　　웨믹이 말했다. "오스트레일리아만큼 깊은 사람이죠." 그는 펜
　으로 사무실 바닥을 가리켰는데, 오스트레일리아가 지구의 정반대
　편에 있다는 걸 비유하기 위해서였다.
　　"혹시 더 깊은 곳이 있다면" 그는 펜을 종이 쪽으로 옮기면서 덧
　붙였다. "아마 그만큼 깊을 겁니다."[15]

이 경우는 웨믹이 낱말을 특수한 비유적 의미로 사용하고 있어서, 헛
소리 문장을 사용하고 있지 않다는 반론이나 누군가가 비유적으로 말
할 때에 원리상으로는 우리가 그 말이 뜻하는 것을 다른 말로 표현할 수
있다는 반론에 부딪힐 수 있을 것이다. 그러나 이 두 반론은 비유적 표
현의 가능성에 관한 미숙한 이론에 의존하고 있으며, 두 번째 반론은
"부당 가정의 오류"를 범하고 있는 것이 확실하다. 만일 언어의 비유적
사용의 목적이 "가정에 의해서 말로 표현될 수 없는 어떤 것"을 우리에
게 알려주는 것이라면, 우리가 비유적 표현을 다른 말로 번역할 수 없다
는 것은 두말할 것도 없다. 이 특수한 경우는 말할 것도 없고, 어떤 사람
이 비유적으로 말할 때에 화자와 청자 사이에 소통되는 것이 실제로 반
드시 명제 형태의 것이어야 한다고 상정할 수 있는 훌륭한 일반적 근거

---

15) Charles Dickens, *Great Expectations*, chapter XXIV.

는 없다. 하지만 이것은 답의 시작일 뿐이다. 언어의 비유적 사용에는 셀 수 없이 다양한 유형들이 있고, 완전한 답은 보통의 언어 사용과 다른 이 특별한 언어 사용이 작동하는 방법에 관한 자세한 설명을 필요로 할 것이다.

여기서 프레게가 비트겐슈타인의 상황과 비슷한 상황에 부딪혔을 때에 했던 말을 살펴보는 것이 도움을 줄 것 같다. (프레게는 "…는 옳다"라는 술어가 쓸데없이 반복되는 술어라고 주장하였다. [다시 말해 "p는 옳다."는 문장은 "p다."와 정확하게 똑같은 의미를 갖는다.] 그 결과 "옳다"(true)는 말은 논리학의 본질을 알려주는 징표일 수 없다.)

"옳다"(true)는 말은 불가능한 것을 가능하게 만드는 것 같다. 이 말은 사고에 기여하는 형태를 취하기 위해 "주장하는 힘"에 해당하는 것을 허용한다. 그리고 그 시도가 실패하긴 하지만, 더 정확하게 말하면 그 시도가 실패한다는 바로 그 사실을 통해서 논리학의 특징을 알려주는 징표 역할을 한다.[16]

비트겐슈타인은 말로 표현될 수 없는 것을 전달하려고 시도하고 있으며, 그 결과 비트겐슈타인은 자신이 하는 일을 말할 때에 그의 말은 자신이 전달하기 원하는 것을 담아 전하지 못하지만, 비트겐슈타인의 말이 실패하는 방식과 그의 말이 실패한다는 바로 그 사실은 우리로 하여금 "오직 보아야만 알 수 있는 것"과 "왜 그것은 보아야만 알 수 있는가"를 깨닫게 하는 데 이바지할 수 있다.

---

16) G. Frege, *Posthumous Writings* (ed. Hermes, Kambartel and Kaulbach ; trans. Long and White ; Blackwell : Oxford, 1979), p. 252.

"오직 보아야만 알 수 있는 것"은 무엇인가?

전통적 해석에 반대하는 사람들은 방금 살펴본 난점을 굉장히 강조했지만, 그보다 훨씬 더 어려운 난점은 두 번째 난점이며, 이제부터 그 난점을 살펴보고자 한다. 우리가 그동안 『논리철학론』을 읽으면서 "보았던 것"은 정확히 무엇인가? 다음과 같이 말하는 것은 분명히 잘못된 말 중의 하나일 것이다. "만일 무한히 많은 대상들이 있다면, 우리는 있는 것들을 말할 수 없다. 다시 말해 우리는 있는 것들을 볼 수밖에 없다." 이것이 우리가 "새로운 비트겐슈타인주의자들"의 저작에서 때로 만나는 두 번째 풍자다. 하지만 이 풍자는 명백히 터무니없는 것이며, 러셀과 주고받은 편지에서 비트겐슈타인 자신이 조심스럽게 풀이한 말과 뚜렷한 차이를 보이는 것 같다.

> "2개의 사물이 있다."라는 명백한 명제를 가지고 말하고자 하는 것은 서로 다른 의미를 가진 두 개의 이름이 있다는 것 — 또는 두 개의 의미를 가질 수 있는 하나의 이름이 있다는 것 — 이 보여줍니다.[17]

분명히 "우리는 무엇을 보았는가?"라는 물음은 말로 표현될 수 없는 것을 말하라고 우리에게 요구하는 질문일 수 없지만, 우리가 보았다고 생각하는 것의 유형(類型, type, pattern)에 관한 특징을 묘사해보라고 요구하고 있다. 난점은 자연스러운 두 가지 답 — 우리의 주의를 말에 담길 수 없는 사실에 집중하든, 말로 표현될 수 없는 진실에 집중하든[18] — 이

---

17) Wittgenstein, *Notebooks*, p. 131.
18) 하지만 비트겐슈타인이 5.62에서 "어떤 진실"(a truth, *eine Wahrheit*)을 말하려고 한다는 것을 잊지 말아야 한다.

둘 다 우리가 종사해온 탐구 계획 전체에 의해서 배제되는 것으로 보인
다는 것이다. 왜냐하면 세계는 "사실들 전체"이고, "언어의 한계"는 그
사실들에 의해서 옳거나 그르게 되는 명제들의 집합과 외연이 일치하
기 때문이다. "사실들을 진술하는 일"은 바로 언어가 할 수 있는 일이다.
우리가 "보았던 것"이 무엇이든 간에 세계에 무언가를 추가하는 답은
제대로 된 답일 수 없다. 『논리철학론』을 읽을 때에 (그리고 비트겐슈타
인의 논증들을 단지 『논리철학론』을 해석하기 위해 문제 삼는 것이 아
니라 그 자체로서 권리를 갖고 있는 철학적 문제로 진지하게 대할 때
에) 우리가 부딪히는 진짜 도전은 바로 이 물음이다.

말하고 싶은 것은 우리는 "추가되는 사실"이 아니라 "사실들 속의 유
형"을 보았다는 것이지만, 난점은 "추가되는 사실"을 만들지 않으면서
그러한 유형에 관해 하는 말이 무슨 의미를 갖는가를 끝까지 생각해야
한다는 것이다. 어쩌면 그 난점은 비트겐슈타인이 내적 관계와 내적 속
성을 말할 때에—비트겐슈타인에게는 이 두 가지가 오직 보아야만 알
수 있는 것의 전형적 사례였는데—자신의 심중에 갖고 있었던 것과 비
슷한 것일 것이다. 비트겐슈타인은 내적 속성에 관해 이렇게 말했다.

> 4.1221 우리는 어떤 사실의 내적 속성을 (예컨대 얼굴의 특징들
> 에 관해 말하는 그런 의미로) 그 사실의 특징이라고 부를
> 수도 있다.[19]

---

19) 4.1221 An internal property of a fact can also be called a feature of that
fact (in the sense in which we speak of facial features, for
example).

토론거리

• 『논리철학론』을 읽는 다섯 가지 해석 방식 가운데 어느 방식이 가장 만족스러운가?

1. 그 방식이 부딪히는 난점을 어떻게 처리할 수 있는가?

2. 헛소리 문장을 무언가를 전달하는 데 사용할 수 있는가?

3. 보고 알 수는 있지만 말로 표현할 수 없는 것은 어떤 종류의 것인가?

　지금까지 『논리철학론』의 많은 부분을 자세히 음미한 성과를 마음에 간직하고 독자의 해석 방식이 위의 물음들에 대한 자신의 답들을 잘 조화시키는지 자문하면서 『논리철학론』을 처음부터 끝까지 다시 읽는다면 유익할 것이다.

4장

『논리철학론』의 수용과 영향

　『논리철학론』의 수용과 영향에 대한 설명은 두 부분으로 나누어 진행하는 것이 자연스럽다. 비트겐슈타인의 『논리철학론』은 다른 철학자들에게 영향을 미쳤지만, 비트겐슈타인 자신의 "후기 철학"의 전개 과정에도 관련되지 않을 수 없었다.

분석 철학

　맨 처음 설명해야 할 것은 철학 전반에 걸치는 매우 일반적인 사실에 관한 이야기이므로 오로지 『논리철학론』에만 관련 있는 것은 아니다. 19세기에서 20세기로 넘어오는 전환기에 "철학하는 새로운 방식"이 나타났다. 처음에 프레게의 저작이 선보인 "철학하는 새로운 방식"은 그 다음 러셀의 저작, 『논리철학론』, 램지, 무어(George Edward Moore, 1873-1958)로 이어지고, 나중에 카르납(Rudolf Carnap, 1891-1970)에까지 계속되면서, 마침내 "분석 철학"(分析 哲學, Analytic Philosophy)이란 이름으로 불리게 되었다. 그 이후 분석 철학은 영어권 철학의 주류를 이루고 있다. 『논리철학론』을 이해하는 한 가지 중요한 방식은 『논리철학론』을 분석 철학의 토대를 마련한 고전으로 간주하고 살펴보는 것이다. 분석 철학은 정의하기가 참으로 어려우며, 그래서 독자는 분석 철학자라고 자처하는 모든 철학자가 공유하는 어떤 철학적 학설도 끝내 찾아볼 수 없을 것이다. 몇 가지 경향, 예컨대 철학하는 데 논리학이 근본적으로 중요하다고 생각하는 경향, 어떤 주제가 일으키는 철학적 물음을 해결하기 위해서는 그 주제에 관해 이야기하는 언어를 분석할 필요가 있다고 생각하는 경향이 계속 이어지고 있다. 하지만 분석 철학을 일련의 철학적 학설이 아니라 탐구 방식의 **전통이자 지성의 성향**이라고 생각하면 더 잘 이해할 수 있는데, 분석 철학에서는 엄격한 논증, 옹호하는 입장에 대한 정확한 진술, 철학적 물음을 표현하는 데 사용된 언어에 대한 검토가 거대한 철학적 체계를 구성하는 일보다 훨씬 더 탁월한 지적 작업으로 인정되기 때문이다. 비트겐슈타인은 결코 전형적인 분석 철학자로 간주될 수는 없지만, 앞에서 언급한 철학자들의 저작과 어깨를 나란히 하는 『논리철학론』의 중요한 일면은 분석 철학이 실제로 진행되었던 그 방식으로 형태를 갖추도록 분석 철학에 영향을 미쳤다.

프레게

앞 문단의 이야기와 관련해서 살펴보아야 할 것이 또 하나 있는데, 이 이야기는 처음에는 『논리철학론』에 대해 간접적으로 칭찬하는 것처럼 들릴 것이다. 프레게의 핵심 학설들 가운데 철학계에 널리 알려지게 된 학설 대부분은 『논리철학론』을 통해서 알려졌다. 지금은 프레게가 철학의 역사에서 가장 중요한 인물들 가운데 하나라고 널리 인정받고 있지만 실은 오랫동안 널리 알려지지 못했다. 프레게가 누리는 현재의 명성이 확립된 것은 겨우 2차 세계 대전 이후의 일인데, 대체로 피터 기츠(Peter Geach, 1916-)와 마이클 더밋(Michael Dummett, 1925-)의 저작을 통해서 이루어졌다. 프레게는 살아 있을 때에 그 시대의 가장 중요한 철학자들—후설(Edmund Husserl, 1859-1938), 러셀, 비트겐슈타인, 카르납—에게 강한 영향을 미쳤지만, 이 철학자들 이외에는 프레게의 저작에 관심을 갖는 사람이 거의 없었다. 그 결과 철학적 사고에 미친 프레게의 영향은 당시에 프레게보다 훨씬 더 유명했던 이 철학자들이 프레게의 생각을 채택함으로써 알려졌으므로 오랫동안 대부분 간접적으로 이루어졌다. 프레게의 핵심 학설 대부분이 『논리철학론』에서 중심 역할을 하고 있고, 그 학설들이 처음으로 철학계에 널리 유포된 것은 『논리철학론』에 등장한 것이 계기가 되어 이루어진 일이었다. 나는 이 자리에서 "맥락 원리"(3.3),¹⁾ "언어의 작문 기능"(낱말 합성 기능, 명제의 의미는 그 명제가 포함한 낱말들과 그것들이 결합된 방식의 함수라는 생각)(4.03),²⁾ 명제의 의미를 그 명제의 진리-조건으로 제시하는 설명(4.431),³⁾ 이제는 그렇게 부르고 있는 "철학의 탐구 지평을 언어로 전환시킨 '언어적 전회'"

---

1) 3.3 Only propositions have sense ; only in the nexus of a proposition does a name have meaning.

2) 4.03 A proposition must use old expressions to communicate a new sense.

A proposition communicates a situation to us, and so it must be *essentially* connected with the situation.

And the connexion is precisely that it is its logical picture.

A proposition states something only in so far as it is a picture.

3) 4.431 The expression of agreement and disagreement with the truth-possibilities of elementary propositions expresses the truth-conditions of a proposition.

A proposition is the expression of its truth-conditions.

('linguistic turn' in philosophy)—예를 들면 "수(number)란 무엇인가?"라는 물음의 답을 찾는 올바른 방법은 먼저 "숫자(numeral)의 기능은 무엇인가?"라고 묻고 나서, 적어도 예로 제시한 첫 번째 물음의 답을 "숫자들은 그 숫자들이 등장하는 문장의 의미에 어떤 기여를 하는가?"라는 물음의 답과 동일시하는 방법이라는 생각—를 언급하고 싶다. 프레게의 이런 생각들은 제각기 20세기 내내 대단히 큰 영향을 미쳤다. 또한 그 생각들은 모두—비록 비트겐슈타인이 때로는 그 생각들을 프레게가 원래 사용했던 방식과 다른 방식으로, 때로는 실제로 프레게가 불만을 느꼈을 법한 방식으로 발전시켰을지라도—『논리철학론』에서도 가장 중요한 역할을 하였고, 『논리철학론』이 아주 탁월한 저작이 되도록 기여하였다. 프레게의 업적이 그처럼 오랫동안 별로 알려지지 않았던 사실을 감안하면, 그런 생각들의 중요성이 널리 알려지게 된 것은 거의 『논리철학론』을 통해서 이루어졌다고 보아야 할 것이다. 이 사실을 언급한 것은 비트겐슈타인 자신의 업적을 하찮은 것으로 보이게 하는 것 같지만, 실은 비트겐슈타인은 프레게의 업적의 이 측면들이 지닌 근본적 중요성의 진가를 정확하게 알아본 최초의 철학자였다. 따라서 그 사실은 비트겐슈타인의 위상을 축소시키는 것이 아니라, 비트겐슈타인이 이런 방식으로 프레게의 일련의 생각들을 흡수해서 그 생각들의 중요성에 대해 독자적인 해석을 제시했다는 사실을 아는 것은 우리가 비트겐슈타인의 천재성과 『논리철학론』의 근본 성격을 정확하게 이해할 수 있도록 도와준다.

철학을 위한 의제를 설정하다

　『논리철학론』이 "논리 실증주의자들"과 같은 특정한 철학자들에게 미친 구체적인 영향을 살펴보기 전에 『논리철학론』의 영향들 가운데 한 측면을 쉽게 지나쳐버리는 경향이 있다는 것을 지적할 필요가 있다. 그처럼 쉽게 지나쳐버리는 이유는 『논리철학론』의 그 영향이 다른 (모든) 점에서 비트겐슈타인과 공유하는 것이 거의 없는 철학자들과 비트겐슈타인이 『논리철학론』에서 주장한 대부분의 주장을 거부한 철학자들에게 무의식적으로 작용하고 있기 때문이다. 『논리철학론』은 철학을 위한 새로운 의제들을 설정한 것으로 볼 수 있는데, 그 까닭은 『논리철학론』이 제기한 물음들의 중요성을 비트겐슈타인의 답에 불만을 느끼는 철학자들까지도 인정하기 때문이다. 다음의 물음들이 그런 물음이다. 윤리적 명제의 유의미성에 관한 물음(6.4 이하),[4] 인과적 필연성(因果的 必然

---

4)　6.4　　All propositions are of equal value.

　6.41　　The sense of the world must lie outside the world. In the world everything is as it is, and everything happens as it does happen : *in* it no value exists—and if it did exist, it would have no value.

　　　　If there is any value that does have value, it must lie outside the whole sphere of what happens and is the case. For all that happens and is the case is accidental.

　　　　What makes it non-accidental cannot lie *within* the world, since if it did it would itself be accidental.

　　　　It must lie outside the world.

　6.42　　So too it is impossible for there to be propositions of ethics.
　　　　Propositions can express nothing that is higher.

　6.421　　It is clear that ethics cannot be put into words.
　　　　Ethics is transcendental.
　　　　(Ethics and aesthetics are one and the same.)
　　　　……

性, causal necessity)에 대한 설명에 관한 물음(6.37),[5] 내포적 언어를 외연에 입각해서 분석하는 가능성에 관한 물음(5.541),[6] 가장 중요하다고 볼 수 있는 형이상학 언어의 불확실한 성격에 관한 물음.[7] 이 문제들 대부분은 다른 모습으로 이미 우리에게 익숙하다. 가장 명백한 실례는 인과적 필연성에 관한 흄의 회의주의로 알려져 있는 문제다. 『논리철학론』에 새롭게 나타난 것은 이런 물음들이 "그 물음을 표현하는 언어를 문제 삼는 형태", 다시 말하면 언어의 "어떤 사용"에 관한 설명의 난점을 문제 삼는 형태로 제기되어 있다는 것이다.

---

5) 6.37 There is no compulsion making one thing happen because another has happened. The only necessity that exists is *logical* necessity.

6) 5.541 At first sight it looks as if it were also possible for one proposition to occur in another in a different way.

Particularly with certain forms of proposition in psychology, such as 'A believes that *p* is the case' and 'A has the thought *p*', etc.

For if these are considered superficially, it looks as if the proposition *p* stood in some kind of relation to an object *A*.

(And in modern theory of knowledge (Russell, Moore, etc.) these propositions have actually been construed in this way.)

7) 6.53 The correct method in philosophy would really be the following: to say nothing except what can be said, i.e. propositions of natural science—i.e. something that has nothing to do with philosophy—and then, whenever someone else wanted to say something metaphysical, to demonstrate to him that he had failed to give a meaning to certain signs in his propositions. Although it would not be satisfying to the other person—he would not have the feeling that we were teaching him philosophy—*this* method would be the only strictly correct one.

구체적인 영향
― 러셀, 램지, 논리 실증주의 ―

『논리철학론』이 미친 구체적인 영향에 관심을 돌리면, 우리는 맨 먼저 비트겐슈타인이 『논리철학론』을 집필하던 시기와 그 직후에 가장 가까이 지냈던 두 철학자를 살펴보아야 한다. 러셀의 경우에는 적어도 두 사람의 사고 과정의 이 단계에서는 비트겐슈타인과 러셀이 서로 상대방의 사고에 중대한 영향을 주고받았다는 것은 의심의 여지가 없다. 그 영향의 대부분은 직접 토론과 대화를 통해서 두 사람이 서로 주고받았기 때문에 누가 누구에게 영향을 주었는지 알기 어려운 경우가 많다. 우리는 러셀이 마침내 논리학의 진리는 "항진 명제"(恒眞 命題, tautology)라는 것을 인정했던 것은 비트겐슈타인의 채근에 몰려서 그랬다는 사실은 확실하게 알지만, 러셀이 비트겐슈타인과 정확하게 똑같은 방식으로 "항진 명제"를 이해했는지 어떤지는 분명하지 않다. 어쩌면 두 사람이 서로 영향을 주고받은 가장 중요한 경우는 "논리 원자주의"를 발전시킨 일일 것이다. 흥미를 느끼는 독자는 러셀이 1918년에 했던 연속 강의를 묶은 『논리 원자주의 철학』(The Philosophy of Logical Atomism)과 『논리철학론』을 비교해보는 것도 좋을 텐데, 이 강의를 시작하면서 러셀은 "내 강의의 대부분은 내 친구이자 이전의 내 학생이었던 루트비히 비트겐슈타인에게서 배운 어떤 생각들을 설명하는 일과 관련이 있다."고 말하였다.

프랑크 램지의 경우에는 비트겐슈타인과 『논리철학론』에서 받은 영향이 명백하고 깊은 곳에까지 미치고 있다. 램지는 애석하게도 26살 젊은 나이에 세상을 떠났는데, 비트겐슈타인과 광범위한 주제에 관해 토론을 했고, 비트겐슈타인의 논리적 통찰 대부분을 자신의 저작에서 채택하였다. 램지의 가장 훌륭한 논문 대부분은 비트겐슈타인과 『논리철학론』에 분명하게 의존하고 있으며, 1925년에 발표한 가장 중요한 논문 「수학의 기초」는 러셀의 『수학 원리』(1910)를 비트겐슈타인이 확인했던 결함을 제거할 수 있는 방식으로 재구성하려는 시도를 분명하게 보여주고 있다.

모리츠 슐리크(Moritz Schlick, 1882-1936)는 1927년에 "논리 실증주의"의 창시자들인 "비엔나 학단"의 회원들이 진행하는 토론에 참석해달라고 비트겐슈타인을 설득하였다. 잠시 동안 비트겐슈타인은 논리 실증주의가 전개된 방향과 특히 슐리크와 카르납의 사고에 강력한 영향을 미쳤다. 그렇지만 이 경우에는 논리 실증주의자들이 『논리철학론』에 동의한 점만큼이나 그들이 동의하지 않은 점을 강조하는 것이 중요하다. 첫째로 나는 다음과 같은 그들의 중요한 의견 차이를 언급하지 않을 수 없다. 비엔나 학단은 『논리철학론』의 핵심 생각들을 인식론의 입장에서 해석하려고 하였다. 『논리철학론』 자체는 인식론의 주제들에 관해서는 사실상 전혀 관심을 기울이지 않았다(4.1121).[8] 요컨대 이제 "의미"를 진리-조건에 의해 밝히는 설명은 "의미"를 검증 조건에 의해 밝히는 설명으로 대치되었고, 비트겐슈타인의 요소 명제는 기초적 관찰 문장으로 대치되었다. 비록 이것이 『논리철학론』을 읽은 비엔나 학단 회원들이

---

8)   4.1121 Psychology is no more closely related to philosophy than any
     other natural science.

     Theory of knowledge is the philosophy of psychology.

     Does not my study of sign-language correspond to the study of
     thought-processes, which philosophers used to consider so es-
     sential to the philosophy of logic? Only in most cases they got en-
     tangled in unessential psychological investigations, and with my
     method too there is an analogous risk.

보인 주된 반응이었고, 비트겐슈타인의 주요 논증들은 더 이상 자세히 음미되지 않았을지라도, 그 당시에는 비트겐슈타인 자신도 "검증 원리"를 인정하였고, 그 검증 원리가 『논리철학론』의 생각들에 대한 비트겐슈타인의 설명을 물들이고 있었던 것이 확실하기 때문에, 이런 잘못된 해석이 나온 연유를 이해할 수는 있다. 이 변화된 해석은 비엔나 학단의 상당수 회원이 여러 가지 방식으로 채택한 "논리 원자주의"가 많은 점에서 비트겐슈타인의 설명보다는 러셀의 설명과 더 많은 공통점을 갖게 되는 결과를 일으켰다.

　또 하나 커다란 의견 차이는 비엔나 학단 회원들이 비트겐슈타인의 신비주의라고 간주한 것에 관한 것이다. 비엔나 학단 회원들은 "우리가 볼 수는 있지만 말로는 표현할 수 없는 어떤 것"이 있다는 생각에 어안이 벙벙하다는 태도를 보였다. 그들은 기질적으로 그러한 생각을 철저하게 싫어했을 뿐만 아니라, 비트겐슈타인의 신비주의적 생각이 옳든 그르든, 그런 신비주의에 의해서 다시 형이상학이 뒷문으로 몰래 들어오는 것 아닐까 하고 의심하였다. 그렇지만 이런 의견 차이에도 불구하고, 또 철학적 문제들을 탐구하는 비엔나 학단 회원들의 방법이 비트겐슈타인의 방법과 완전히 다르다는 사실에도 불구하고, 우리는 비엔나 학단의 적어도 상당수 회원이 『논리철학론』의 영향을 받아 다음과 같은 생각들을 갖게 된 사실을 주목해야 한다. 첫째이자 가장 중요한 생각은 형이상학의 가능성을 거부한다는 것이다. 실증주의자들의 "철저한 경험주의"는 이미 그들로 하여금 형이상학을 철저히 의심하게 하였지만, 『논리철학론』이 논리 실증주의자들에게 제공한 것은 "언어적 근거"에 입각해서 형이상학을 제거할 수 있다는 생각이었다. 다시 말하자면 논리 실증주의자들은 "의미 이론"(意味 理論, theory of meaning)을 근거로 삼아 형이상학적 주장이 헛소리라고 증명할 수 있다는 생각을 얻은 것이다. 이 생각과 짝을 이루어 논리 실증주의자들은 "분석 활동으로서의 철학"(philosophy as *analysis*)—논리 실증주의자들의 경우에는 일차적으로 과학의 언어에 관한 논리적 분석 활동—이라는 철학 개념을 채택하게 되었다.

또한 다른 두 가지 생각도 언급할 가치가 있다. 그 두 가지 생각은 (1) 언어에 관하여 논리 실증주의자들이 채택한 원자론적 견해, 즉 모든 복잡한 명제들을 일련의 기초 명제들—앞에서 언급한 바와 같이 논리 실증주의자들의 경우에는 인식론적으로 기초 역할을 하는 명제들—을 가지고 만들 수 있다는 생각과 (2) 논리학의 진리들은 이 세계에 관해서 말하는 것이 전혀 없다는 생각이다. 이 생각도 논리 실증주의자들은 논리학의 진리들은 약정(convention)에 의해서 옳다, 즉 오직 언어에 관한 약정(conventions of language)에 의해서만 옳다고 약간 달리 설명하였다.

<h2 style="text-align:center">"후기 철학" 속의 『논리철학론』</h2>

비트겐슈타인, 철학에 돌아오다

비트겐슈타인은 1929년에 캠브리지대학에 다시 돌아왔다. 그가 캠브리지에 머무는 동안에 발표한 가장 초기의 저작—논문 「논리적 형식에 관한 단상」과 『철학적 단상』(*Pilosophical Remarks*)—은 비트겐슈타인의 생각에 변화가 일어나기 시작했음을 분명하게 보여주고 있다. 1929년의 논문에서 비트겐슈타인은 주로 "색깔 배제 문제"(colour exclusion problem)—"이것은 온통 빨강색이면서 초록색이다."라는 명제는 필연적으로 그른 명제로 생각되는데도, 그것이 필연적으로 그른 명제라는 것을 오직 진리 함수 장치만 사용하여 설명하기가 불가능한 것 같다는 사실—를 다루고 있다. 그때까지는 비트겐슈타인이 이 문제에 관해 『논리철학론』에서 내세웠던 주장(6.3751)에[9] 대해 분명히 정당한 불만을 느끼고 있었고, 그래서 그러한 명제의 근저에 있는 진리 함수적 구조를 밝혀내는 분석을 제시하는 일이 불가능하다고 간주하였다. 비트겐슈타인은 그의 사고의 이 단계에서는 『논리철학론』의 기본 입장을 포기한 것이 아니라, 서로 양립할 수 있는 요소 명제들의 가능성을 허용하는 방식으로 『논리철학론』의 설명을 수정하려고 노력하고 있다.

『철학적 단상』에서는 사정이 더 복잡해져서, 비트겐슈타인이 『논리철학론』의 설명을 채택하려고 하고 있는지, 아니면 전혀 다르게 설명하려고 『논리철학론』의 설명을 거부하고 있는지 분명하지 않은 경우가 종종 있다. 비트겐슈타인은 "색깔 배제 문제"에 계속 관심을 보이고 있지만, 『논리철학론』의 근본적인 견해들을 거부하는 쪽으로 나아간 훨씬 더 중요한 진전은 일반성과 양화사에 관해서 순수한 진리 함수적 설명

---

9) 6.3751 For example, the simultaneous presence of two colours at the same place in the visual field is impossible, in fact logically impossible, since it is ruled out by the logical structure of colour.

Let us think how this contradiction appears in physics: more or less as follows—a particle cannot have two velocities at the same time; that is to say, it cannot be in two places at the same time; that is to say, particles that are in different places at the same time cannot be identical.

(It is clear that the logical product of two elementary propositions can neither be a tautology nor a contradiction. The statement that a point in the visual field has two different colours at the same time is a contradiction.)

을 할 수 있는 가능성을 믿지 않게 되었다는 사실이다.[10] 만일 이 점에
관해서 비트겐슈타인이 올바르다면, 이는 요소 명제들의 논리적 독립
성에 관한 그의 걱정보다 훨씬 더 심각하게 『논리철학론』을 비판하는
것이라 하겠다. 이 비판은 『논리철학론』의 가장 근본적이고 핵심적인
견해 대부분을 위태롭게 만들 것이다. 특히 비트겐슈타인은 "명제의 일
반 형식"에 관한 설명과 "사태의 특징"을 묘사하는 방식을 단념해야 할
것이다. 그가 말한 바와 같이,[11] 이제는 아마 『논리철학론』의 주춧돌 역
할을 하는 "실제로 존재하는 완전히 구체적인 사태"나 "실제로는 존재
하지 않는 완전히 구체적인 사태"와 더 이상 일치하지 못하게 될 "불완
전한 요소 명제"(incomplete elementary proposition, 비트겐슈타인의 용어)를 인
정해야 할 것이다. 이와 비교해보면 "색깔 배제 문제"에 대한 걱정은 상
대적으로 작은 문제이며, 그래서 그 문제는 색깔 명제에 대한 진리 함수
적 분석에 사용할 더욱 효과적인 방법을 발견하거나 논리적 진리에 관한
『논리철학론』의 설명의 기본 입장이 아니라 색깔 명제를 수정함으로써
잘 처리할 수도 있을 것이다.

비트겐슈타인은 『철학적 단상』을 시작하는 서두 문단에서 다음과 같
이 말했다.

나는 지금 "현상학적 언어"(phenomenological language)나 (내가 마
음속으로 목표로 삼고 이름을 지은) "일차 언어"(primary language)를
갖고 있지 않다. 나는 더 이상 그런 언어가 필요하다고 주장하지
않는다. 가능하고 필요한 모든 것은 우리 언어 속에 있는 "본질적

---

10) See in particular, Wittgenstein, *Philosophical Remarks*, section IX.
11) Ibid., p. 115.

인 것"을 "비본질적인 것"으로부터 분리하는 것이다.[12]

여기서 비트겐슈타인이 『논리철학론』의 "언어의 완전히 분석된 형
태"가 아니라 "현상학적 언어"를 언급하고 있긴 하지만,[13] 이 견해는
(필요한 변경을 가하여) 『논리철학론』 자체에 끌어들일 수 있을 것이
다. 이 견해는—그 자체만 분리해서 살펴보면—비트겐슈타인이 완전
히 새로운 방식으로 철학을 하기 시작했다는 것을 시사하고 있다. 그렇
지만 많은 것이 매우 막연한 상태로 남아 있으며, 그 무렵에는 비트겐슈
타인이 비틀거리며 나아가고 있다는 인상을 주고 있다. 그가 『논리철학
론』을 수정하려고 하는지, 아니면 『논리철학론』을 거부하면서 이전의
탐구 방법을 전혀 다른 탐구 방법으로 대치하려는 것인지 분명하지 않
다. 만일 전혀 다른 방법으로 바꾸려 했다면, 대체 그 방법은 무엇인가?
　비트겐슈타인의 "후기 철학"의 특징이 약간씩 나타나기 시작한 징후
는 『철학적 단상』 이후의 저작—『철학적 문법』(*Pilosophical Grammar*)과
『큰 타이프라이터 원고』(*Big Typescript*)—이 보여주는데, 『논리철 학론』의
생각들이 점점 더 배경으로 물러나고 있다. 비트겐슈타인은 나중에 『철
학적 탐구』에서 다시 『논리철학론』의 생각들을 마주 대하고 있다.

"후기 철학" 속의 『논리철학론』

『철학적 탐구』가 처음 출판되었을 때에 『논리철학론』의 명성은 비참

---

12) Ibid., p. 51.
13) 비트겐슈타인이 말하는 "현상학적 언어"는 명제들이 직접 경험을 기술하
　는 명제들로 분석될 수 있는 언어였을 것이다.

할 정도로 손상을 입었다. 비트겐슈타인은 『철학적 탐구』의 머리말에
이렇게 썼다.

　왜냐하면 나는 16년 전에 다시 철학을 하기 시작한 이후 지금까
　지 내 첫 번째 책에 썼던 내용에서 중대한 실수들을 깨닫지 않을
　수 없었다.[14]

그런 다음 비트겐슈타인은 『철학적 탐구』의 앞부분 문단들에서 『논리
철학론』의 일련의 이론에 대해서 잇달아 비판을 가하고 있다. 『논리철
학론』이 명백하게 언급되는 것은 몇 번뿐이긴 하지만, 이 문단들은 『논
리철학론』의 특징을 가장 잘 보여주는 생각들을 분해하고 있는 것으로
읽히는 것이 확실하다.[15] 이로 말미암아 『논리철학론』은 주로 역사적
관심의 대상으로 간주되어야 한다는 태도가 생기게 되었다. 저자 스스
로 『논리철학론』의 기본 입장은 이제 자신의 입장이 아니라고 부정하는
것보다 더 나쁜 광고가 무엇일 것인가? 전기의 저작과 후기의 저작에
연속성이 정말로 있는 한 이제 믿을 수 없게 되어버린 전기의 저작으로
부터 자유로워진 후기의 저작이 연속성의 해석에서 주도권을 갖는다는
것은 당연하다고 생각될 것이다. 하지만 실제 사정은 이런 생각이 시사
하는 것보다 훨씬 더 복잡하기 때문에 그 과정에서 『논리철학론』의 가
장 심오한 통찰들이 완전히 간과되거나 상실될 위험에 빠지게 된다.
　먼저 비트겐슈타인의 "전기 철학"과 "후기 철학"의 연속성과 불연속

---

14) Wittgenstein, *Philosophical Investigations*, p. x.
15) §23, §46, §97, §114가 그러한 문단이다. §65도 그런 문단이라고 할 수 있
　　는데, 이 문단은 『논리철학론』을 분명하게 언급하고 있지는 않지만 이전의
　　책이 어느 책을 언급하는지 분명히 알 수 있다.

성에 관한 문제를 살펴보자. 이 문제에서 우리는 『철학적 탐구』가 자신의 "전기 철학"을 철학자들이 항상 만들어내는 신화적 환상이라고 정말로 거부하고 있다고 보는 해석에서부터 "전기 철학"과 "후기 철학"이 연속되어 있다고 보는 해석에 이르기까지 온갖 해석을 발견할 수 있다. 나 자신은 불연속성이 지금 내가 믿고 있는 것보다 적게 있다고 믿어왔다. 그러나 이제는 다음과 같이 생각하는 것이 안전하다고 생각하고 있다. 비트겐슈타인은 철학적 문제들이 언어의 작동 방식을 오해하기 때문에 생기며, 그래서 언어가 실제로 작동하는 방식에 주의를 기울임으로써 해결된다고 계속해서 믿었다. 하지만 언어에 관한 비트겐슈타인의 생각은 커다란 변화를 겪었고, 그 결과 언어가 정말 실제로 작동하는 방식을 발견하는 일은 더 이상 그 언어의 근저에 있는 논리적 구조를 밝혀내는 것이 아니라, 그 대신 특정한 철학적 논쟁에 얽혀 있는 언어를 아주 세밀하게 조사하는 형태를 취하게 되었다. 다른 무엇보다도 비트겐슈타인은 『논리철학론』의 가장 중요한 특색들 가운데 하나인 "명제의 일반 형식"이 있다는 생각을 명백하게 거부하였다(『철학적 탐구』 §65). 하지만 비트겐슈타인은 다른 많은 핵심 주제에 대해서는—예컨대 여전히 명제를 그림으로 간주하는지, "직접 보고 알 수는 있지만 말로 표현할 수 없는 것"이 있다고 생각하는지에 대해서는—아무 말도 하지 않았다.

『철학적 탐구』의 앞부분 문단들에 나오는 『논리철학론』에 관한 비판은 만일 그 문단들이 정말로 비판을 목표로 하고 있다면 우리를 매우 당혹스럽게 만든다. 그 문단들의 비판은 아주 약한 비판으로 보이는 경우가 매우 흔하다. 『논리철학론』의 실제 입장들은 풍자화된 모습으로 제시되고 있으며, 비트겐슈타인이 그 입장들에 대해 제시한 실제 논증들도 그 입장을 정면으로 검토하지 않고 애매한 풍자 형태로 제시되어 있다. 그래서 비트겐슈타인이 그 입장들에 반대하려고 제시한 논증들은 전형적으로 오직 그 풍자에 반대하는 역할만 하고 있을 뿐이다. 이제 가장 좋지 못한 실례를 하나 살펴보자. 『철학적 탐구』 §48에서 비트겐슈타인은 "정사각형 색깔들의 행렬"(matrix of coloured squares)을 『논리철학론』 속의 설명"을 대신하는 어떤 명제의 예로 제시한 다음에, 그 행렬이 함축하고 있는 의미에 의해서(§46) 요소 명제에 관한 자신의 설명이 "실제로 타당하다"고 말한다. 그러나 이 "정사각형 색깔들의 행렬"은 비트겐슈타인이 요소 명제에 대해 실제로 설정했던 어떤 조건도 만족시키지 못하며,[16] 그 예를 이용해서 진행되는 후속 논의는 그 사례가 실제의 요소 명제가 작동하는 방식과 다른 방식으로 작동하는 사례라고 반박하는 비판을 제시하고 있을 뿐이다. 이런 구절들은 ─출판 이후 20년 이상─ 비트겐슈타인이 그러한 다른 노선에 따라 생각했던 기간에 강한 인상을 주었고, 비트겐슈타인은 다시는 『논리철학론』에서 자신이 내세웠던 주장이나 『논리철학론』에서 그런 주장을 한 이유를 완전히 되찾지 못하였다.

그렇지만 대체로 비트겐슈타인은 어떤 입장이 실제로 『논리철학론』의 입장이었는가라는 물음보다는 그 입장을 검토하는 일에 더 큰 관심을 가졌었다고 할 수 있다. 하지만 이 말이 맞지 않는 경우가 하나 있다. 그것은 "명제의 일반 형식"이 있다는 생각을 거부한 경우다(§65). 그러나 다시 한 번 비트겐슈타인은 『논리철학론』에서 자신이 "명제의 일반 형식"이 있다고 주장한 논증을 문제 삼지 않고(4.5), 그 주장을 자신이 이전에 세운 부주의한 가정이 있었던 것처럼 취급하는 것 같은 느낌을

---

16) 주의해야 할 사실은 §48에서 비트겐슈타인이 『논리철학론』에서 "명제 기호는 "사실"이지 "복합 대상"이 아니라고 역설했던 사실을 완전히 무시하고 있으며(3.14), 그래서 그의 비판은 전적으로 "명제 기호"를 "복합 대상"으로 간주하는 생각에 반대하는 쪽으로 진행되고 있다는 사실이다.

주고 있다. 비트겐슈타인이 『철학적 탐구』에서 하는 일은 단지 일상생활에서 이루어지는 언어 사용의 엄청난 다양성을 우리 앞에 펼쳐 보이면서, 그 모든 언어 사용은―자신이 『논리철학론』에서 예상했던 것과 같은―단순한 기본 패턴에 따른다는 생각이 믿을 만한 것인지 생각해보도록 우리를 초대하는 것이다(§18, §23).

이 대목에서 나는 비트겐슈타인의 전기의 생각이 후기의 생각보다 더 진리에 가깝다고 주장할 수 있는 강력한 실례를 제시할 수 있다고 생각한다. 이 책에서는 이 주장을 완벽하게 논증할 수 없기 때문에, 나는 독자가 검토해보기 바라는 두 가지 생각을 제시만 하겠다. 첫째로, 비트겐슈타인은 『철학적 탐구』에서 문장이 의미하는 것과 우리를 난감하게 하는 문장의 사용을 전혀 구별하지 않고 있으며, 그래서 §23에서 실례로 든 대부분의 다양성은 "사용의 다양성"이지 "의미의 다양성"이 아니다. 둘째로, 만일 언어가 "단순한 기본 체계"를 갖고 있지 않다면, 언어가 그처럼 다양하게 사용될 수 있기 위해 필요한 융통성(融通性, flexibility)을 가질 수 없을 것이다. 『논리철학론』에 대한 비트겐슈타인의 비판에 관한 내 생각이 옳든 그르든, 독자는 『논리철학론』과 『철학적 탐구』의 견해가 일치하지 않는 모든 경우에 "후기 철학"은 옳고 "전기 철학"은 그르다고 단순하게 가정하지 말아야 한다. 어떤 사람도 비트겐슈타인이 『논리철학론』에서 내세운 모든 주장이 옳다고 믿지 않을 것이다. 그러나 만일 독자가 비트겐슈타인의 "전기 철학"이 『철학적 탐구』로 대치되었다고 단순하게 가정한다면, 후기의 저작에서 정확하게 평가되지 않은 수많은 심오한 통찰을 잃어버릴 위험에 빠질 것이다. 어쨌든 비트겐슈타인이 『논리철학론』에 관하여 『철학적 탐구』에서 제시한 해석들이 전혀 틀림없는 것이라고 취급하는 것이 아니라 『논리철학론』 자체의 원래 문장에 대해서 반대하는 말을 검토해보는 것이 중요하다.

『철학적 탐구』에서 『논리철학론』과 가장 심오하고 가장 예리한 싸움을 벌이고 있는 곳은 실은 『논리철학론』을 분명하게 언급하지 않으면서 진행되고 있는 후반부일 것이다. 『논리철학론』에서 비트겐슈타인은 단순한 "정신에 관한 철학"(philosophy of mind)을 가정했던 것으로 여겨지는데, 그 견해는 p라는 것을 이해하는 일이 명제 "p"를 옳게 만드는 상황을 우리의 마음에 (어쩌면 무의식적으로) 펼쳐 전시하는 것이라고 생각하였다. 이 견해는 대개 배경 속에 숨어 있다 할지라도, 비트겐슈타인이 내세운 상당수의 주장들이─그 속에는 논리학 전체를 위한 "결정 절차"가 반드시 있어야 한다는 그의 가정도 포함될 텐데(6.122)─이치에 닿게 이해될 수 있으려면, 이 견해를 가정할 필요가 있다고 나는 믿고 있다. "이해(理解, understading)를 결코 '정신적 과정'(mental process)으로 생각하려고 하지 마라."와 같은 견해가 목표로 삼고 있는 것들 중의 하나는 "이해"에 관한 이 사고 방식일 것이다. (§81의 마지막 문단도 참고하기 바란다.) 적어도 "사적 언어 논증"을 비롯해서 정신 현상에 관한 후기의 탐색을 이해하는 한 가지 유익한 방식은 비트겐슈타인이 정신 현상에 관하여 『논리철학론』에서 채택했던 사고 방식을 벗어나 새로운 사고 방식을 탐색하고 있다고 이해하는 것이다.

더 읽어야 할 책들

1. 『논리철학론』과 번역에 관한 주의 사항[1]

『논리철학론』은 영어로 두 번 번역되었으므로, 우리는 두 가지 영어 번역을 이용할 수 있다. 첫 번째 번역본은 오그던(C. K. Ogden)에 의해 번역되어 1922년에 루트리지 출판사에서 출판되었다. 그러나 오그던이 공식적인 번역자이긴 하지만, 주요한 부분의 번역은 실제로는 프랑크 램지의 작품이며, 번역이 진행되는 동안 비트겐슈타인이 광범위하게 자신의 의견을 제시하였다. 상당수 문단의 번역 특히 4.023처럼 번역이 매우 자유롭게 이루어진 몇몇 곳의 번역은 비트겐슈타인 자신의 제안을 받아들인 것이었다. (이에 관한 자세한 내용은 비트겐슈타인이 오그던에게 보냈던 편지를 모아서 펴낸 『Letters to C. K. Ogden』을 참조하기 바란다.) 이 번역본이 완벽한 번역이 아닌 것은 확실하며, 그 가운데 어떤 번역에 대한 불만이 피어스(D. F. Pears)와 맥기니스(B. F. McGuinness)로 하여금 두 번째 번역본을 만들게 했는데, 이 두 번째 번역본은 1961년에 역시 루트리지 출판사에서 출판되었다.

---

1) 여기서 언급되는 저작들의 자세한 사항은 "참고 문헌"을 보기 바란다.

두 번역본 모두 유익한 번역이므로, 어느 번역을 좋아해서 사용하는 가는 대부분 개인적인 선택의 문제다. 나 자신은 나중의 번역이 바로잡은 약간의 실수를 포함하고 있다 하더라도 원문의 정신을 더 잘 포착하고 있고 또 특별히 멋진 표현을 많이 포함하고 있기 때문에 오그던의 번역을 좋아한다. 독자는 두 번역을 사용할 적에 아래에 설명하는 점들을 명심할 필요가 있다.

• 오그던의 번역은 번역 과정에서 비트겐슈타인이 광범위하게 자신의 의견을 제시했고 또 비트겐슈타인이 실제로 번역에 참여하기도 했다는 사실 때문에 권위를 인정받고 있긴 하지만, 비트겐슈타인이 영어에 유창하긴 해도 영어가 모국어인 사람은 아니며, 비교적 짧은 기간 동안 영국에 머물렀을 뿐이라는 사실을 기억해야 한다. 따라서 영어의 뉘앙스에 대한 비트겐슈타인의 평가는 완벽하지 못할 것이고, 그래서 어떤 영어 번역에 대한 비트겐슈타인의 승인을 진지하게 취급한다 하더라도, 비트겐슈타인을 절대로 틀리지 않는 사람이라고는 생각하지 말아야 한다.

• 이제 살펴볼 한 쌍의 용어에 대해서는 특히 주의해야 한다. 오그던은 독일어 *"Sachverhalt"* 와 *"Sachlage"* 를 각각 "atomic fact" (원자 사실)와 "state of affairs" (사태)로 번역하였다. 이 두 번역 용어 중에서 "atomic fact" (원자 사실)는 러셀의 용어를 이용했는데, "atomic fact" (원자 사실)는 "실제로는 존재하지 않는 사실"에 관해서 언급할 수 없음에도 불구하고, 비트겐슈타인의 *"Sachverhalt"* 는 실제로 존재할 수도 있고 실제로 존재하지 않을 수도 있기 때문에 오해를 일으킬 가능성이 크다. 비트겐슈타인 자신은 "state of affairs" (사태)를 좋아하지 않았지만 이

보다 더 좋은 번역 용어를 제시할 수는 없었다. 이와 달리 피어스와 맥기니스는 "*Sachverhalt*"와 "*Sachlage*"를 각각 "state of affairs"(사태)와 "situation"(상황)으로 번역하였다. 이 경우에도 혼동의 가능성이 있는 것은 분명하므로, 이와 관련해서 독자가 할 수 있는 유일한 일은 다른 번역을 읽거나 두 번역에 관한 해설을 읽을 때에는 이런 의견 차이에 항상 주의를 기울이는 것뿐이다.

• 오그던의 번역이 명백하게 잘못을 저지른 점이 한 가지 있다. 『논리철학론』에는 비트겐슈타인이 전체에 걸쳐 반쯤 전문적인 용어로 사용하고 있는 용어들이 있다. 이 경우에는 번역에 채택한 영어 낱말이 아니라 번역이 일관성을 유지했어야 한다는 것이 문제다. 이 일관성 문제가 특히 중요한 두 쌍의 용어가 있는데, 그것은 독일어 "*darstellen*"과 "*abbilden*", 그리고 "*sinnlos*"와 "*unsinnig*"이다. 이 두 쌍의 용어에 대해서 비트겐슈타인은 그 두 가지 개념을 명확하게 구별하였다. 독자는 2.201과[2] 4.461~4.4611을[3] 확인해보기 바란다. 오그던은

---

2) 2.201 A picture depicts reality by representing a possibility of existence and non-existence of states of affairs.

3) 4.461 Propositions show what they say: tautologies and contradictions show that they say nothing.

   A tautology has no truth-conditions, since it is unconditionally true: and a contradiction is true on no condition.

   Tautologies and contradictions lack sense.

   (Like a point from which two arrows go out in opposite directions to one another.)

   (For example, I know nothing about the weather when I know that it is either raining or not raining.)

   4.4611 Tautologies and contradictions are not, however, nonsensical.

이 핵심 구절들을 번역할 때에 "*darstellen*"과 "*abbilden*"을 "depict"(묘사하다)와 "represent"(대표하다)로, "*sinnlos*"와 "*unsinnig*"를 "without sense"(의미를 갖지 못하다)와 "nonsense"([세계에 관해서] 헛소리다)로 구별해서 번역하긴 했지만, 그는 이 번역 용어를 일관성있게 고수하지 않고, 때로는 "*abbilden*"을 "represent"(대표하다)로 번역하고, "*sinnlos*"와 "*unsinnig*"를 둘 다 "senseless"(의미를 갖지 못하다)로 번역하였기 때문에 오해가 일어날 가능성을 크게 높여놓았다. 그 결과로 6.54에서 비트겐슈타인이 『논리철학론』의 문장들은 "senseles(sentenses)"(의미를 갖지 못하는 문장)라고 주장했다고 읽히게 되었는데, 『논리철학론』의 용어법으로는 "senseless"(의미를 갖지 못하다)가 『논리철학론』의 문장들은 논리학의 공허한 진리라는 것을 뜻하는 반면에, 『논리철학론』의 핵심 요지는 『논리철학론』의 문장들이 (세계에 관해서) 헛소리다라는 훨씬 더 강한 주장이다. 그러므로 오그던의 번역을 통해 『논리철학론』을 읽는 독자는 이런 낱말을 영어 번역에서 볼 때에는 언제나 독일어 원문에 어떤 낱말이 사용되었는지 조사하는 습관을 가져야 한다.

나는 이 책을 쓰면서 두 표준 번역 가운데 어느 하나를 무조건 따르지 않고, 두 번역 가운데 독일어 원문의 뜻을 더 잘 전달하는 번역을 택해서 사용하거나, 아예 내 자신의 번역을 제시하기도 하였다.

They are part of the symbolism, much as '0' is part of the symbolism of arithmetic.

2. 비트겐슈타인의 전기

B. F. McGuinness, *Wittgenstein, a Life*.

    1921년까지의 비트겐슈타인에 관해서 철저히 연구한 책이므로 읽어
볼 가치가 있다.

3. 비트겐슈타인이 남긴 다른 관련 저서

Notebooks 1914-16

    이 책은 『논리철학론』의 모든 것과 가장 직접적으로 관련되어 있는
책이다. 나는 3장의 서두에서 이 책을 어떻게 사용해야 하는가에 대해
서 설명하였다.

    "**Some Remarks on Logical Form**".

    Philosophical Remarks.

    Philosophical Grammar.

    Philosophical Investigations.

    비트겐슈타인의 이 후기 저작들에 대한 논평은 이 책의 4장 "『논리철
학론』의 수용과 영향"을 보기 바란다.

4. 프레게, 러셀, 램지가 남긴 관련 저서

Frege, *The Foundations of Arithmetic*.

순수하게 철학적 관점에서 보면 이 책은 프레게의 대표적인 걸작이다. 이 책이 함축하고 있는 철학적 통찰은 혁명적이며, 게다가 더할나위 없이 명쾌하게 쓰여진 책이므로, 비트겐슈타인의 『논리철학론』과 관련되어 있다는 사실을 전혀 고려하지 않고서도 독자에게 읽어보라고 강력히 추천하고 싶다. 하지만 이 책이 비트겐슈타인의 사고에 미친 영향을 보여주는 『논리철학론』 속의 증거는 『산술학의 기본 법칙』이 비트겐슈타인의 사고에 미친 영향을 보여주는 『논리철학론』 속의 증거과 비교하면 훨씬 적다. 이에 관한 주요한 예외는 이른바 "맥락 원리"—"낱말은 문장의 문맥 속에서만 의미를 갖는다."(3.3과 3.314 참조)[4]—의 경우이다. 비트겐슈타인은 전기와 후기의 모든 철학적 저작 전체에 걸쳐 이 생각을 반복해서 사용하였다.

The Basic Laws of Arithmetic.

이 책은 프레게가 "논리주의 프로그램"—수론의 진리들을 적은 수효의 논리적 기본 공리로부터 정리로서 연역하려는 계획—을 실제로 완성하려 시도한 저작이다. 이 연역 체계의 큰 결함은 그 체계 속에서 모순을 연역해낼 수 있는 공리(Vb)를 포함한 것이었다. 『논리철학론』 속의 증거를 살펴보면, 비트겐슈타인이 『논리철학론』을 집필하던 당시에 프레게의 이 책을 연구한 것을 알 수 있는데, 특히 I권의 "머리말"을 가장 열심히 연구하였다.

---

4)　3.3　Only propositions have sense ; only in the nexus of a proposition does a name have meaning.

　　3.314　An expression has meaning only in a proposition. All variables can be construed as propositional variables.

　　　　(Even variable names.)

Russell, *Principles of Mathematics*.

　이 책은 비트겐슈타인에게 여러 가지 영향을 주었는데, 그중에서도 비트겐슈타인으로 하여금 처음으로 "수학의 기초"에 관심을 갖게 만들었고, 이를 계기로 비트겐슈타인이 철학에 관심을 갖도록 영향을 주었다고 할 수 있다.

"The Philosophy of Logical Atomism".

　이 책은 러셀의 연속 강의를 엮은 것인데, 러셀의 "논리 원자주의" 버전과 『논리철학론』을 비교하면서 양자 간의 차이를 확인하는 데 유익한 자료이다.

F. P. Ramsey, **"The Foundations of Mathematics"**.

　이 논문의 서두 부분은 지금도 『논리철학론』의 논리적 이론들을 가장 잘 소개한 글로 인정받고 있다.

5. 『논리철학론』에 관한 최근의 저서

Anthony Kenny, *Wittgenstein*.

　이 책은 『논리철학론』을 대단히 명료하게 소개하고 있기 때문에 맨 앞에 내세웠다. 나는 케니의 몇 가지 해석에 동의하지 않지만 『논리철학론』를 소개하는 다른 대부분의 책보다 훨씬 더 신뢰할 만한 책이다.

G. E. M. Anscombe, *An Introduction to Wittgenstein's Tractatus*.

　이 책은 부피는 작지만 학부 학생들은 어렵다고 느끼기 쉬울 것이다.

하지만 이 책은 『논리철학론』을 철학적으로 가장 통찰력있게 파악한 연구들 가운데 하나다.

Erik Stenius, ***Wittgenstein's Tractatus***.
　『논리철학론』의 논리적 측면에 관해서는 실망스럽지만 다른 점에서는 읽어볼 가치가 있는 저작이다. 특히 흥미로운 것은 (스테니우스의 견해가 옳든 그르든) 비트겐슈타인을 칸트와 비교하고 있다는 점이다.

James Griffin, ***Wittgenstein's Logical Atomism***.
　나는 『논리철학론』의 목표가 무엇인가에 관해서 그리핀이 완전히 잘못 생각하고 있다고 믿지만, 제목이 알려주는 바와 같이 『논리철학론』의 "원자주의"에 대해서는 흥미로운 연구를 보여주고 있다.

A. Crary and R. Read (eds.), ***The New Wittgenstein***.
　이 책은 "새로운 비트겐슈타인"(3장 7절 "4. 치료적 해석" 참조)에 관해서 더 알고 싶은 사람들을 위한 대표적인 논문 선집이다.

6. 『논리철학론』에 관한 논문

P. T. Geach, **"Wittgenstein's Operator N"**.
R. M. White, **"Wittgenstein on Identity"**.
　이 두 논문은 『논리철학론』의 엄밀하게 논리적인 측면들 가운데 일부를 이해하는 데 도움을 준다.

P. T. Geach, "Saying and Showing in Wittgenstein and Frege".

"말하기 / 보여주기" 구별을 이해하는 데 아주 중요한 논문이다.

P. M. Simons, "The Old Problem of Complex and Fact".

"분석"에 관한 비트겐슈타인의 생각을 알려주는 탁월한 논문이다.

P. M. Sullivan, "The Totality of Facts",

"A Version of the Picture Theory",

"Wittgenstein's Context Principle".

설리반은 최근에『논리철학론』에 관해서 가장 훌륭한 논문을 많이 발표하고 있다. 이 세 논문은 특히 읽어볼 가치가 있다.

참고 문헌

Anscombe, G. E. M., *An Introduction to Wittgenstein's Tractatus* (Hutchinson: London, 1959).

Austin, J. L., "Unfair to Facts" (1954; reprinted in Austin, *Philosophical Papers*, 154-74).

— *Philosophical Papers* (ed. J. O. Urmson and G. J. Warnock; OUP: Oxford, 1970).

Crary, A. and Read, R. (eds.), *The New Wittgenstein* (Routledge: London, 2000).

Fogelin, R. J. *Wittgenstein* (2nd edn; Routledge: London, 1987).

Frege, G., *Begriffsschrift* (Verlag von Louis Nebert: Halle, 1879 [trans. *Conceptual Notation* by T. W. Bynum; OUP: Oxford, 1972]).

— "On Sense and Reference" (1892) in *Translations from the Philosophical Writings of Gottlob Frege* (ed. and trans. P. T. Geach and M. Black, Blackwell: Oxford, 1952), 56-78.

— *Foundations of Arithmetic* (1884; trans. J. L. Austin; Blackwell: Oxford, 1959).

— *The Basic Laws of Arithmetic* (Vol. I, 1893; trans. and ed. Montgomery Furth; University of California: Berkeley, 1964).

— *Posthumous Writings* (ed. Hermes, Kambartel and Kaulbach; trans. Long and White; Blackwell: Oxford, 1979).

Geach, P. T., "Wittgenstein's Operator N", *Analysis* 41 (1981): 168-70.

— "Saying and Showing in Wittgenstein and Frege", in Hintikka, *Essays in Honor of G. H. von Wright*.

Griffin, James, *Wittgenstein's Logical Atomism* (OUP: Oxford, 1964).

Hertz, H. (ed. Philipp Lenard), *Die Prinzipien der Mechanik in neuem Zusammenhange dargestellt* (J. A. Barth: Leipzig, 1894).

Hintikka, J. (ed.), *Essays in Honor of G. H. von Wright*, Acta Philosophica Fennica 28 (North-Holland Pub. Co: Amsterdam, 1976).

Kant, I. *Critique of Pure Reason* (1781, 1787; trans. N. Kemp Smith; Macmillan: London, 1929).

Kenny, Anthony, *Wittgenstein* (1973; rev. edn; Blackwell: Oxford, 2006).

Lee, D. (ed.), *Wittgenstein's Lectures, Cambridge 1930-32* (Blackwell: Oxford, 1980).

McGuinness, B. F., *Wittgenstein, a Life: Young Ludwig (1889-1921)* (Duckworth: London, 1988).

Ramsey, F. P., "The Foundations of Mathematics" (1925; reprinted in Ramsey, *Philosophical Papers*, 164-224).

— *Philosophical Papers* (ed. D. H. Mellor; CUP: Cambridge, 1990).

Russell, Bertrand, *Principles of Mathematics* (Allen and Unwin: London, 1903).

— "The Philosophy of Logical Atomism" (1918, reprinted in Russell, *Collected Papers 8*).

— *Introduction to Mathematical Philosophy* (Allen and Unwin: London, 1919).

— Introduction to Wittgenstein's *Tractatus*.

— *Collected Papers 8: The Philosophy of Logical Atomism and Other Essays* (1914-19; ed. John G. Slater; Allen and Unwin: London, 1986).

Simons, P. M., "The Old Problem of Complex and Fact" (1983; reprinted in Simons, *Philosophy and Logic*, 319-38).

— *Philosophy and Logic in Central Europe from Bolzano to Tarski* (Kluwer: Dordrecht, 1992).

Stenius, Erik, *Wittgenstein's Tractatus* (Blackwell: Oxford, 1975).

Sterrett, Susan, *Wittgenstein Flies a Kite* (Pi Press: New York, 2006).

Strawson, P. F., "Truth", in *PAS* Supp. vol. 24 (1950): 129–56.

Sullivan, P. M., "The Totality of Facts", in *PAS* 100 (2000): 175–92.

— "A Version of the Picture Theory", in W. Vossenkuhl, 2001: *Wittgenstein*, 2001, 89–110.

— "Wittgenstein's Context Principle", in W. Vossenkuhl, *Wittgenstein*, 65–88.

Vossenkuhl, W. (ed.), *Wittgenstein: Tractatus—Klassiker Auslegen* (Akademie Verlag: Berlin, 2001).

White, R. M., "Wittgenstein on Identity", *PAS* 78 (1978): 157–74.

Whitehead, A. N. and Russell, B., *Principia Mathematica*, vol. I. (CUP: Cambridge, 1st edn 1910, 2nd edn 1925).

Wittgenstein, L., *Notebooks 1914–16* (ed. G. H. von Wright and G. E. M. Anscombe; 2nd edn; Blackwell: Oxford, 1979).

— *Letters to C. K. Ogden* (Blackwell: Oxford, 1973).

— *Tractatus Logico-Philosophicus* (trans. C. K. Ogden; Routledge: London, 1922; trans. D. F. Pears and B. F. McGuinness; Routledge: London, 1961).

— "Some Remarks on Logical Form", *PAS* Supp. vol. 9 (1929): 162–71.

— *Philosophical Remarks* (ed. R. Rhees; trans. R. Hargreaves and R. M. White; Blackwell: Oxford, 1975).

— *Philosophical Grammar* (ed. R. Rhees; trans. A. Kenny; Blackwell: Oxford, 1974).

— *The Big Typescript TS 213* (ed. and trans. C. G. Luckhardt and M. A. E. Aue; Blackwell: Oxford, 2005).

— *Philosophical Investigations* (trans. G. E. M. Anscombe; Blackwell: Oxford, 1953).

찾아보기